我们的历史是一份无比珍贵的遗产，是值得我们自豪的。
——吴晗

中国通史

史前—汉时期

古典精粹

历史犹如一面镜子，让我们可以铭记过去，展望未来。中国历史是中华文明的轨迹，记载了先民们在中国这片富饶的土地上辛勤耕耘，努力创造的历程。从文明的诞生到先秦、秦汉、魏晋南北朝、隋唐、五代十国、宋元明清，朝代的更迭演绎了绵长的时代史，镌刻出了灿烂的中华文明。

最新图文珍藏版

中国戏剧出版社

图书在版编目(CIP)数据

中国通史／贾更坤主编.-北京：中国戏剧出版社，2007.11
ISBN 978-7-104-02686-0

Ⅰ.中... Ⅱ.贾... Ⅲ.中国-通史-青少年读物
Ⅳ.K209

中国版本图书馆CIP数据核字(2007)第169053号

主　　编：贾更坤
责任编辑：肖楠　王媛媛
出版发行：中国戏剧出版社
邮政编码：100089
经　　销：全国新华书店
印　　刷：北京朝阳新艺印刷有限公司
开　　本：787×1092毫米　1/16　60印张
版　　次：2008年10月第1版
　　　　　2008年10月第1次印刷
书　　号：ISBN 978-7-104-02686-0
定　　价：（全套4册）89.90元

前言

QIAN YAN

毛泽东曾经说过:“人总是要有点精神的。”精神是一种力量、一种支柱、一种动力。精神的内涵很多、很广,其中最重要的是理想、情操、文化素养等等。学习历史,对于树立远大的理想、培养高尚的情操、提高自身的文化素养,可以说是上好的滋补剂。

古书上说:“有志者事竟成。”但这个“志”必须是顺应历史发展趋势的,否则就会倒行逆施,不仅一事无成,而且还要受到相应的惩罚。只有充分认识历史发展的客观规律,才能顺应社会的发展并运用其创造新生活。有了远大的理想才会有崇高的情操,但理想不等于情操。“先天下之忧而忧,后天下之乐而乐。”除了在“忧”、“乐”的内涵上,不同时代的人物具有不同的信念外,这种以天下为己任、先公后私的情操是永远为人们所赞赏的。怎样对待公与私、人与我的关系是情操的核心。在这方面,历史的褒贬起着劝诫的作用,典型人物起着榜样的作用。

历史是一部书卷,记录的是王朝的兴衰,写下的是将相的勇懦。历史是一面镜子,照出忠奸善恶,照出成败更替。历史是一面筛子,剔除的是枯木朽枝,哪怕当时他多么风光荣耀、名闻天下,在历史的网眼里,他只是一颗无足轻重的尘埃,无声无息地淡化在岁月里;留下的是黄金珠玉,也许他一世清贫、两袖清风,但在历史的网眼里,他却变得份量十足,光彩夺目。

历史给人们提供立身处世的法则,做人做事的道理。它具有理论的逻辑力量,但不是抽象的说教,而是生动的范例;它具有故事、小说的动人情节和感染力,但不是出于虚构,而是事实的记录;它包罗万象,而又指出统一的合乎规律的倾向;它说明过去,同时也帮助我们认识现在。现在是过去的延续。要想知道今天,就必须知道昨天。鉴于此,我们精心编写了这部《中国通史》。全书按照中华文明的历史发展顺序和朝代的更替分为四册,从政治、经济、军事、文化、艺术、宗教、思想和生活等方面,以精炼简洁的文字和精美珍贵的图片扼要地勾勒出中国历史演进的基本脉络。

广大的青年朋友,有谁不愿意成为具有远大理想、高尚情操和知识丰富的人呢?那么,就让我们来学习历史吧!让我们一起来品味历史,品味滚滚长河的波澜壮阔,品味芸芸众生的悲欢离合,品味逝去的岁月,聆听时间的脚步。让我们接过前人的火炬,去创造更加绚丽的明天吧!

编　者

目录

史前史

距今200万年～公元前1万年前的旧石器时代

公元前1万年～公元前21世纪的新石器时代

史前传说与神话

原始婚姻

原始社会的组织结构

原始经济活动

文明的曙光

夏朝

夏朝的建立和兴衰

目录

中国通史

目录

中国通史

目录

中国通史

史前史

（距今200万年~公元前2070年）

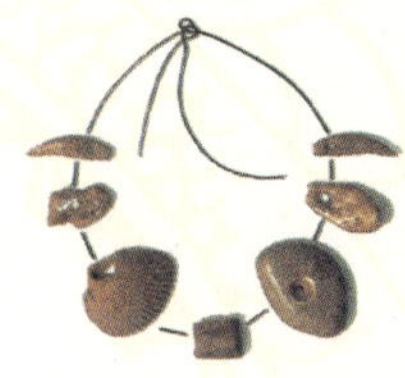

史前时期即有正式历史记载之前中国境内人的发展史。从距今200万~1万年前是我国的古人类从直立人经早期智人再到晚期智人的完整进化过程。大约从公元前1万年左右，人类的生存开始从依赖单纯的采集、狩猎型经济逐步转变为以经营农业、饲养家畜为基本特征的生产经济，于是发生了从旧石器时代向新石器时代的过渡。在距今7000~5500年左右的仰韶前期文化时代，在我国一些文化较发达的中心地带，已经率先迈开了走向文明的历史步伐。大约在公元前3500~前3000年的仰韶文化后期，我们祖先能够制造简单的小件铜器，我国的历史发展由此进入了铜石并用时代，直至公元前2070年夏朝建立，其间经历了约1500年的历史发展过程。随着夏朝的建立，中国进入了古代文明时代。

大事年表

距今约 800 万年	腊玛古猿
距今约 500~100 万年	南方古猿
距今约 240~200 万年	安徽繁县人字洞发现古人类制品和骨制品。
距今约 200 万年	巫山人
距今约 170 万年	云南元谋人
距今约 80~75 万年	陕西蓝田人
距今约 70~20 万年	北京人
距今约 28 万年	金牛山人、大荔人
距今 10 万年以上	许家窑人
距今约 10 万年	马坝人、丁村人
距今约 3 万年	处于旧石器时代晚期的山西朔县峙峪文化
距今约 1.8 万年~1 万年	山顶洞人
公元前 7400 年~前 6800 年	湖南黔阳高庙遗址
公元前 7300 年~前 6100 年	北辛文化，大汶口文化的直接源头
公元前 7000 年~前 5800 年	彭头山文化、城背溪文化
公元前 6000 年~前 5000 年	磁山文化、老官台文化
公元前 5200 年~前 4200 年	内蒙赤峰市敖汉旗赵宝沟遗址
公元前 5000 年以上	河姆渡文化
公元前 5000 年~前 4300 年	半坡文化
公元前 5000 年~前 4000 年	尚处于母系氏族的马家浜文化
公元前 4500 年~前 4000 年	上宅文化
公元前 3300 年~前 2600 年	屈家岭文化时期长江中游崛起一批史前古城
公元前 3400 年~前 2000 年	以发达的彩陶文化为特征的马家窑文化
公元前 2600 年~前 2000 年	铜石并用时代的石家河文化
公元前 2500 年~前 2000 年	半山—马厂文化
公元前 2000 年	齐家文化

砍砸器

刮削器

尖状器

旧石器时代晚期石器

打制石器

距今200万年～公元前1万年前的旧石器时代

旧石器时代是以使用打制石器为标志的人类物质文化发展阶段。这一时期，人类在体质演化上经历了直立人阶段、早期智人阶段和晚期智人阶段，由猿人逐渐向现代人进化。在旧石器时代，人们以采集和渔猎为主，过着集体生活。在旧石器时代早期，人类已经学会了用火，中期出现了骨器，晚期已经能制造简单的组合工具，而且开始形成了母系氏族。在这一时期原始宗教萌芽。

▶旧石器时代石器

▶旧石器时代的装饰品

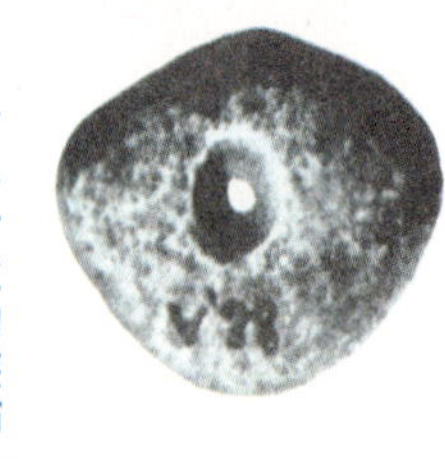

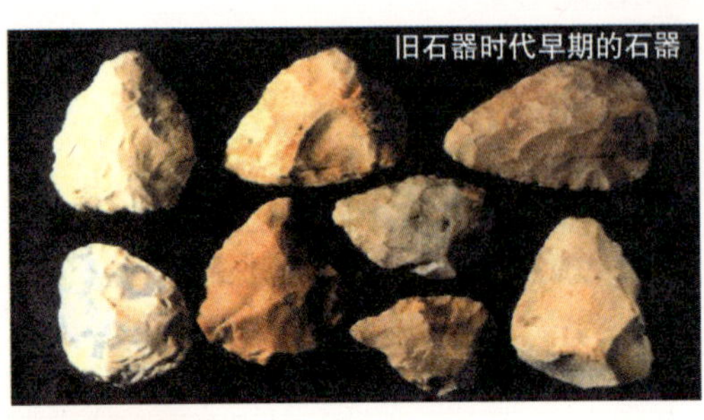
旧石器时代早期的石器

直立人

直立人即猿人，中国境内发现的不同时期的直立人，包括巫山人、元谋人、蓝田人、北京人和和县人等，他们仍带有猿类特征，如头盖骨低平、眉骨粗壮、吻部前伸。但比猿人阶段要进步许多，脑量也增大很多，北京人的脑量平均为1043毫升，蓝田人的脑量为780毫升。分别生存于早更新世早期至中更新世末期这一漫长的时段内，他们的活动创造了我国旧石器时代早期文化。

巫山人

巫山人是我国迄今发现的最早的古人类化石。1985年，考古工作者在重庆巫山县庙宇镇龙坪村龙骨坡，发掘出一段带有2颗臼齿的残破直立人左侧下颌骨化石以及一些有人工加工痕迹的骨片。1986年又发掘出3枚门齿和一段带有2个牙齿的下牙床化石。此外，遗址中还出土了包括步氏巨猿、中国乳齿象、先东方剑齿象、剑齿虎、双角犀、小种大熊猫等116种早更新世初期的哺乳动物化石。

“巫山人”的婚姻还处于杂交阶段，不分父母子女、兄弟姐妹。他们时刻受到疾病和野兽的威胁，寿命很短。他们死后也没有安葬和悲伤的意识，尸体有可能就被野兽或者同类吃掉了。

▲巫山人复原图

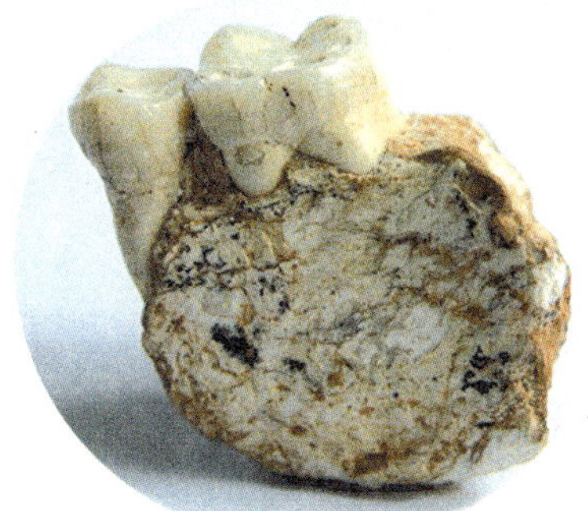
▲巫山人左侧下颌骨化石

▲重庆巫山古人类化石出土现场

巫山人生活场景

专家从出土的化石推断出巫山人的生活场景：

200万年前，龙骨坡的山洞里居住着一群人，他们主要靠采摘野果和狩猎为生。白天，一群强壮的人外出围猎，用石头和木棒将老年或幼龄的动物打死，带回山洞。遇到大型动物无法搬动时，便将肉最多的前、后腿砍下背回。

老人和小孩则留在山洞里，或在附近采摘野果。山洞也不是归他们独占，有时是他们居住，有时则是其他动物居住，有时人将动物吃了，有时人则被动物吃了。那时，他们还不懂得用火，他们聚集在洞口，依靠洞口的亮光共同进食，用打制的粗糙石器将肉从骨头上割下来食用，然后用石器将骨头砸碎，吸食骨髓。

▲巫山人捕猎场景

西侯度文化

▲西侯度文化遗址远景

西侯度遗址发现于山西芮城西侯度村高出黄河河面约 170 米的阶地上，共发现石制品 32 件,包括石核、石片和经过加工的石器。石器原料绝大部分为石英岩,少数几件为脉石英和火山岩。根据对石核和石片的观察，打片采用了锤击、砸击和碰砧 3 种方法。小型的漏斗状石核和有棱脊台面的石片,反映出石器工艺达到了一定的水平。石器主要用石片加工,有刮削器、砍斫器、三棱大尖状器等。这是世界上最早用石片加工技术的标志。刮削器有凹刃、直刃、圆刃之分。砍斫器有单面加工和两面加工两种,以前者为主。这里发现的人类用火的痕迹把人类的用火历史向前推进了 130 万年。

▲西侯度文化遗址化石

与文化遗物共生的动物化石除鲤、鳖和鸵鸟外,还有 22 种哺乳动物。它们包括巨河狸、鬣狗、剑齿象、平额象、纳玛象、步氏羚羊、古中国野牛、粗壮丽牛、山西披毛犀、古板齿犀、中国长鼻三趾马、三门马以及双叉麋鹿、步氏真梳鹿、粗面轴鹿等一批鹿类,属早更新世的动物群。

▲西侯度出土的石器

西侯度的遗物虽然埋藏在河流沉积的砂层中,但来源不会太远,可以说明当时人们是沿河岸地带活动的。遗址出土有鱼类和巨河狸,证明当时这里有较广的水域。哺乳类中绝大部分是草原动物,也有适于草原和森林生活的动物,表明当时西侯度一带为疏林草原环境。而绝大多数哺乳动物属暖温带以北的种类,则说明当时的气候可能比现在凉爽干燥。

元谋人

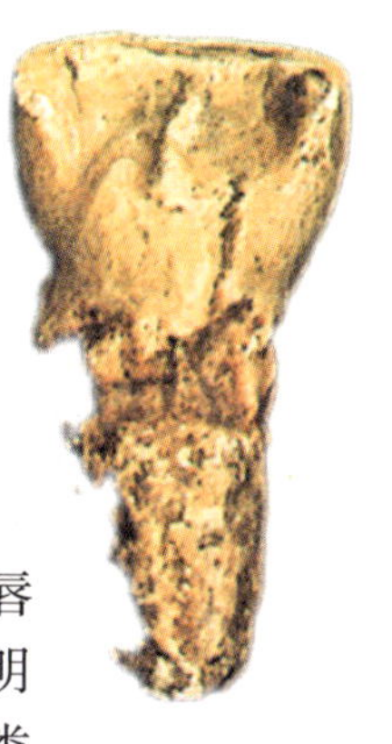

▲元谋人牙齿化石

1965年我国地质工作者在云南元谋县上那蚌村发现两颗牙齿化石，即元谋人化石。这两颗牙齿化石属上内侧门齿，一左一右，属于同一成年人个体。齿冠保存完整，齿根末梢残缺，表面有碎小裂纹，裂纹中填有褐色粘土。这两枚牙齿很粗壮，唇面比较平坦，舌面的模式非常复杂，具有明显的原始性质。元谋人是我国发现的早期类型的直立人的代表，证明了中国人的历史起源和存在。

从含元谋人牙齿化石的地层中，发现了几件刮削器和一些有明显人工痕迹的动物骨片，说明当时已会制造骨器和简单的工具了。还发现两块黑色的骨头，经鉴定可能是被烧过的。研究者认为，这些是当时人类用火的痕迹。

◀元谋人使用过的刮削器

元谋人的生存环境

▲元谋人遗址

元谋人的地质时代属早更新世，据古地磁断代方法测年为距今170万年。170万年以前，云南元谋一带榛莽丛生，森森郁郁，是一片亚热带的草原和森林，爪蹄兽、最后枝角鹿等第3纪残存动物在这里出没。再晚一些，则有桑氏鬣狗、云南马、山西轴鹿等早更新世的动物。它们大多数都是食草类野兽。为了生存，元谋人使用石器捕猎它们。

蓝田人

▲蓝田人遗址

蓝田人是旧石器时代早期人类，属直立人，发现于陕西蓝田县的公王岭和陈家窝两地。公王岭的蓝田人化石有头盖骨、鼻骨、右上颌骨和三颗臼齿，同属于一个成年女性。其中头盖骨低平，额部明显倾斜，眉脊骨粗壮，骨壁厚，脑量小，估计为780毫升，吻部向前突出，表现出较为原始的形态。在蓝田人化石的地层中发现有大尖状器、砍砸器、刮削器和石球等石器。加工方法为简单的锤击法，石片一般未经第二步加工即付诸使用。陈家窝的蓝田人化石有下颌骨，属于一个老年女性。公王岭蓝田人距今人约98~67万年，陈家窝蓝田人距今约65~53万年。共生的动物群有四十一种。公王岭动物群最引人注目的地方是它具有强烈的南方色彩，如其中的大熊猫、东方剑齿象、华南巨貘、中国貘、毛冠鹿和秦岭苏门羚等，都是华南及南亚更新世动物群的主要成员。公王岭动物群中存在着这么多的南方森林性动物，表明当时蓝田一带气候温暖、湿润，林木茂盛。

◀蓝田人下颌骨化石

◀蓝田人使用的石器

北京人

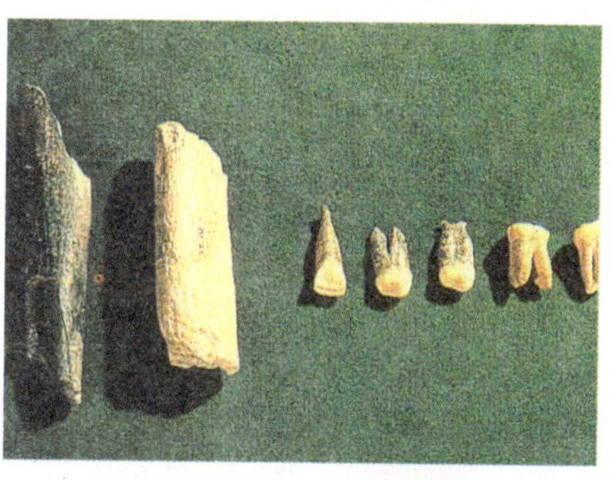

▲北京人牙齿化石和肢骨化石

北京人化石首次发现于北京市房山区周口店龙骨山、被命名为第一地点的洞穴中。1929 年中国古生物学家裴文中在此发现原始人类牙齿、骨骼和一块完整的头盖骨，并找到了北京人生活、狩猎及使用火的遗迹。后经历次发掘，出土头盖骨 6 具、头骨碎片 14 块、下颌骨 15 件、牙齿 153 枚及断裂的股骨、胫骨等，分属 40 多个男女老幼个体。北京人生活在距今 71~23 万年，属直立人。北京人的平均脑容量为 1075 毫升，据推算北京人平均身高为 1.62 米（男）、1.52 米（女）。北京人的寿命较短，据统计，68.2%死于 14 岁前，超过 50 岁的不足 4.5%。

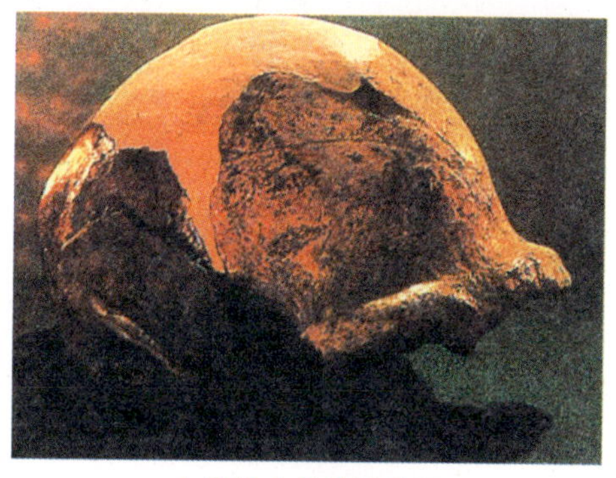

▲北京人头盖骨化石

遗址中还出土了数以万计的石制品，早期石器较粗大，中期石器形制变小，晚期石器更趋小型化，表明北京人在旧石器时代的初期已懂得选取岩石，制作石器，用它作为武器或原始的生产工具，与大自然进行斗争。根据出土物可以证明，北京猿人过着以采集为主、狩猎为辅的生活。

告别茹毛饮血时代

懂得用火是人类区别于其他动物的一个标志。在北京人遗址中，从上到下发现 13 层含有文化的堆积，其中 4 层面积较大。在堆着厚厚的灰烬中发现许多烧过的兽骨，并且兽骨已被敲碎，吸出其中的骨髓。这说明北京人猎食了这些野兽。这不但表明北京人确实已经摆脱了茹毛饮血的野兽阶段，变成了真正的人，也表明北京人不仅懂得用火，而且会保存火种。

▲北京人遗址出土的用火后的灰烬

早期智人

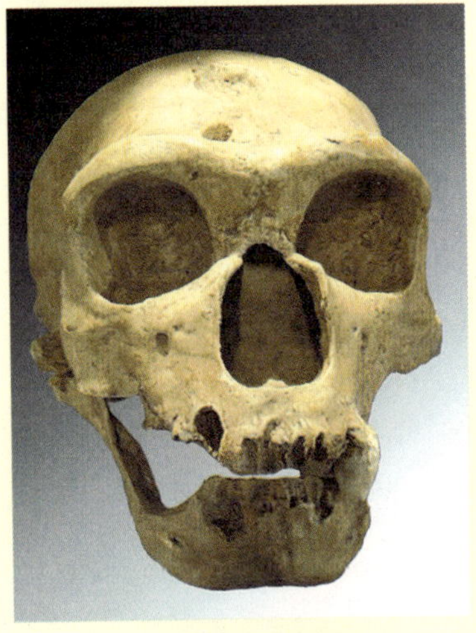

▲早期智人头骨模型

大约在距今二三十万年的中更新世末期，人类的体质形态开始由直立人向早期智人过渡，中国历史由此进入了旧石器时代中期。中国境内发现的早期智人化石，年代较早、体质特征较为原始的有金牛山人、大荔人和许家窑人，一般被学术界视为由直立人向智人的过渡形态。年代较晚的典型智人主要有马坝人、长阳人和丁村人等。早期智人的眉嵴仍比较粗壮，并且头盖骨向后倾斜，颌骨向前突出。但是，他们制造的工具比直立人制造的更为先进，除石器外还有骨器。从生活遗迹来看，他们不仅会使用天然火，而且会人工取火。

▲早期智人生活复原图

金牛山人

金牛山人于1984年发现于临近渤海的辽宁省营口永安乡金牛山的一个洞穴中，其头骨、脊椎骨、肋骨、髋骨和四肢骨保存相对完整，为一位年龄在25~30岁之间的男性个体，其生存年代距今约28万年。对比北京人化石，该遗址出土的古人类遗骨化石更加完整。从头骨壁的厚度小于北京猿人而大于现代人这一点判断，金牛山人是猿人与智人的过渡类型。与金牛山人化石共同发现的遗物有骨器、打制石器、烧骨和灰烬。此外，该遗迹还出土了大量动物化石，如剑齿虎、肿骨鹿、梅氏犀、大河狸、三门马等，多达70种。其中如犀、鹿、熊等，曾是金牛山人的猎物。出土的化石显示了金牛山人群居洞穴、肢解动物、围火烧烤、敲骨吸髓的生活场面。

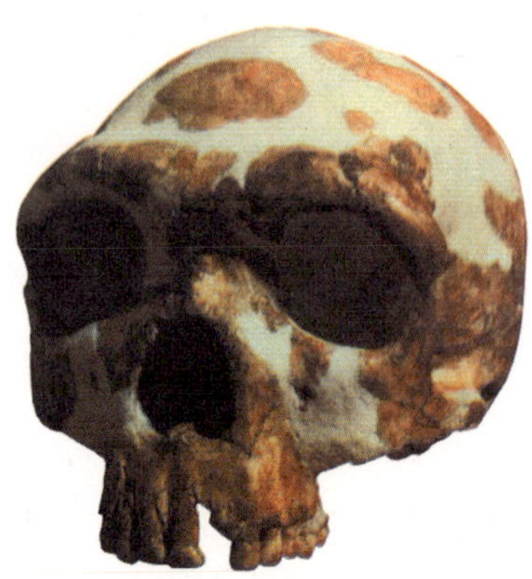

▲经过修复的金牛山人头骨化石

大荔人

大荔人于1978年发现于陕西大荔县解放村甜水沟，为一青年男性的基本完整的头骨化石。其体质特征介于直立人和早期智人之间，头顶低矮，前额扁平，上方有一横沟（这些表现出直立人的原始特征），但吻部不甚突出，颧弓细弱，颞骨鳞部不呈三角形而呈圆鳞状，面部扁平，脑容量为1120毫升，这些是智人的进步特征。大荔人生存年代与金牛山人大体同期。

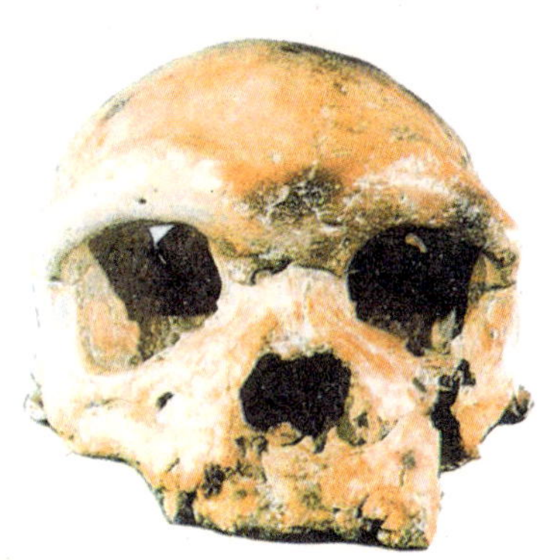

▲大荔人头骨化石

许家窑遗址

许家窑所发现的文化遗物中，石制品、骨器和哺乳类动物化石的数量都很多。许家窑人的石制品至今所发现的有3万多件，其类型虽然和北京猿人的石器属同一传统，但在技术上却大有进步。石器类型有刮削器、尖状器、雕刻器、钻孔器、砍斫器和石球等多种。这一带遗址中发现的石球有1500多件，最大的重1284克，最小的只有112克。这些石球的制造技术已经达到了较高的水平，专家推测，这是一种用作投石索的狩猎工具。

与人化石一起，出土了上万件石制品、骨角制品和大量野马、野驴、大角鹿、梅花鹿、羚羊、披毛犀、原始牛等草原动物化石。这些动物骨骼多半被砸碎，加上石器中有上千件可能是充当打猎武器的石球，还有钻具、锯齿刃器等肢解猎物的工具，说明许家窑人是草原上出色的猎人。从动物群来看，许家窑人生活的时代可能是中更新世末期或晚更新世初期。

许家窑人

许家窑人于20世纪70年代中期在山西阳高许家窑村和与其紧临的河北阳原侯家窑发现，是目前我国旧石器中期古人类化石和文化遗物最丰富、规模较大的遗址。这一带所发现的古人类化石主要有顶骨11块、枕骨2块、附有4颗牙齿的左上颌骨1块、右侧下颌枝1块、牙齿2枚。这些化石分属10多个男女老幼不同的个体。许家窑人的头骨骨壁较厚，顶骨内面较复杂，颅顶较高，头骨最宽大的部分比较靠上，吻部不太突出，下颌枝低而宽，牙齿粗大，齿冠结构比较复杂，其纹饰和北京猿人的牙齿相近。许家窑人的体质特征既具有一定的原始性，又比较接近现代人，属于由直立人向早期智人的过渡形态。

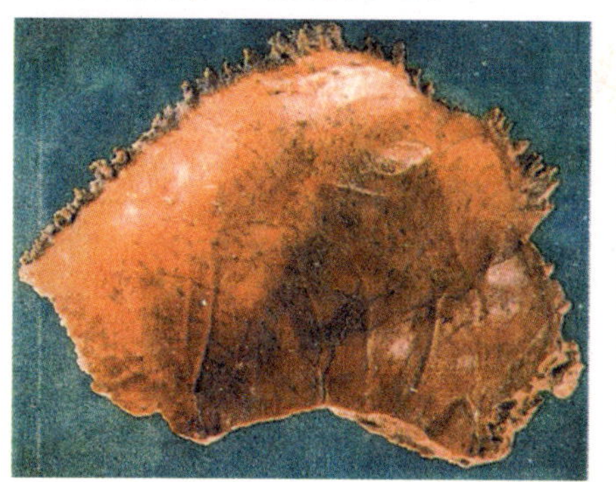

◀许家窑人头骨残片化石

马坝人

▲马坝人头骨化石发现地

马坝人，1958年6月发现于广东韶关马坝的一个石灰岩洞穴中，为一个中年男子的头盖骨化石。头骨呈卵圆形，颞线不明显，无顶骨孔。头骨的最宽处约在乳突上脊稍上，颅顶正中有类似矢状脊的结构，但不如北京猿人明显。额骨鳞部有一宽广的额隆起，垂直而下，眉脊与眉间部之间有一明显的沟相隔。眉间部向前突出，眉脊粗厚，向前和向两侧突出。额骨在眉脊后方明显收缩，类似猿人。头骨厚度不及猿人，眼眶上缘是圆弧形，鼻骨相当宽阔，与猿人相似，与现代人不同。

马坝人头骨形态虽然比北京猿人的进步，但也有许多性状与北京猿人相似，说明与北京猿人有密切的亲缘关系。与欧洲的尼安德特人性状也有些相似，但存在着更大的差别。马坝人是华南地区一项重要的早期智人类型化石。

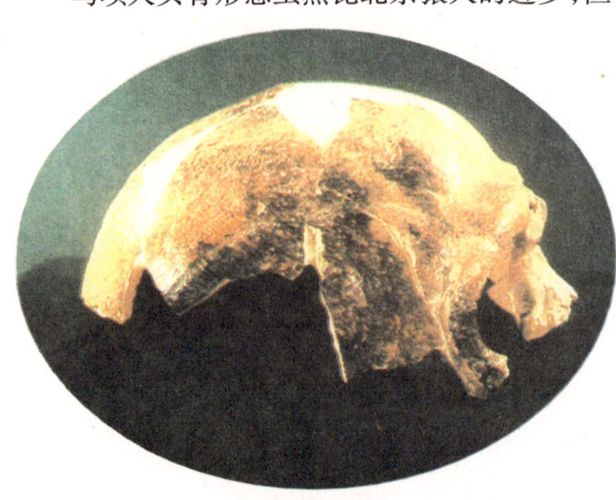
▲马坝人头盖骨化石

在与马坝人同期的洞穴沉积层中，还发现有大量第四纪动物化石，包括虎、大熊猫、熊、狗、獾、中国犀、貘、东方剑齿象、鬣狗、野猪、鹿、羊、猴等几十种。其地质年代属晚更新世早期，距今约10万年。

长阳人

长阳人，1956年发现于湖北省长阳县（今长阳土家族自治县）西南下钟家湾村一个称为“龙洞”的石灰岩洞穴中。化石为一个上颌骨和一枚臼齿。它们既有一些原始特征，如鼻腔底壁不如现代人那样凹，犬齿比较发达；也有许多地方与现代人接近，如颌的倾斜度没有北京人的显著，鼻棘角窄而靠前。总体而言，长阳人较北京人要进步一些。

◀长阳人复原像

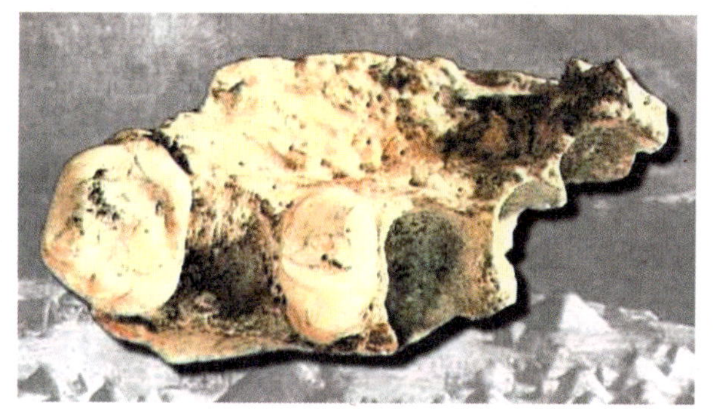
▲长阳人上颌骨化石

长阳人生活的大山区洞穴极多，这种环境为长阳人提供了良好的生存条件。在与长阳人伴出的动物化石中，有以嫩竹为食的竹鼠、大熊猫，说明当时这里有大片竹林；而东方剑齿象、中国犀和鹿类的存在，则说明附近还有开阔的林边灌丛和草原。以上动物都是喜暖的，所以当时这里的气候是温和而湿润的。

丁村人

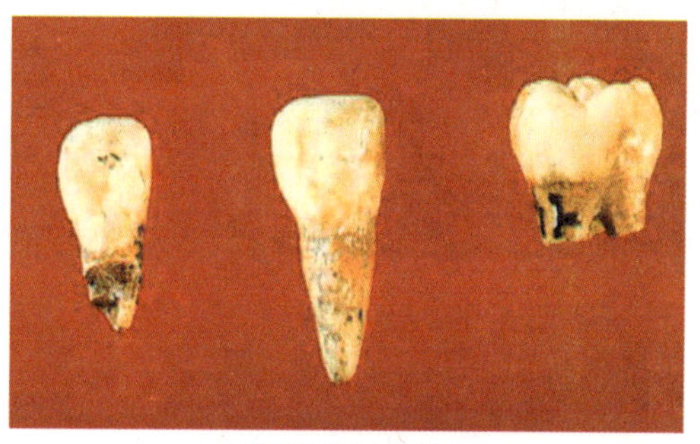
▲丁村人牙齿化石

丁村人，1954 年发现于山西省襄汾县丁村。遗址分布于汾河两岸，这里发现的 3 枚人牙化石和 1 件右顶骨化石分别代表一位少年一个两岁左右的儿童。右上内侧门齿齿冠舌侧中部低陷，两侧增厚并向内卷，使舌侧呈铲状，特称铲形门齿。舌侧接近齿根的部分有明显的舌侧隆突，由此延向切缘有两条指状突。右上外侧门齿也呈铲形，并有不明显分离的舌侧隆突。铲形门齿是黄种人和中国其他人类化石都具有的特征，与白种人显然不同。舌状隆突和指状突的发达程度则介于北京猿人与现代黄种人之间。齿根缺乏纵行浅沟且较细小，是与现代人相近。右下第二臼齿可能与两个门齿属于同一个体，齿尖分布为十字型。其相对高度比北京猿人大，咬合面的纹理不如北京猿人复杂。齿根尚未充分形成，但估计也较细弱。总之三枚牙齿的形态都介于北京猿人与现代人之间。顶骨属于大约两岁的幼儿，后上角有缺刻，可能意味着这个小孩具有印加骨，这是与北京猿人相近的特征。

丁村人遗址的石器及动物化石

丁村人的石器分布在汾河两岸，主要用黑色角页岩制成，打制技术较为进步。石器的类型丰富多样，有单边砍斫器、多边砍斫器、多边形器、石球、三棱大尖状器和刮削器等。在遗址内同一地层中还发现不少动物化石，有古菱齿象、纳玛象、披毛犀、野马、野驴、斑鹿、羚羊、野猪、水牛、原始牛、熊、獾、狼、狐、貉、河狸、短耳兔、鲤鱼、青鱼、鲩鱼、厚壳蚌等。

▲三棱尖状器

晚期智人

大约在距今5万年的晚更新世晚期，人类的体质由早期智人发展到晚期智人阶段。相对于早期智人又称古人，晚期智人也称新人。新人的体质特征是：额部较垂直，眉嵴微弱；颜面广阔，下颏明显；身体较高，脑容量大。这些特征已很接近现代人。新人会制造磨光的石器和骨器，已学会钻木取火。此外，他们还会用大兽皮等修建简单的房屋，用骨针缝制衣物，还创造出了原始的艺术。在他们住过的地方，常常能够发现绘画、雕刻和装饰品，绘画的内容多与狩猎活动有关。此间，世界上三大人种已基本形成。在中国境内发现的晚期智人化石，均具原始蒙古人种的体质特征，因此，中国的晚期智人是现代中国人的直系祖先。从晚期智人开始，中国的文化进入旧石器时代晚期。

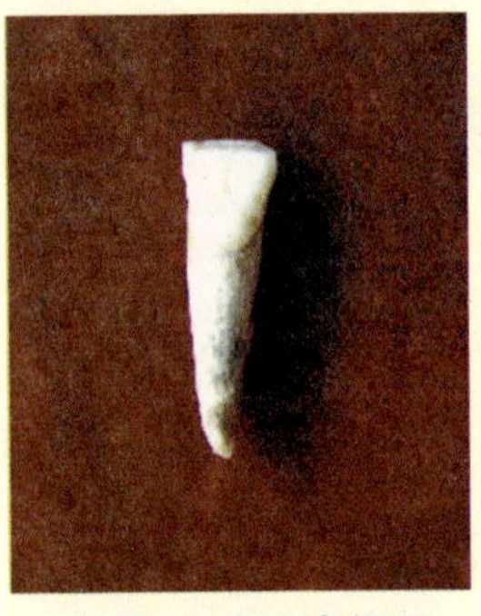
▲晚期智人牙齿化石

▲晚期智人遗址——山顶洞人遗址

▲河套人头骨化石

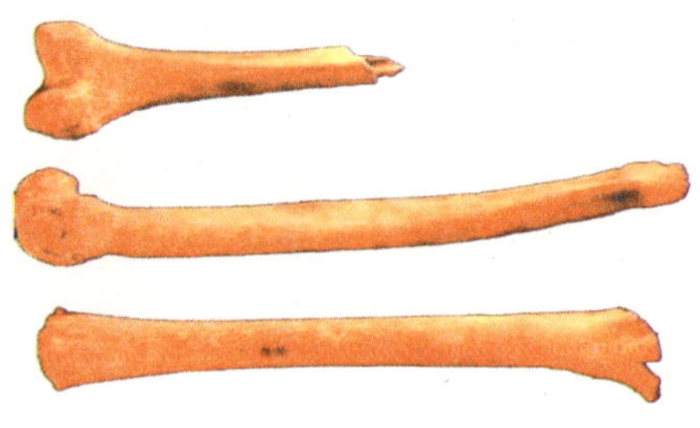
▲河套人股骨化石

河套人

在今内蒙古自治区伊克昭盟乌审旗萨拉乌苏河河岸砂发现河套人化石，包括1922年发现一枚小孩上外侧门齿，1956年发现的左侧股骨的下半段和一块右侧顶骨破片，1978年和1979年发现的3件额骨、一件下颌骨残片、一件右侧股骨和一件左侧胫骨。其地质年代属更新世晚期。河套人的体质已接近现代人，牙齿的大小也与现代人相似，但头骨和股骨骨壁则较厚，齿冠结构具有原始特征。河套人生活的时代距今大约5~3.7万年，是旧石器时代晚期的人类，属晚期智人。河套人使用的石器只经过简单的捶击法加工，体积极小，主要为刮削器、钻具、尖状器和雕刻器。同时期生存的动物有野马、普氏羚羊、原始牛等45种，现在多数已绝种。

山顶洞人

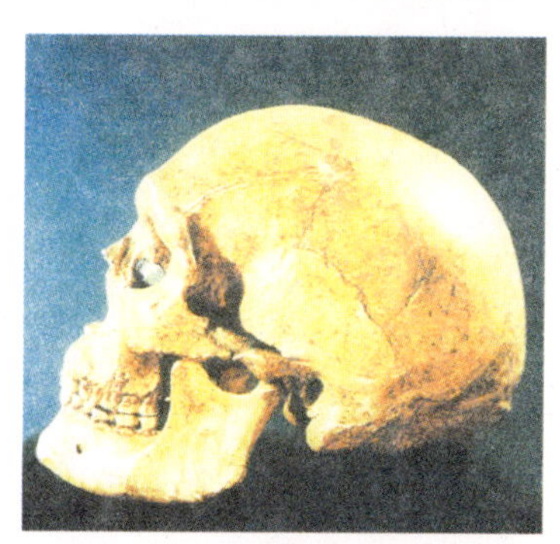
▲山顶洞人头骨化石

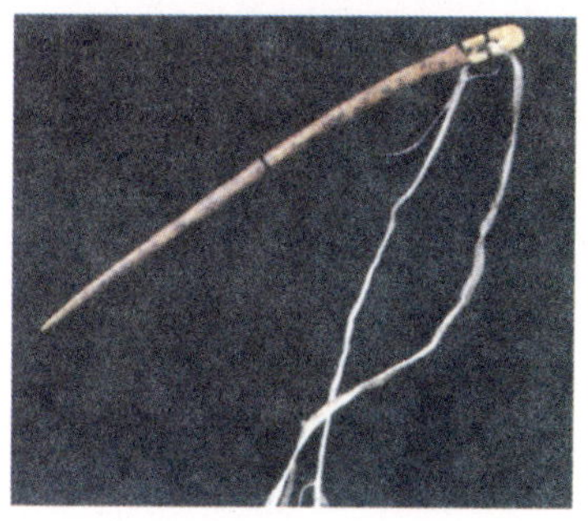
▲山顶洞人使用的骨针

山顶洞人，1933~1934 年发现于北京周口店龙骨山位于山顶的洞穴之中。在山顶洞中发现的人类化石包括 3 具完整的头骨、3 件头骨残片、4 件下颌骨及其残片，以及一些脊椎骨、枕骨、肩胛骨、膑骨等，还有数十颗牙齿。这些人类化石共代表 8~10 位男女老少不同的个体，其中 5 位是成年人，1 位是少年，1 位是 5 岁的儿童，1 位是婴儿。经碳 14 测定，山顶洞人生活的年代距今约为 1.8 万年。对这些人类化石的鉴定分析表明，山顶洞人的体质形态较北京猿人更为进步，已和现代人基本一致。其头骨最宽处在顶骨结节附近，牙齿较小，齿冠较高；下颌内曲明显，下颌突出。山顶洞人的脑容量已达 1300~1500 毫升。男性身高约为 1.74 米，女性约为 1.59 米。山顶洞人的总体特征属于蒙古人种的特征，并与中国人、爱斯基摩人、美洲印第安人十分接近，有可能是这三个现代种族的直系祖先。

在山顶洞中发现的脊椎动物化石有 54 种，其中哺乳动物有 48 种，除洞熊、鸵鸟、斑鬣狗外，其余动物今天仍出没于华北和东北地区，由此证明山顶洞人生活的自然环境与今天的周口店一带很相似，山上有茂密的森林，山下有广阔的草原。山顶洞遗址中发现的鲩鱼等鱼类化石，说明山顶洞人已会捕捉水生动物，标志着人类生产劳动的范围更加扩大。山顶洞人以采集和渔猎劳动为生，在洞穴中过着群居生活。在生产劳动中，他们认识和利用自然的能力不断提高。

山顶洞人的活动

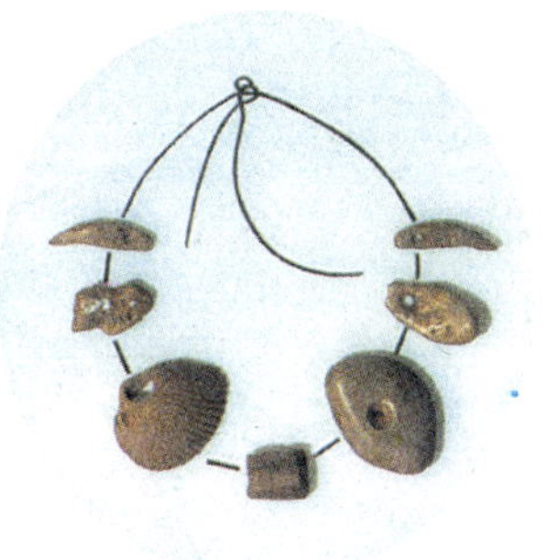
▲在山顶洞人遗址发现的原始装饰品

发现的山顶洞人制造的石器数量不多，只有 25 件，主要是砍斫器和刮削器。其制作方法与北京猿人相似。山顶洞人制造的骨角器最具代表性，尤以骨针最为典型，骨针针身保存完好，仅针孔残缺。残长 82 毫米，针身微弯，刮磨得很光滑。针孔是用一些细小而又锐利的尖状器挖成的。

山顶洞人还制作了大量的装饰品，有穿孔的兽牙、海蚶壳、小石珠和石坠、鲩鱼眼上骨以及刻沟的骨管等。已发现的125枚兽牙中有1枚虎牙齿，其余为獾、狐、鹿、狸等的犬齿，孔均钻在牙根部位，为两面对挖而成。出土时有5件兽牙呈半圆形排列，可能作为成串的项链。用白色石灰岩制作得十分精巧的小石珠，表面还用赤铁矿粉染成红色。这些发现表明，山顶洞人已经发明和掌握了钻孔、磨制和染色技术。装饰品及染色技术的问世，反映出山顶洞人已具有了审美观念。骨针的制作，证明当时的人类已经掌握了缝制技术，进一步提高了人类抵御风寒侵害的能力。山顶洞人将死者葬于下室，并在其身上及周围撒放赤铁矿粉，说明他们已有了原始的宗教信仰。

柳江人

柳江人，1958年发现于广西壮族自治区柳江县通天岩洞穴中。化石包括一个完整的头骨（缺下颌骨）、两段股骨，以及髋骨、骶骨和椎骨。股骨可能是一女性个体的，其余都属于同一个中年男性个体。柳江人头骨有一些比现代人原始的性状，同时具有蒙古人种的许多特征，属于蒙古人种，代表正在形成中的蒙古人种的一种早期类型。与人类化石伴出的有大熊猫、箭猪、中国犀、剑齿象、巨猿、牛、鹿等动物的化石，地质时代为晚更新世。

▲柳江人头骨化石

资阳人

资阳人是中国西南地区旧石器时代晚期的人类化石，属晚期智人。资阳人化石为一较完整的头骨，面骨保存有上颌骨的一部分。头骨较小，表面平滑圆润，额结节和顶结节都明显突起，额部较丰满。头骨内面骨缝几乎全部愈合，属一老年女性个体。其基本特征和现代人相似，但也保留了若干较原始的性质。与资阳人化石伴出的哺乳动物化石主要有鬣狗、虎、马、中国犀、猎、麂、水鹿、大额牛和东方剑齿象等。研究者认为，这些动物化石分属中更新世和晚更新世两个时代。在资阳人化石出土地点以西170余米处深7.5～8.8米的砾石层中，发现了许多打制石器，原料多为石英岩砾石。还在资阳县鲤鱼桥一带与资阳人时代相同的地层中，发现了大量植物化石，有树干、树叶、种子、果壳等。研究表明，当时的地貌和现在相似，气候则较温和。

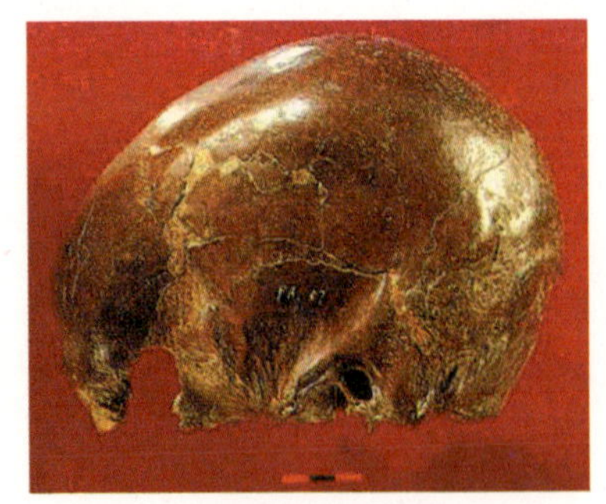
▲资阳人头骨化石

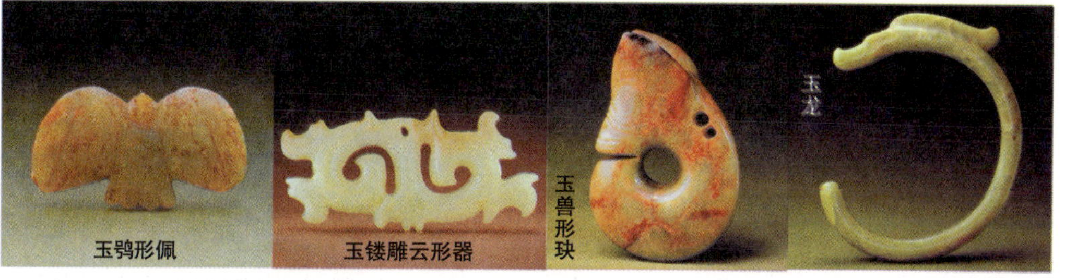

玉鸮形佩　玉镂雕云形器　玉兽形玦　玉龙

公元前1万年~公元前21世纪的新石器时代

大约在公元前1万年左右，人类进入以使用磨制石器为标志的物质文化发展阶段，即新石器时代。新石器时代在考古学上是石器时代的最后一个阶段，这一时期的人类以使用磨制石器为标志。中国大约在公元前1万年就已进入新石器时代。由于地域辽阔，各地自然地理环境很不相同，新石器文化的面貌也有很大区别，大致分为三大经济文化区：旱地农业经济文化区、水田农业经济文化区、狩猎采集经济文化区。

▶齐家文化·玉石铲

◀新石器时代·磨制器

新石器时代的分期

我国的新石器时代大致可分为4期：早期为公元前10000~前7000年，有少量磨制石器和陶器，农业已有萌芽，个别地点已会养猪。

中期约为公元前7000~前5000年，华北的磁山文化等已有较发达的旱地农业，种植粟、黍，养猪，并有较发达的磨制石器和陶器；华中的彭头山文化等已栽植水稻，养猪和水牛等，磨制石器尚不多见，陶器则比较发达。

▲新石器时代·玉璧　▲新石器时代·玉马蹄形器

晚期约为公元前5000～前3500年，华北主要是仰韶文化和大汶口文化，农业进一步发展，有较大的聚落，如半坡和姜寨等，流行多人二次合葬，发达的彩陶是一大特色。华中主要是河姆渡文化和大溪文化等。河姆渡文化有极为丰富的稻谷遗存和骨耜等水田耕作农具，大溪文化中房屋建筑往往用稻壳掺泥抹墙，陶器胎壁内也掺有大量稻壳，表明稻作农业已有很大的发展。

最后一期是铜石并用时代，约为前3500～前2000年。这时华北主要是山东龙山文化和河南龙山文化，华中主要是良渚文化和石家河文化。这时已普遍出现小件铜器，有了中心聚落和最早的城址，如山东章丘城子崖城址、河南淮阳平粮台城址、湖北天门石家河和湖南澧县城头山的城址等。房屋建筑中出现分间式大型建筑，开始用白灰和土坯抹地、筑墙。陶器普遍采用轮制，出现大量的精美玉器，石器中钺、镞等武器明显增加。墓葬出现两极分化，大墓往往有棺有椁，有丰富、精美的随葬品；小墓则既无葬具，多数也没有任何随葬物品。良渚文化中甚至出现大规模的人工堆筑的贵族坟山。这种物质财富的增加和贫富与社会地位的两极分化，预示着文明社会即将来临。

◀新石器时代早期的石器

▲磁山文化遗址出土的文物

磁山文化

磁山文化遗址，位于河北省南部武安市磁山村东约1公里处的南洺河北岸台地上，东北依鼓山，距武安城17公里，是我国新石器时代早期文化遗址，其年代为公元前6000~前5600年。农业是当时的主要生产方式，在遗址中发现的房基，都是半地穴式建筑。发现的窖穴多为长方形竖穴土坑，最深者可达7米之多。窖穴中发现大量炭化的粟灰。发现的组合物坑中，器物组合为：石斧、石刀、石镰、石铲和加工粮食的石磨盘、石磨棒，陶器有盂、支架等。发现的鸡、猪、狗的骨骼，证明已经驯养。此外，还有较多的渔猎工具。以上发现，说明当时是以农业为主、渔猎兼营的社会经济结构。

磁山遗址的陶器以夹砂红陶为主，火候较低，质地粗糙，器表多素面。陶器多采用泥条盘筑法，器形不规整。陶器表面纹饰有绳纹、编织纹、篦纹、乳钉纹等。器形有椭圆形陶壶、靴形支架、盂、钵等。

磁山遗址文化堆积丰富，地方特色明确，磁山文化遗址的丰富内涵，为研究和探索我国新石器时代早期文化提供了新的重要的链环。

裴李岗文化

▲裴李岗文化·石铲

裴李岗文化因1977年首先发现于中国河南新郑裴李岗而命名，其年代稍早于磁山文化，主要分布在河南中部一带，以裴李岗出土文化为代表，反映了新石器时代早期中段以后的文化面貌。

裴李岗遗址中有房基、窑穴、墓地等村落遗迹，似有一定布局。居住建筑集中在遗址中部，窑穴主要在南部，墓地在西部和西北部。房基为方形或圆形半地穴，都是半地穴式建筑，有储藏东西的圆形窖穴。墓葬集中于公共墓地，墓穴排列有序，多单人葬，多有陶器与石器作随葬品。

磨制石器多于打制石器，最有代表性的器型是带足磨盘、带齿石镰和双弧刃石铲。农业占有主要地位，农作物有粟、稻、黍等。饲养业也已出现，有家猪、家狗、家鸡甚至家牛。狩猎仍是重要生产活动，以木制弓和骨制箭为狩猎工具。

初具规模的制陶业

制陶业比较原始，采用手制，三足钵、月牙形双耳壶、三足壶和鼎等陶器在造型上别具风格。裴李岗陶器以泥质红陶和夹砂红陶为主。红陶在中国出现最早，烧成温度在900℃左右。裴李岗陶器的陶质松，表皮易脱落，由于是手工制成，器壁薄厚不均。器物造型较简单，有碗、罐、壶、钵、鼎等，其中最具代表性的有三足鼎、双耳壶等，另外还有陶塑动物等艺术品。从装饰上看，泥质陶器多为素面，夹砂陶器表面有简单粗糙的绳纹、划纹、指甲纹、篦点纹等，纹饰较为简单。

◀裴李岗文化·三足鼎

▶裴李岗文化·红陶双耳壶

北辛文化

▲北辛文化·黄褐陶鼎

北辛文化于1964年发现于山东省滕州市北辛庄遗址，1978~1979年进行了大规模的发掘，正式提出了北辛文化的命名。北辛时期的经济以农业为主，遗址出土了配套齐全的农耕工具和粟类颗粒。从翻地的石铲、鹿角锄、播种用的尖状角器，到收割用的蚌镰，脱粒用的石磨盘，石磨棒等，对研究当时的农业生产状况起到了很重要的作用。同时从出土的陶器来看，其工艺较为原始，陶质有夹沙陶和泥质陶两种，纹饰有附加堆纹、划纹、指甲印纹等等。此外，家畜饲养、狩猎、捕鱼及采集经济也比较发达。手工业生产有了萌芽，出土的骨针、纺轮、陶器上的席纹等，说明以野生纤维和动物毛绒为原料的纺织、缝纫、编织已经出现。

▲北辛文化遗址

北辛文化墓葬发现很少，成人葬式为仰身直肢，流行用红陶钵覆盖死者脸部的葬俗，多数墓有一二件随葬品。婴儿使用瓮棺葬，分别以深腹圆底罐、残陶鼎为葬具。不同地点的北辛文化墓葬的方向，都是头东脚西。

老官台文化

老官台文化，因首先发现于陕西华县老官台遗址而得名、主要分布在陕西、甘肃省境内的渭河流域。居民的经济生活以原始农业为主，种植黍等作物，生产工具有石刀、石铲和石斧等。老官台文化的石器大多是打磨兼制的，将石料打成粗坯后，在表面及刃部略加磨光。老官台文化的陶器都是手制的，基本为夹砂陶，暗红色。陶器内外壁颜色亦不相同，多半是外红里黑，这是由于烧制时将器物倒扣于窑内，其内外壁氧化程度不同而造成的。这种陶器是采用模制的方法逐层敷贴泥片成型的，而且它是泥片贴筑法发展到成熟阶段的产物。陶器表面分素面和施纹的两种。陶器以各种形式的三足器最

▲老官台文化·三足圜底彩陶钵

典型，一般是在蛋形深腹罐、筒形深腹罐等器物的底部加三个矮足，圆底钵下的三足较高。深腹的圈足碗也是一种富有特征的器物。

老官台文化的居民死后埋在长方形土坑内。葬式以单人仰身直肢为主，头均向西。墓中一般都有三、五件日用陶器及少量工具随葬，已经出现了用明器（专门为随葬而制作的器物，又称冥器）随葬的现象，大地湾的一座墓中随葬了四件陶器。北首岭墓地还发现了合葬墓，是包括五位成年男女的一、二次葬的合葬墓，墓壁有料礓石涂抹的痕迹，局部有板灰痕，随葬品均单独摆放在每具骨架的足部。

老官台文化居民的生活

老官台文化的房子都是圆形半地穴式，四壁的柱洞向屋内倾斜。根据柱洞的位置及倾斜角度推测，房子是圆形攒尖顶。屋内都有一段伸向门口的斜坡门道。室内地面没有灶，仅见一定范围的烧土面，这应该是用于炊事、取暖的处所。老官台文化的人们已经掌握了谷物的栽培技术，遗址中发现过属于禾本科的稷和十字花科的油菜籽，人工饲养的猪已成为人们的主要肉食来源。

彭头山文化

彭头山文化 1988 年发现于湖南澧县彭头山遗址，发现方形地面式和不规则圆形半地穴式房屋残迹，以及以二次葬为主的墓葬。发现的房屋遗迹是目前我国南方地区发现的年代最早的环壕聚落遗址，聚落周围有壕沟和围墙，其主要功能在于排水和防护。彭头山文化的石器有打制和磨制两种，类型包括盘状器、锛、凿等。陶器制作工艺粗糙，较大的陶器多以泥片贴塑法成形，小的陶器即直接用手捏塑。陶器大多歪斜，表面凸凹不平。同时伴出的还有 150 余种植物籽实，数十种动物与家畜骨骼，并出土了大量竹器、木器和骨器，其中的木耒、木铲、骨铲等属于农业生产用具。

▲彭头山遗址

城背溪文化

城背溪文化于二十世纪八十年代初期首先发现于枝城市红花套吴家岗村城背溪。城背溪文化的生产工具有打制和磨制两种，但以打制为主。除了石器以外，城背溪文化还发现了以夹砂红陶为主的陶器，夹砂灰陶、泥质红陶、掺炭或掺骨末的红陶以及磨光黑陶等。陶器上的纹饰以浅细绳纹为主，此外有线纹、戳印纹、锥刺纹、刻划纹等，也有少量彩陶。器物形制比较简单。在宜都城背溪遗址，曾经采集到夹有稻壳和稻秆末的陶片，在陶片的胎里和器表偶然遗留有清晰的稻壳印痕，其中较完整的稻壳粒长 6.1 毫米、宽 3 毫米，经农学专家鉴定属于粳稻。此外，在枝城此遗址也采集到夹有稻壳末的陶片和包含稻谷壳印痕的红烧土块。

◀城背溪文化·花边红陶盆

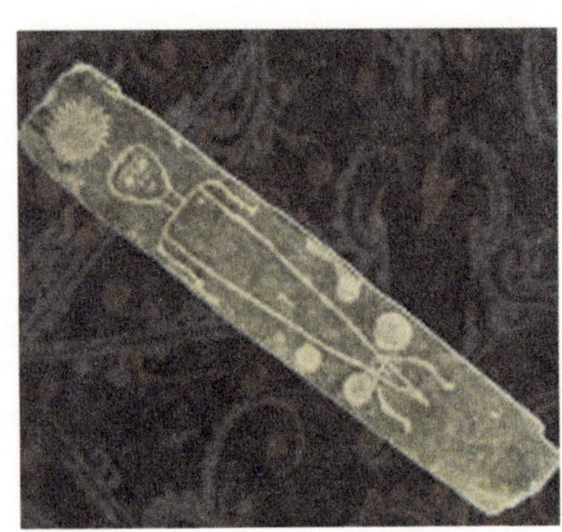

▶城背溪文化·『太阳人』石刻

河姆渡文化

▲河姆渡遗址出土的炭化稻粒

河姆渡文化是中国长江流域下游地区古老而多姿的新石器文化，第一次发现于浙江余姚河姆渡，因而得名。它主要分布在杭州湾南岸的宁绍平原及舟山岛，经科学的方法进行测定，它的年代为公元前 5000 年～前 3300 年。

河姆渡文化的陶器主要是夹炭黑陶和夹砂红陶、红灰陶。河姆渡文化的骨器制作比较进步，有耜、鱼镖、镞、哨、匕、锥、锯形器等器物，都是精心磨制而成。一些有柄骨匕、骨笄上雕刻花纹或双头连体鸟纹图案，就像是精美绝伦的实用工艺品。河姆渡文化在农业上以种植水稻为主。在其遗址第 4 层较大范围内，普遍发现稻谷遗存，这对于研究中国水稻栽培的起源及其在世界稻作农业史上的地位具有重大意义。遗址中还出土有许多植物遗

▲河姆渡文化·猪纹黑陶钵

▲河姆渡文化·"双凤朝阳"牙雕

▲河姆渡木构造建筑遗迹

河姆渡文化的建筑

河姆渡文化的建筑形式主要是栽桩架板高于地面的干栏式建筑。干栏式建筑是中国长江以南新石器时代以来的重要建筑形式之一，目前河姆渡发现是为最早。它与北方地区同时期的半地穴房屋有着明显差别，成为当时最具有代表性的特征。在河姆渡遗址第2层发现一眼木构浅水井遗迹，这是中国目前所知最早的水井遗迹，也是迄今发现的采用竖井支护结构的最古老遗存。因此，长江下游地区的新石器文化同样是中华文明的重要渊薮，它是代表中国古代文明发展趋势的另一条主线，与中原地区的仰韶文化并不相同。

▲河姆渡建筑复原图

存，如：橡子、菱角、桃子、酸枣、葫芦、薏仁米和菌类与藻类植物遗存。

河姆渡文化的农具，最具有代表性的是大量使用骨耜，仅河姆渡一处就出土上百件。家畜主要有猪、狗。破碎的猪骨和牙齿到处可见，并发现体态肥胖的陶猪和方口陶钵上刻的猪纹。有一件陶盆上刻划着稻穗猪纹图像，大体是家畜饲养依附于农业的一种反映。此外，还出土较多的水牛骨头，可能牛也已被驯养。

兴隆洼文化

▲兴隆洼文化·玉玦

兴隆洼文化是中国北方地区的新石器文化。因首先发现于内蒙古自治区敖汉旗兴隆洼遗址而得名。兴隆洼文化是目前辽河流域最早的新石器文化之一，主要分布在东起医巫闾山，西逾大兴安岭，北过乌尔吉木伦河，南迄渤海北岸的广大范围内，以西辽河和大凌河流域为中心，其年代测定约为公元前6210～前5420年。兴隆洼文化的生产工具以石器为主。石制工具多是打制的，石器种类包括有肩石锄、斧、锛、磨盘、磨棒等。陶器较厚重，烧制火候较低，陶质疏松。陶器全部呈褐色，大部分的表面有装饰的字纹，器类简单，主要是斜壁敞口筒罐和曲腹钵。住房为半地穴式的方形或长方形建筑，排列有序。在兴隆洼发现聚落遗迹，有十多排房屋，每排10座左右，屋内有圆形灶坑，环绕聚落有一条防御用的沟壕。从该文化中发现了中国最早的玉器之一：一座墓葬中死者两耳处各有一件精美的玉玦，还有的墓用两头整猪随葬。

▲兴隆洼文化·玉雕人面像

仰韶文化

▲仰韶文化·房基遗址

仰韶文化以1921年首次发现于河南省渑池县仰韶村而得名，这是在全国范围内发现最早的一种新石器时代晚期文化遗存，因此一直被学术界视为这一时期的代表性文化。黄河中游一带是仰韶文化的中心分布区域，目前发现的遗址已达五六千处。学术界把仰韶文化系统限定在半坡类型、庙底沟类型和西王村类型（又称半坡四期）范围之内。这三个类型代表了公元前5000～前3000年仰韶文化从早到晚的发展序列，其中，半坡类型以渭河流域为中心，东起太行山西侧及郑州附近，西至渭河之源，南至武当山北侧，北达河套地带。

仰韶文化居民营建聚落多选在河谷阶地上。以从事锄耕农业为主，种植粟、黍、白菜、芥菜等。还饲养狗、猪、羊、鸡等家畜家禽，兼事采集与渔猎活动。采集物有榛子、栗子和松子等果实，猎获物有斑鹿、竹鼠、野兔、羚羊和狸等动物，捕捞的对象主要是鱼类。

仰韶文化发达的制陶业

仰韶文化居民较好地掌握了选用陶土、造型、装饰等工序。陶器种类有钵、盆、碗、细颈壶、小口尖底瓶、罐与粗陶瓮等。其彩陶器造型优美，表面用红彩或黑彩画出绚丽多彩的几何形图案和动物形花纹，其中人面形纹、鱼纹、鹿纹、蛙纹与鸟纹等形象逼真生动、栩栩如生。在半坡等地的彩陶钵口沿黑宽带纹上，还发现有 50 多种刻划符号，可能具有原始文字的性质。在濮阳西水坡又发现用蚌壳摆塑的龙虎图案，是中国迄今所知最完整的原始时代龙虎形象。

▶仰韶文化·红陶尖底瓶

仰韶文化的聚落建筑

仰韶文化聚落保存较完整，居住区在中心，外围绕一周大壕沟，沟外北部为墓葬区，东边设窑场。每个建筑群都有一座大房子与 20 座中小型房子，共同组成一个向心的完整原始聚落建筑群。仰韶文化居民死后按一定的葬俗埋葬，多长方形土坑墓，墓中有陶器等随葬品，小孩实行瓮棺葬。盛行单人仰身的直肢葬，但合葬墓占一定比例。合葬的人数不等，多的达 80 人。葬制中实行女性厚葬和母子合葬，反映了以女性为中心的特点。聚落房子朝向中心广场的统一布局，则表明当时维系氏族团结的血缘纽带根深蒂固。这些与母系氏族社会组织的特征是相吻合的。

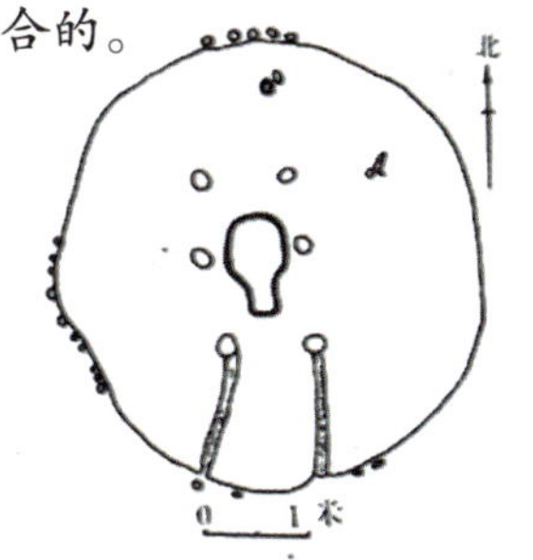

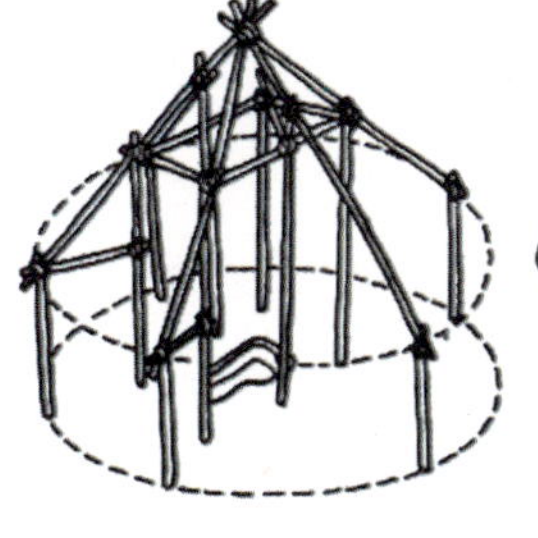

左 平面图 中 构架示意图 右 复原图

◀仰韶文化穴居圆形房子复原图

大溪文化

大溪文化是中国长江中游地区的新石器文化，因1958年发现于重庆市巫山县大溪遗址而得名。其分布东起鄂中南，西至川东，南抵洞庭湖北岸，北达汉水中游沿岸，主要集中在长江中游西段的两岸地区。年代距今约6000~5000多年。经济生活以稻作农业为主，在陶器羼和料及房屋遗迹的红烧土中常发现稻壳遗存。三峡沿江的一些遗址中，鱼骨、蚌螺壳和兽骨较多，渔猎所占比重可能高于平原地区。陶器中篦点戳印纹白陶和薄胎彩陶具有代表性，反映了较高的制陶工艺水平。房屋有圆形半地穴式建筑和圆形、方形、长方形地面建筑。墙壁一般是在夹柱之间编扎竹片或树枝，里外抹泥；居住面下铺有较厚的红烧土垫层以利于防潮。为适应多雨气候，有的房子还出檐或专设檐廊。大溪遗址的墓地集中反映了该文化的葬俗。绝大多数是单人葬，个别为成年女性和儿童的合葬墓，存在十分特殊的仰身跪屈葬和仰身蹲屈葬。有的墓用鱼和龟随葬，规则地把整条鱼放在死者身上、置于口边或垫在臂下，这种罕见的现象当与人们的经济活动和原始信仰有关。

▲大溪文化遗址

▲大溪文化遗址中出土的椭圆形双人合葬墓

大溪文化的类型和分期

大溪文化初步可分为两个地区类型。长江沿岸的鄂西川东地区，如大溪、红花套、关庙山等地的遗存，可称为大溪类型。长期多夹炭陶，夹砂陶比例始终很小，白陶也很少。圈足盘、陶簋多见，典型器有彩陶筒形瓶。圈足上盛行各种成组的戳印纹。彩陶纹饰有横人字形纹、曲线网格纹，有的器形和彩纹明显受仰韶文化庙底沟类型的影响。洞庭湖北岸、西北岸地区，如三元宫、丁家岗、汤家岗等地的遗存，可称为三元宫类型。夹砂陶比例大，红褐胎黑皮陶和白陶占一定数量。有特征鲜明的盘口圈足罐和筒形圜底罐。圈足盘少，彩陶筒形瓶仅有个别发现。以通体装饰的印纹、刻划纹为特色，漩涡纹、变体卷云纹彩陶也具特点。至今没有发现受庙底沟类型彩陶影响的迹象。有

人认为，这类遗存虽确有许多与大溪文化相同的文化因素，但可能是受大溪文化强烈影响的另一种原始文化。

大溪文化以大溪类型为例，可归纳为3期。早期：夹炭红陶最多，戳印纹简单、细小，彩陶极少，以折肩圈足罐、三足盘、鼓形器座等为代表。中期：戳印纹发达，彩陶兴盛，常见内折沿圈足盘、簋、高把豆、折腹盆、曲腹杯、筒形瓶等。晚期：泥质陶占绝对优势，灰陶和黑陶剧增，有细颈壶、折敛口圈足碗等。

▲大溪文化遗址中发现的鱼骨

马家浜文化

马家浜文化是中国长江下游地区的新石器文化，以浙江嘉兴马家浜遗址的发掘而得名，目前发现的同类遗存已达近百处。主要分布在环太湖地区，南至钱塘江，西抵茅山，北边可达长江北岸一带。年代约为距今5000~4000年。居民主要从事稻作农业，多处遗址中出土了稻谷、米粒和稻草实物，经鉴定，已普遍种植籼、粳两种稻。农用工具有穿孔斧、骨耜、木铲、陶杵等。还饲养狗、猪、水牛等家畜。渔猎经济也占重要地位，常发现骨镞、石镞、骨鱼镖、陶网坠等渔猎工具，以及陆生、水生动物的遗骸。在吴县草鞋山出土了葛麻纤维织造的纬线起花罗纹编织物，远比普通平纹麻布进步。发现多处房屋残迹。当时已有榫卯结构的木柱，在木柱间编扎芦苇后涂泥为墙；用芦苇、竹席和草束铺盖屋顶；居住面经过夯实，内拌有砂石和螺壳；有的房屋室外还挖有排水沟。多红色陶器，腰檐陶釜和长方形横条陶烧火架是该文化独特的炊具。死者埋入公共墓地，各墓随葬品不甚丰富也不很悬殊。在常州圩墩和吴县草鞋山发现用陶器覆盖人头骨或把人头骨置于陶器中的特殊葬俗；还发现几座死者年龄相近的同性合葬墓，属母系氏族社会的葬俗。

▲马家浜文化遗址

▲红山文化·女神像

红山文化

红山文化因首次发现于内蒙古赤峰红山而得名，它以辽河流域中辽河支流西拉内蒙古木伦河、老哈河、大凌河为中心，分布面积达 20 万平方公里。其年代上限约在公元前 5000 年以前，下限止于公元前 3000 年，延续时间达 2000 年之久。红山文化的社会形态初期处于母系氏族社会的全盛时期，主要社会结构是以女性血缘群体为纽带的部落集团，晚期逐渐向父系氏族过渡。经济形态以农业为主，兼以牧、渔、猎并存。它的遗存以独具特征的彩陶与之字型纹陶器共存，且兼有细石器的新石器时代文化。红山文化的手工业达到了很高的阶段，形成了极具特色的陶器装饰艺术和高度发展的制玉工艺。红山文化的彩陶多为泥质，以红陶黑彩常见，花纹十分丰富，造型生动朴实。玉器制作为磨制加工而成，表面光滑，晶莹明亮，极具神韵，发展中具备了专业化、系统化、规范化。到目前为止，红山文化的玉器已出土近百件之多，玉雕工艺水平较高，玉器有猪龙形缶、玉龟、玉鸟、兽形玉、勾云形玉佩、箍形器、棒形玉等。还发现相当多的冶铜用坩埚残片，说明冶铜业已经产生。房址为方形半地穴式，分为大型与小型。

▲红山文化·玉猪龙

龙山文化

▲龙山文化遗址

龙山文化泛指中国黄河中、下游地区约为新石器时代晚期的一类文化遗存，因 1928 年首次在山东省章丘县龙山镇的城子崖发现而得名。主要分布于以黄河中下游为中心，东起海滨，南到江苏、湖北，西至陕西甚至甘肃，北抵辽东半岛一带。生产工具有很发达的磨制石器，制作精美，型制规整，主要有斧、锛、凿、铲、刀、矛和箭头，并有可装木柄的石镰、蚌镰。陶器以灰陶为主，黑陶次之，红陶和白陶极少。此外还普遍发现用牛、猪、羊、鹿等的肩胛骨做的卜骨，表明当时已有占卜风俗。从农业的进一步发展和家畜的大量出现，反映了由母系氏族社会向父系氏族社会

▲龙山文化·黑陶高柄杯

▲龙山文化·黑陶单把杯

▲龙山文化·红陶鬶

的转化过程。共同葬地中单人葬的普遍化，说明以母系氏族为中心的合葬已逐渐被淘汰了，墓制大小悬殊，随葬品也多寡不等，是私有制和阶级萌芽的有力证明。龙山文化生产力的进一步提高，充分说明了由母系向父系氏族的过渡，大约是以这个时期为转折点的，嗣后逐渐向高度发展，终于加速了原始公社的解体。

西藏卡若遗址

▲卡若遗址

卡若遗址位于西藏昌都县城东南约12公里的卡若村。1979年，西藏文管会和中国社会科学院考古研究所、四川大学历史系考古专业、云南省博物馆联合组成卡若遗址考古队进行正式发掘。该遗址面积大，保存好，遗存丰富。发现有房址、道路、石墙、石台、石围圈、灰坑等遗迹。出土物包括石器、陶器、骨器、装饰物等，还发现有炭化的粟米和动物骨骼等。发掘结果表明，在澜沧江源头这片肥沃神奇的土地上，藏族先民们早在四五千年前，不仅学会了制造各种精致的石制工具，有了粗糙的纺织品和缝制的物品，并且还制作了彩陶和装饰品，建造房屋，过上了定居的生活。卡若遗址的文化遗存是西藏高原新石器时代具有代表性的文化遗存，它与黄河上游的甘肃、青海地区的文化类型有着比较密切的联系，为研究我国西北西南原始民族的迁徙和交流提供了新的线索。卡若遗址的发掘证明，早在四五千年以前，中华民族的先民就曾在这块土地上劳动生息。

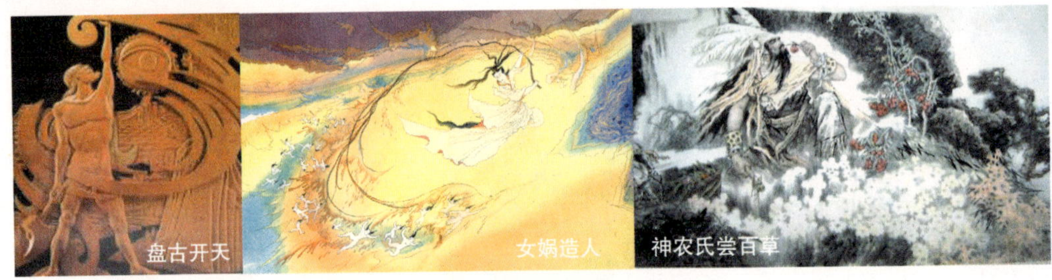

史前传说与神话

现存的古典文献中，保留有许多人类起源和采集渔猎时代的远古人类生活情况的传说史料。通过这些神话和传说，一方面可以了解到中华远古祖先关于人类自身来源的认识历程，另一方面可以与考古资料相印证，从而捕捉到采集渔猎时代的史迹。

盘古开天辟地

传说在非常非常久远的时候，天和地还没有分开，宇宙就好像一个大鸡蛋一样，黑暗混沌成一团。就在这个大鸡蛋中，盘古在悄悄地孕育着。过了一万八千年，盘古醒来。但他什么也看不见，四周一片黑暗，于是他抓起一把大斧子狠狠地向前劈去，随着山崩地裂般的一声巨响，那个曾紧紧地包着他、孕育了他的混沌的大鸡蛋被他劈裂了。那些轻而清的东西，缓缓上升变成了天，那些重而浊的东西沉下来变成了地，于是，天和地就分开了。

天和地被分开以后，盘古怕它们会再合拢起来，就用头顶着天，脚踩着地，伸直了腰杆站在天地之间，随着天地的变化而变化着。每天，天升高一丈，地加厚一丈，而盘古的身子也随之增长。就这样，一万八千年又过去了。天升得高极了，地也变得极厚了，盘古的身体也长得极为高大。后来，天和地终于被固定住了，但盘古也到了精疲力尽的时候。终于有一天，他轰的一声，倒在地上死去了。在他死的时候，呼吸化成了风云，声音化成了雷霆，左眼化为太阳，右眼化为月亮，头颅和四肢化成了五岳，血液化为江河，肌肉化为田地，皮毛化为草木。从此天上有了日月星辰，地上有了山川树木，万物欣欣向荣起来，才有了现在这个鸟语花香的美丽世界。

▲盘古开天辟地

此种传说，虽是荒唐之说，但也反映古人探求宇宙起源、追究天人之际的用心。从这里，可以朦胧地看出：宇宙产生是有一个过程的；人是创造世界的唯一力量。

女娲造人

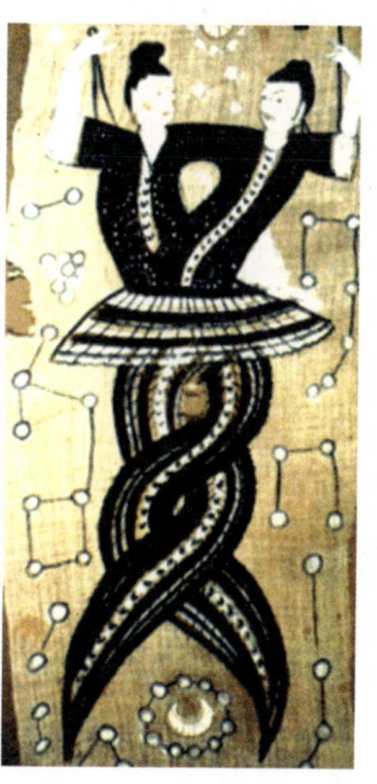
▲女娲与伏羲

女娲是一个人身龙尾的女神，盘古开天辟地以后，她就在天地间到处游历。这时尽管大地上已经有了山川草木，有了鸟兽虫鱼，但仍然显得死气沉沉的。当女娲沿着黄河滑行，低头看见了自己美丽的影子时，她便决定用河床上的泥按照自己的形貌来捏泥人。女娲捏成了一个个小泥娃娃，又对着他们吹了口气，这些人就活了。女娲捏累了就用绳子沾满了泥，她拉出绳子用力一甩，泥点落到地上，便变成了一群群的小人儿。女娲非常高兴，她不停地甩着绳子，不久，大地上便布满了人类的踪迹。为了使人类绵延不绝，女娲为人类建立了婚姻制度，让男女互相配合，生儿育女，使人类能繁衍至今。

▲女娲补天雕像

神农氏尝百草

神农氏是中国古代神话中农业和医药的发明者，相传他“斫木为耜，揉木为耒”，制作了这些生产工具，教给人民进行农业生产，反映了中国原始时代从采集、渔猎进步到农业生产阶段的情况。神农还被传说为“医药之祖”，史记中记载：神农氏作蜡祭，以赭鞭鞭草木，尝百草，始有医药。传说神农一生下来就是个“水晶肚”，几乎是全透明的，五脏六腑全都能看得见，还能看得见吃进去的东西。那时候，人们经常因乱吃东西而生病，甚至丧命。神农为此决心尝遍百草，好吃的放在身体左边的袋子里，介绍给别人吃；不好吃的就放在身体的右边袋子里，作药用；不能吃的就提醒人们注意。又传说神农因尝百足虫，不能解其毒而致死。传说他还曾教人治病。

▲神农氏像

燧人氏

在远古的时候，人们惯吃生食，茹毛饮血。后来，人们发现火烤熟的食品味美且易消化。但因雷击等产生的自然火很少，而且在短时间内即熄灭，人们很难得到并保留火种。当时，有一位圣人从鸟啄燧木出现火花而受到启示，就折下燧木枝，钻木取火。他把这种方法教给了人类，人类从此学会了人工取火，用火烤制食物、照明、取暖、冶炼等，人类的生活进入了一个新的阶段。人们称这位圣人为燧人氏，这在人类文明史上具有里程碑意义。由于火在人类文明中的中心地位，所以燧人氏由于发明人工取火而受到人们的敬重和崇拜。

▲燧人氏雕像

▲有巢氏雕像

有巢氏

上古时人类少而禽兽多，人类居住在地面上，经常遭受禽兽的攻击，每时每刻都存在着生命危险。这时候有巢氏出现了，他受鸟类在树上筑巢的启发，最先发明了“巢居”。他指导人们用树枝和藤条在高大的树干上建造房屋，房屋的四壁和屋顶都用树枝遮挡得严严实实，既挡风避雨，又可防止禽兽的攻击，人们从此不再过那种担惊受怕的日子。人们非常感激这位发明巢居的人，便推选他为当地的部落酋长，尊称他为有巢氏。

伏羲氏画八卦

伏羲氏是中国神话传说中人类的始祖。古书上称伏羲人头蛇身。传说他与女娲是兄妹，人类是由他和他的妹妹女娲兄妹相婚而产生的。中国古文化中的发明创造，多数与他有关。传说他制定了祭祀上天神明的礼节，以求人民安泰；他制作琴瑟，创作《驾辩》之曲；用蜘蛛结网的道理作了网罟，使百姓得以渔

◀伏羲氏像

猎；又教百姓畜牧六畜。这些都反映出中国原始时代开始渔猎畜牧的情况。传说八卦也出于他的制作。上古之时，有龙马负图出于河，伏羲降服龙马，观察龙马身上的图纹，画出乾、坤、震、巽、坎、离、艮、兑八种悬卦符号，叫做八卦，以示天地万物之种种变化。伏羲的神话在中国民间流传十分广泛，影响深远。

三皇

天皇是盘古后第一位卓有成就的领袖，寿命一万八千岁，有十二个儿子，帮助他治理日益增多的人民。天皇就把他们分为若干部落，每个部落推选一位能干的人担任酋长。中华民族自此成为一个有组织的民族，具备国家的雏形。天皇死后，经过若干万年，地皇在龙耳山（神话中的仙山）诞生，寿命也是一万八千岁，有十一个儿子。他首先把太阳和月亮出现的时间加以固定，使它们做有规律的起落，昼夜才算分明。又规定三十天为一个月，十二个月为一年，使人们知道时间和年龄的计算方法。

▲天皇、地皇、人皇像

地皇又命所有的星辰上升，升到遥远的天空。人皇诞生于刑马山（也是神话中的仙山），寿命一万五千六百岁。有九个弟弟，都神通广大，法术高强。人皇把中国分为九个州，命他的弟弟们各当一州的州长。他自己则住在九州的中央，时常出巡。出巡时坐着像云一样可以在空中奔跑的车辆，驾车的人有六个翅膀，行动闪电般的迅速。

▲三皇庙

五帝传说

黄帝是传说中中华民族的始祖，是西北方游牧部族的首领。他联合炎帝，打败由蚩尤率领的九黎族的入侵，代神农而成为部落联盟的首领，称为“黄帝”。相传黄帝时期有许多创造和发明，如养蚕、舟车、文字、音律、算数、医学等。颛顼，黄帝之孙。二十岁时，

▲颛顼、帝喾二帝塑像

黄帝将帝位传给了他。即位后，进行政治改革，教化九黎族，促进了族与族之间的融合。他在位78年。颛顼子孙很多，屈原就自称是颛顼的后裔。帝喾，黄帝的曾孙。帝喾在位时人才济济，把天下治理得很好。帝喾在位70多年。尧帝，因封于唐，故称“唐尧”，由于他德高望重，人民倾心于尧帝。尧到年老时，由四岳十二牧推举部落联盟军事首长继承人，大家一致推荐了舜。尧帝把自己两个女儿嫁给了舜，又对他进行了长期的考察，最后才放心的禅让。舜帝，姓姚，传说目有双瞳而取名“重华”。舜命后稷按时播植百谷；挖沟开渠以利灌溉；疏通河道，治理洪水；公布五刑，除去四凶族。舜知人善任选用贤能，把各项工作都做的很好，开创了上古时期政通人和的局面，所以舜成为中原最强大的盟主。实际上，当舜之时，国家机器的雏形已经具备了。

仓颉造字

▶仓颉雕像

文字是怎么来的呢？世界各民族有不同的传说。在西方有“上帝造字”之说，而在有关汉字来源的传说中，“仓颉造字”是最流行的。传说仓颉是黄帝的史官，他有四只眼睛，看东西非常清楚。他抬头看见天上的月亮有时圆有时弯，低头看见地上鸟兽的脚印各式各样，从中得到启发，创造了汉字。这个行动惊动了天地鬼神。上帝感动得投下了大米白面，鬼神惊吓得夜里哭叫。这些只是传说，汉字当然不可能是仓颉一个人创造出来的，而是由许许多多的像仓颉这样的人慢慢丰富起来的，仓颉只不过在这些人当中比较重要、起的作用比较大而已。汉字的出现，标志着中国历史走进了由文字记载的时代，是历史长河中的一件大事，对后世也有着重要的影响。

▲仓颉墓

原始婚姻

人类的婚姻制度，是随着社会的发展而逐步建立起来的。在人类社会初期，无所谓婚姻，人类两性间的性交关系是一种杂乱的关系，无论是父母与子女，兄弟与姊妹，都可以任意发生性行为。随着社会的发展，人类的物质文明和精神文明得到相应的提高，由此才逐步建立起婚姻制度。

▲瓷器上的伏羲和女娲，传说中伏羲和女娲兄妹婚配衍生人类

▲彝族婚俗

兄妹通婚

直立人阶段的初期，人们结成的集团还是十分松散的。他们刚从原始群脱离出来，也还残存着原始的杂乱性交状态。那时，精力旺盛的青壮年经常外出采集、狩猎，为集团的全体成员寻找生活资料，老人们逗留在住地，制作武器和工具。这样，年龄相当的男女在劳动分工上更相近些。人们在长期的生活过程中，积累了经验，逐步有意无意地从原始杂乱性交状态中形成了初步的婚姻规定：排除不同辈份之间的相互性交关系，只允许同辈的男女通婚。也就是说，祖先与子孙之间以及父母与子女之间的婚姻被禁止了，每一辈的男女既便是兄弟姊妹，也可以互为夫妻。

▲《吕氏春秋》

性杂乱时期

在我国历史文献中，可以找到有关性杂乱的传说记载。如《管子·君臣》角说："古者未有夫妇匹配之合，兽处群居。"《吕氏春秋》也说："昔太古尝无君矣，其民聚生群处，知母不知父，无兄弟夫妻之别，无上下长幼之道。"都是性杂乱历史的反映。性杂乱的残迹，在近代一些少数民族的婚俗中还可以找到。生活在云南怒江的傈僳族人，过去在"守谷子"的秋收季节，他们就不分"长辈与小辈"，只要互相喜欢，就可以睡在一起，这种风俗正是性杂乱的遗迹。

族外群婚

▲母系氏族公社时期的生活情景想象图

随着社会生产力的逐步提高，原始人的社会生活也在缓慢地向前发展。从晚期直立人过渡到早期智人阶段，人类的婚姻形态又有了一个大进步，即排除了兄弟姊妹之间的通婚关系，同一族团内部的同辈男女也禁止相互通婚了。男子只能以其他族团的女子为妻，女子只能以其他族团的男子为夫。也就是说，这一族团的一群男子与那一族团的一群女子互为夫妻。这就是族外群婚。

这时，丈夫和妻子各自生活在自己所属的族团之内。丈夫到妻子那儿去过婚姻生活，晚上去早晨回，并不加入妻方的族团，双方没有共同的经济生活。通常，男子并不总是固定与一个妻子来往；女子也不是始终接待一个丈夫。因为一个妇女可以有一群丈夫，所生孩子也就有一群父亲。那时，对于谁是自己的亲生父亲是不知道的，一般只能确知生育自己的母亲。因此仍然是只"知母而不知父"。

实行族外群婚以后，在同一个族团内部，上一辈与下一辈成员的关系是母亲与子女或是舅父与外甥、外甥女的关系。同辈是兄弟姊妹的关系，他们有共同的母亲。因此，同一族团内的成员，不分男女，都有血缘亲族，都起源于同一个女祖先，因而互相之间禁止通婚。

对偶婚

母系氏族社会的早期实行群婚，后来发展成为对偶婚。实际上，在群婚时期就出现了某种或长或短的成对配偶，这已是对偶婚的倾向了。随着氏族制度的发展，允许通婚的范围不断缩小。在漫长的年月中，渐渐排除了同胞兄弟姐妹间的婚姻，又排除了同胞姊妹子女间的婚姻，最后排除了氏族内和氏族分支内同一女始祖女系后裔间的婚姻。这样，就由开始实行的一氏族的一群男子和另一氏族的一群女子之间的结合，发展为只剩下一男一女，即一对还不牢固的对偶的结合。族外群婚终于被对偶婚所代替。

一夫一妻制度

与父系制的确立、私有财产的出现、奴隶制度萌芽同时，出现了新的婚姻制度，从对偶婚过渡到一夫一妻制。一夫一妻制与对偶婚不同之处在于婚姻关系比较牢固和持久，不能任意解除。这时男子在社会上取得了支配权，女子出嫁到夫方氏族居住。一夫一妻组成的个体家庭成了社会的基本单位。社会已开始产生阶级对立，最初的阶级压迫与一夫一妻制下男性对女性的奴役是同时出现的。

▲满族婚姻是一夫一妻制

▲羌族有抢婚的习俗

抢婚制

在对偶婚向一夫一妻过渡时期，曾发生抢婚的现象。这种抢婚是由男子抢劫女子为妻。发生抢婚的原因是多方面的，其中最主要的原因，大概是由于新旧两种婚姻制度转化的矛盾和斗争。由于男子要求改变旧的夫从妻居的婚配方式，实行新的妻从夫居的婚配方式，势必引起母权制旧势力的反对，结果便发生抢婚的现象。据民族调查材料表明，世界上仍处于原始社会的民族，普遍都还存在着抢婚的风俗，这就是早期一夫一妻制历史的遗迹。解放前，我国云南省的景颇族和佤族就曾经长期存在过抢婚的风俗。

原始社会的组织结构

在人类社会中，组织是一个很重要的因素，它是人类社会活动的团体，任何一种社会形态，都有它的组织形式，没有组织，可以说就不称其为社会。原始社会的社会组织，主要由氏族、胞族、部落构成。

原始群

原始群是人类社会最初的一种社会组织，也是原始社会最初的一个基本社会单位。原始人群处于人类的幼年时期，在人类学上属猿人阶段。在考古学上属旧石器初期，距今约300万年至100万年前。它是一种自然结合的群体，大约是由几十个猿人结成一群。这种群体是一种松散的、不固定的、有分有合的社会集团。

群的形成与人类的劳动生产和生存密切相关。人类的幼年时期，生产力是极其低下的，他们只会拾取自然石块来加工制作最粗笨的石器，或者使用木棍等最简单的工具来猎取野兽、挖掘野生植物的根块、采拾野生植物的果实来充饥。用这么简单的工具进行生产，对个人来说是十分困难的，而且简直是不可能的。为了有效地进行生产，就迫使幼年时期的人类必须联合起来，以群的力量来增强生产力，以群的联合来围捕野兽、猎取食物。其次，在猿人生活的时代，自然界也是原始的，到处是茂密的森林、群居的野兽。幼年时期的猿人，面对着森林密布、野草丛生、人少兽多、野兽逼人的现实，人身安全受到严重的威胁，处处充满着死亡的危险。人类为了自身的安全、防御野兽的侵害和突如其来的袭击，也必须结群而居，以群的联合力量来加强自身的安全防卫能力。

▲原始人类群居生活想像图

血缘家族

▲北京人背鹿像

血缘家族是从原始群中分裂出来的、具有同一血统的亲族集团，它大约产生于旧石器早期末的阶段，北京人和蓝田人大约就是在这种血缘家族中生活的。原始群的分裂，是社会生产发展的必然结果。随着社会生产的不断发展、人类自身的不断繁衍，群的组织也必然不断地发生分化，于是，最初联合成的原始群团，就逐步地分裂成若干个小集团。这种小集团，由一个母亲及其生育的后代子女所组成，因为它血统亲近，故称为“血缘家族”。

血缘家族组织因为有血亲关系维系，因此是一个比较固定的联合体，它不像原始群那样松散。一个血缘家族，既是一个生产、生活单位，又是一个内部通婚的集团。在血缘家族内，所有成员共同生产、共同生活，兄弟姊妹之间互相通婚。

氏族

▲属于氏族公社时期的半坡遗址

氏族是原始社会以共同血缘关系结合而成的一种血族团体，其成员出自一个共同的祖先。氏族是人类各族普遍存在过的社会组织，产生于蒙昧时代的中级阶段，约相当于旧石器中、晚期，常以某种动、植物作为本氏族共同的图腾标记。氏族是社会的基本经济单位，实行生产资料公有，集体劳动，平均分配，没有剥削和阶级。公共事务由选举的氏族长管理，重大事情由氏族成员会议决定，成员都处于自由、平等的地位。氏族经过母系氏族和父系氏族两个发展阶段。到原始社会末期，产生了贫富分化，出现了阶级，氏族制度开始解体，氏族的血缘联系也为地缘联系所代替，但氏族的残余仍长期保留在一些民族的阶级社会中。

母系氏族

母系氏族社会是氏族社会前期的社会形态。其历史时间，在考古学上相当于旧石器时代中期到新石器时代中期，距今大约从五、六万年前开始到五、六千年前结束。母系氏族社会时期，生产资料完全归氏族所有，没有私人占有的现象，氏族成员共同生产、共同消费。妇女是氏族大家庭的主人，而且在氏族内部据有实际权力，享有崇高的

社会地位。那时，人们已经掌握磨制和钻孔技术，妇女从事采集，男子从事渔猎，实行族外群婚，人们只知其母，不知其父，世系只能按母系计算。旧石器晚期出现的原始农业以及新石器时代早期出现的磨制石器、原始畜牧业、原始制陶业及原始建房技术，这时都得到一定程度的发展，人们已经过着比较稳定的定居生活。

◀姜寨母系氏族聚落模型

父系氏族

▲良渚文化祭坛遗址

父系氏族社会是氏族社会后期的社会形态，它是直接从母系氏族社会发展来的。在考古学上从新石器时代中期开始过渡，到新石器晚期确立，距今约五千年前后。随着社会生产力的发展，男子成为农业和手工业生产的主要劳动力，并掌握社会财富和权力，最终引起了氏族组织结构的变化，实现了母系氏族制向父系氏族制的过渡，并最终为父系氏族所取代。父系氏族的特点为：妇女社会地位下降，实行妻从夫居，子女从父居；世系按父系计；婚姻由对偶婚转变为一夫一妻制；财产继承从父计；崇拜祭祀男性祖先。

中国的父系氏族时期

我国传说时代从母系向父系氏族社会的转变，大致是从炎帝后期开始的，到黄帝、尧、舜、禹时代，即进入父系氏族社会时期。禹以后，氏族制度崩溃，进入历史的文明时代。也就是说，大约距今五千年时，我国的一些氏族部落先后进入父系氏族公社时期，这一时期的文化遗存，黄河流域主要有大汶口文化、龙山文化和齐家文化；长江流域主要有屈家岭文化、青莲岗文化和良诸文化，其中以龙山文化最为典型。

部落

▲传说中的华夏部落首领黄帝像

由于人口的繁殖，氏族的一部分人向外开拓新的生存空间，于是产生了新的氏族。几个新老氏族结合在一起，便形成了一个部落。每个部落都有自己的名称与领土，具有共同的语言、共同的经济、共同的宗教与祭祀仪式。部落内各氏族地位平等，部落最高首领称为酋长，由各氏族推选产生，公共事务由各氏族首领组成的部落议事会讨论决定。传说，我国原始社会后期，黄河流域和长江流域都分布有部落集团，其中最为著名的，黄河流域有黄帝、炎帝、蚩尤三大部落集团，长江流域有三苗集团。

蚩尤

▲蚩尤塑像

蚩尤是九黎族的部落首领。这一集团的聚居和活动范围，大致在山东、河南的交界处。这个部落集团最初大概是由聚居在淮河流域的太皞族发展起来的。蚩尤部落集团的规模相当大，相传蚩尤有“兄弟八十一人”，大概是指这个部落集团一共有八十一个氏族。蚩尤在我国历史上也被作为一位勇敢善战的军事首领而称颂。据文献记载，蚩尤部落和黄帝部落曾经进行过一场激烈的大战，结果蚩尤失败被杀。蚩尤失败之后，他的部落仍然不服，黄帝画蚩尤之形象以威天下，因此后世人对他在作战中的勇敢精神甚为崇敬。

▲蚩尤戏

▲尧帝像

部落联盟

部落联盟是由二个以上的部落,为了共同的利益而结成的联盟。联盟的形成是逐步实现的,最初是彼此为了某一个共同的利益相互进行联合,继之则形成长期的联盟。部落联盟大致产生于原始社会后期。这个时期,由于社会生产力有了较大的提高,生产有了较大的发展,社会财富的积累日渐增多,私有制进一步发展起来,因此,各部落之间的矛盾不断发生,这些矛盾积累起来,往往就发生对抗性的冲突,由此导致双方发生战争。战争发生之后,双方往往因势力的强弱悬殊而决定战争的胜负。弱者为了对抗强者,往往求助于与其利害相关的部落,参与战争,这样就形成了联合。最初的联合,在很大强度上只是为了防御强者的欺凌或外来的侵犯。后来经过实践的经验,逐步认识到联合的优越性,就进一步结成联盟,继之则结成长久性联盟,所以部落联盟是逐步实现的。

▲舜帝雕像

中国的部落集团

原始社会后期，黄河流域的部落集团经过几次战争以后，东方蚩尤和西方炎帝部落集团的势力削弱了,黄帝的势力壮大了。此后,黄河流域形成了以黄帝部落为核心的、比较巩固的部落联盟。大约又经过几百年的历史,黄河流域的氏族社会进入了尧、舜、禹时代。尧、舜、禹是原始社会末期黄河流域前后相继的三个有名的部落联盟首领。

▲黄帝雕像

▲大禹雕像

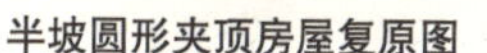
半坡圆形夹顶房屋复原图

河姆渡遗址水井井架和草顶复原图

河姆渡遗址干阑式民居复原图

原始经济活动

原始社会是人类社会的最初阶段也是低级阶段，生产力极端低下。原始社会的生产资料是公有制的，一个族里面的成员共同劳动，消费品是平均分配的。原始社会的居民，在制石、制陶、木作、制骨、角、牙、蚌、纺织和编织这类手工劳动，以及种植农业、饲养业、渔猎和采集这类直接生产食物的劳动部门，展开了广泛活动。

▲河姆渡遗址出土的木构件

▲原始半穴居建筑复原图

建造房屋

人类建造房屋，大致始于新石器时代。这时期，由于发明了农业的种植，经济生产由狩猎和采集逐步转向农业，生活来源比较稳定可靠，人们便逐步走出山洞，到适于农业生产的地方建造住房，这样，人类长期住山洞的历史结束了，开始了营建住房的新时代。新石器时代的房屋，考古上已有许多的发现，据目前所发现的新石器时代房屋建造情况看来，早期的比较简陋，晚期房屋建筑技术逐步提高，结构比较复杂讲究。房屋建筑的类别有半地穴式和地面起建式，形态有方有圆，有大有小。半坡遗址的大房子是半地穴建筑，面积达 120 平方米左右。长江流域的河姆渡村落遗址，则以干栏式建筑为其特征。

穴居野宿

▲周口店北京人遗址

人类住山洞的历史时间较长，大致从旧石器时代中期以前到旧石器时代晚期。我国南方地区直到新石器时代早期，多半还是居住在山洞里。人类所居住的山洞，考古上已被发现，而且屡见不鲜。例如北京猿人的化石，就是发现于北京周口店山下的一个巨大的石灰岩自然岩洞里。在这个山洞内，不仅发现许多人骨化石，同时还发现许多人工打制的石器，也就是当时猿人使用过的劳动工具，还有猿人食用遗弃的动物遗骨，而且还有猿人生活使用火遗留下来的大量的烧土和灰烬。这些文化遗存就充分证明，这个巨大的自然山洞，当是北京猿人长期居住生活的住室。原始人栖息于山洞是受当时社会发展的条件所限，同时也与当时的生产条件有关，因为当时人类主要从事狩猎和采集经济生产，这种生产活动流动性颇大，经常变迁，受生产条件的影响，人们很自然地选择与生产条件相适应的住室。

人类最早的经济生活方式

▲古人类的采集、渔猎生活想象图

我们从考古发现的旧石器时代中晚期的石器和骨器可以看出，古人和新人所制造的工具，同他们的祖先直立人一样，几乎全部是供打猎、捕鱼或采集使用的。那时还是攫取经济时期，还没有发明农业和畜牧业，人们不懂得种植庄稼和饲养家畜，还没有跨出以采集现成的天然产物为主的蒙昧时代。人们的经济活动只有自然的性别的分工，打猎主要是男子的事业，采集主要是妇女的工作，捕鱼则男女都可能参加。

采集和狩猎这种生活方式主要盛行于旧石器时代。在那荒远的古代，人烟稀少，土地还没有开发，人们比较容易寻找有森林、草原、河湖的地方居住，从而获得丰富的渔猎和采集对象。旧石器时代晚期的人们仍然主要靠渔猎和采集为生，但工具和技术都比以前有了进步，氏族组织在生产、生活中发挥着计划、组织的作用。这时的猎人常常集体地猎取成群的大兽。由于这种生活方式不能保证人类对食物的需求，使早期人类处在饥饿困苦的境地，不能够大量繁殖。所以在那个时期，十几岁就夭折的人很多。

安定生活的开始

▲古代图画中展示的原始农业耕作情景

原始农业和原始畜牧业是分别从采集和狩猎发展而来的。妇女们在采集植物的过程中，通过长期观察，首先认识了一年生草本植物的生长规律，知道按期采集它的果实、根、茎充饥，并摸索到栽培的方法，从而产生了原始农业。粟是最古老的栽培植物之一，在我国北方，原始农业就是首先从栽培粟开始的。除了植物的种植以外，动物的驯养和繁殖也是新石器时代的标志。在我国境内的母系氏族社会繁荣时期，采集经济已转入原始农业经济，狩猎经济已转入原始畜牧经济。无论是在原始畜牧地区，还是在原始农业地区，家畜的饲养和繁殖都出现了。畜牧业由狩猎发展而来，先是少数动物的驯养，然后过渡到大群牲畜的繁殖和放牧。原始农业和原始畜牧业的出现，使人类能够通过自己的劳动来增加动植物的生产，生活有了保障，人口不断增长，开始过着比较安定的生活。

制陶业

陶器是人类有了对物理和化学作用的初步认识以后，第一次实践所取得的成果。在古代科学技术史上，陶器的发明是人类继火的发明之后，所获得的又一次重大成就。据考古资料，我国的制陶历史估计要有一万年之久。我国原始制陶业的发展，大致可以分为早中晚三个时期。新石器时代早期是我国原始制陶业开始发展的时期，其历史年代距今约七、八千年。早期陶器在黄河流域、长江流域和辽宁等地都有发现。如裴李岗文化遗址、磁山文化遗址、老官台文化遗址、河姆渡遗址等，都发现有大量陶器。其特点是基本上已经掌握了制陶工艺的全过程，但技术水平还比较低，火候不高，质量较差。

▲马家窑文化·彩陶双连杯

▲河姆渡文化·陶埙

新石器时代中期是我国原始制陶业的发展兴盛时期，其历史年代距今约五至六千年。这时期的陶器在黄河流域、长江流域以及东北、华南等广阔地区都有大量出土，而且出土陶器的文化遗址非常密集。如仰韶文化、马家窑文化、大汶口文化、大溪文化、马家浜文化以及红山文化遗址所出土的陶器，大致均属这一时期的产品。新石器中期陶器的制作技术水平较高，质量比较精美，生产规模比较大。新石器时代晚期我国制陶业更为发达，其历史年代距今约为四至五千年。这时期的陶器在我国境内普遍都有发观，出土的数量比新石器时代中期更多，如龙山文化、齐家文比、良渚文化所出土的陶器，均属于这一时期的遗物。这一时期的制陶技术，普遍采用了快轮制陶，有的还采用了模制。轮制技术的运用，提高了产品的质量，胎壁厚薄均匀，器形规整美观。

编织业

编织业的发生时间可能较早。原始人采集野生植物的果实，挖掘植物的根块，总要有装盛的器物把它收集起来，带回居住地以供食用，而这些装盛的器物，最合适的可能就是编织物了。新石器时代，由于农业的发明，人类开始了定居的生活，人们生产、生活上的需求也越来越广泛，因此，编织业也随之发展起来了。目前我国考古发现的原始编织物遗迹、遗存都属于新石器时代遗存。新石器时代文化所见的编织物有草编、苇编和竹编三种，所涉及的用途有建筑、生产、生活等几个方面。

▲河姆渡遗址出土的苇编残片

纺织业

纺织是原始手工业的一个重要部门，它关系到人们的衣着这样一个根本问题，因此在人的生活中占有极为重要的地位。在纺织业发生之前，人类在夏日是赤身裸体或以树叶蔽体，冬天则以兽皮御寒。考古发现的缝纫遗物在我国始见于旧石器时代晚期。在山顶洞人文化遗址里，出土一件磨制精细的骨针，这是原始人的缝纫工具。纺织业的发生，大概在人类社会进入野蛮时代以后。考古发掘表明，在新石器时代早期文化遗址里，才开始有纺轮。纺轮是一种捻线工具，它的发现标志着我国远在七千年以前纺织业已经产生。原始纺织业的发明和发展，解决了人类穿衣的根本问题，这是人类物质文化和精神文化发展的重要标志。

▲良渚文化遗址中一块没有完全炭化的绢片

第一次劳动大分工

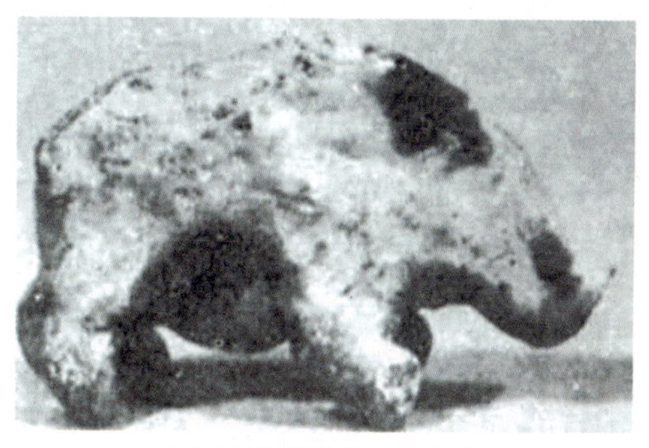
▲河姆渡遗址出土的陶猪

到了父系氏族公社，人们开始大量饲养家畜，而且各个地区饲养家畜的种类还因自然条件不同而有差异。西北地区有较多的羊群，江浙一带饲养大量的水牛，而黄河流域却以黄牛为主。农业氏族部落的家畜饲养业开始稳步发展起来的时候，在北方的沙漠草原地区，无论是以畜牧业为主辅以狩猎，或者牧农结合兼营狩猎的氏族部落,他们的畜牧业经济也都发展起来。原始社会后期,游牧部落由从事其他生产劳动的氏族部落分离出来,是人类社会第一次劳动大分工的标志。

第二次劳动大分工

▲松土和开沟工具——骨耜

原始农业是和手工业相结合的，农民在空闲的时候制作自己需要的手工业品。随着农业生产的发展,农产品有了剩余，有可能使一小部分人不必去种地而专门搞其他的生产。这样就有了专门制作各种手工艺品的人,制作出越来越精巧的产品。手工业从农业分离开来,成为独立的生产部门,是原始社会后期发生的第二次劳动大分工。

私有制的出现

◀红山文化·玉璧

两次社会大分工使农牧业和手工业的劳动生产率大大提高，使劳动力能够生产出比维持劳动力所需的更多的产品,即有了剩余产品。这是私有制产生的物质基础，也是占有他人劳动产品，进行经济剥削的条件。随着剩余产品的增多,私有制产生了。私有制的最后确立,与商品

▲龙山文化·玉璜

的生产和交换有密切关系。父系氏族公社晚期，由于生产力的提高和剩余产品的出现，产生了部落之间以及个人与个人之间的交换。不过，一开始是互通有无、以物易物的交换，后来又出现了用于交换的媒介物——原始货币，如陕西长安、河南陕县发现的玉璜、甘肃武威皇娘娘台出土的玉璧、江苏南京发现的玉玦、云南西双版纳出土的海贝等。原始货币的出现使交换进一步扩大，也使各个家族间私有财产差别增大，从而破坏了旧的共产制，导致原始公社解体。

贫富分化和阶级的产生

私有制的产生和发展，促使贫富分化和阶级的产生。当时普遍以猪头或猪下颚骨作为衡量财产的标准。墓葬中随葬品的多少已明显地表现出贫富不均，这表明氏族间的平均分配不存在了。在父系氏族公社内部产生私有财产和贫富不均的同时，人与人之间也逐渐失去过去的平等地位，奴役、压迫和剥削产生了。与此同时，父系氏族内部又出现了奴隶。最早的奴隶主要来源于战俘。由于人的劳动价值的提高，战胜的氏族便把战俘留下来驱赶到田野和工地强迫他们进行无休止的劳动，以榨取剩余产品。此外，氏族内部贫困的氏族成员，因负债等原因，本人或其子女也会逐渐沦为奴隶，氏族显贵、军事首领和富人逐渐转化为奴隶主奴役他们。作为奴隶，他们在奴隶主的眼中已失去了做人的资格而作为殉葬的物品被活埋。于是，奴役与被奴役、剥削与被剥削的关系日渐明显，使社会最终分裂为奴隶主和奴隶两个对立的阶级，原始社会宣告瓦解。

▲大汶口文化时期的墓葬表明当时已经开始产生贫富分化现象

▲大汶口文化时期墓葬中出土的大量猪下颚骨应是墓主人生前的私有财产

文明的曙光

文明时代，是指人类社会史上，继蒙昧时代、野蛮时代之后的历史时代。中华文明是世界几大古老文明之一，在人类文明史上占有重要地位。中国古代文明的根基是深植于遥远的古代的，早在新石器时代末期或铜石并用时代，各种文明要素就已经起源和发展，例如青铜冶铸技术、文字的发明和改进、城市和国家的起源等等，到龙山时代则更进一步，已经露出文明的曙光了。

▲燧人氏钻木取火图

▲北京猿人用火图

学会用火

会用火是人类远古祖先的一项很重要的知识财富，火为人们提供温暖，有利于食物的消化，加强营养，避免猛兽的侵害，还能在夜间照明，预防和治疗居住在潮湿环境中容易患的关节炎。获得和保持火种的能力很可能是人类在欧亚高纬度地区生活的先决条件。用火熟食，对古人类来说是件了不起的大事，火减少了人类对大自然的依赖，扩大了食物来源，减少了疾病，增强了体质。这是人类自身进化和文明发展上一个重要的里程碑。

制造工具

在很早以前，人类的祖先已经懂得利用简单的自然物体作为工具。他们拣取石块、木头、树枝和兽骨，用于生活。利用天然工具是人类远祖与灵长类其他动物的共同特点，制造工具则是人类与其他动物的根本区别。至少在200万年以前，人类的祖先已能够制造工具，但这一本领是在一段十分漫长的时间内学会的。在征服自然的斗争中，随着生活范围的日趋扩大，敌害越来越多，人类的祖先逐渐懂得改造自然物体，以满足自己对工具的要求。他们先是模仿自然，然后有目的地将自然物体改变成一定的形状，从而制造出第一批工具。木头、树枝、石头、动物骨骼是他们最容易得到的，也是比较容易改造的，所以原始的工具多以这些东西作为材料。

▲原始人类打制石器和捕鱼想象图

金属冶铸

金属冶铸，是原始社会晚期出现的一项重要手工业。它是古代继陶器发明之后所取得的又一项重大的科技成果。我国最先冶炼成功的金属是铜。铜的冶铸传说开始于黄帝时代。我国原始社会晚期文化遗址发现的铜器，年代最早的为公元前4000年，最晚的为公元前2000多年。发现的铜器种类有黄铜、红铜和青铜，铜器的类别有铜片、铜锥、铜刀、凿、斧形器和指环、铜镜等。这些铜器有的是锻件，有的属于铸件。金属冶铸的发明，最初可能是在烧陶过程中偶尔渗入金属矿石，经过烧制以后形成了金属块，人们受此启示，最后才有意识地把矿石加以冶炼而发明的。金属的出现，为社会生产力增加了新的因素。这种新兴的生产力，必将推动社会生产的进一步发展，推动社会的进步，在冶铸中迸发出来的火花，实际上已经闪烁出文明的曙光！

▲青铜器在中国原始社会末期已经出现

科学知识

▲中国古代天地原始物质起源说：五行相生、相克表

原始时代，人们为了自身的生活和生存，始终不懈地从事各种生产活动。他们在生产实践的过程中，不断地积累生产经验，天长日久，自然会产生一定的科学知识。例如，原始人在狩猎过程中，逐步掌握了各种野生动物的习性及其活动规律，便产生了动物学的基本知识。在采集生产过程中，逐步熟悉并掌握了各种野生植物的生长规律和性能，由此掌握了植物学的基本知识。在生产、生活的活动过程中，熟悉一定范围内的山川地形、地貌，这样也产生了一定的地理学知识。由于生产的需要，人们也不断注意和观察气象、天象的变化规律，由此，便产生了天文学知识。从文献的传说记载和考古发掘的资料来看，我国原始社会的先民确实掌握了一定的科学技术知识，在物理、化学、数学、天文以及医药等方面表现得比较明显。

原始艺术

▲仰韶文化·彩陶虹缸上的鹳鱼石斧图

我国的原始艺术有着丰富的内容和表现形式，其中彩绘、雕塑和舞乐三个方面创作的题材和内容较为广泛，表现的形式也比较多样，所取得的成就比较突出。在我国的原始艺术中，彩绘艺术是最杰出的成就。考古发掘的新石器时代的物质文化——陶器上普遍都有彩绘的花纹图案，因此彩陶就成了我国宝贵的原始彩绘艺术遗产。雕塑也是我国原始艺术中一颗灿烂夺目的明珠。考古发掘的我国原始雕塑艺术品也是十分丰富的。目前所发现的原始雕塑艺术品有陶塑、陶雕、木雕、骨雕、牙雕、玉雕和石雕几种。这些雕刻品，在技巧上已采用了立体雕、浮雕、透雕和刻花几种艺术手法。我国远古先民，不仅创作出丰富的、优美的彩绘和精湛的雕塑艺术作品，同时还创作出自己的原始舞乐。

原始记事

原始记事是人类发明文字以前记录和表达思想的一种方式。原始记事的方法很多，比较普遍的是采用结绳记事、刻符记事和画图记事。不同的记事方法，实际上都是出自于一个共同的目的，这些原始的记事方法发展到后来，无疑对文字的发明有很大的影响。像山东莒县等地出土的陶器上刻画的图形标记，形象鲜明，而且可以会意，就具备了文字的雏形，而且可以和后来的文字找到渊源关系。由此可见，文字的萌芽与原始记事方法的发展演变有关。

夏朝

（公元前2070年～前1600年）

夏是我国第一个统一的王朝，约在公元前21世纪，大禹由于治水有功，被推举为首领。夏禹死后，他的儿子启，破坏了民主推选的禅让惯例，自己继承父亲的职位，并镇压了反对他掌权的势力。从此，王位世袭制代替了禅让制，标志中国“家天下”的创立，夏代的建立，标志着漫长的原始社会被私有制社会所替代。中国历史上第一个奴隶制国家夏朝建立了，中国进入了奴隶社会，这是一个历史的进步。夏自禹到履癸（桀），共传十四世、十七王，前后经历了约四百余年。中国至夏代时早已由石器时代步入铜器时代。但因当时铜很珍贵，没有用于农业生产。夏已经有原始的水利灌溉技术。中国农历自夏以来流行数千年而不废。夏作为上古三代的开始，为华夏文明的发展打下了良好的基础，可以说，没有夏朝就没有此后中华民族的五千多年光辉灿烂的文明历史。

夏帝王世系表

禹——启——太康——仲康——相——少康——予——槐——芒——泄——不降——扃——廑——孔甲——皋——发——桀

大事年表

前 2070 年	禹代替舜成为部落联盟首领。禹之子启改变禅让制度,夺取政权,开创父死子继的世袭制度。启大会诸侯于今河南禹州的钧台,消灭有扈氏。
太康在位时	太康继承启为天子,混乱朝政,有穷氏首领后羿乘机推翻太康。
相在位时	后羿掌握政权,沉溺于打猎,不理国事,为家臣寒浞所杀,寒浞又杀夏帝相,相妃逃往母家有仍氏,生夏帝少康。
少康在位时	少康在伯靡及有鬲氏的帮助下灭寒浞,夏朝中兴。
予在位时	少康死后,其子予继位,实行德政,征伐东夷,这一时期夏王朝的国势最为强大。
孔甲在位时	孔甲生活淫乱,信奉鬼神,荒怠朝政,诸侯纷乱。夏王朝开始走向衰落。
帝桀在位时	大兴土木,生活糜烂,夏王朝走向末路。同时东方的商国崛起。
公元前 1600 年	鸣条一战,夏全军覆没,帝桀逃至南巢,后死。夏朝灭亡。

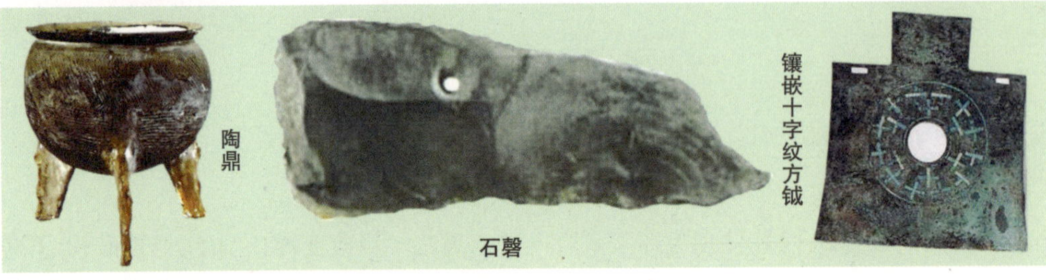

夏朝的建立和兴衰

根据史书记载，夏朝是禹的儿子启在钧台（今河南禹州）废除部落传统的"禅让"制、杀死益称王而建立的中国历史上第一个奴隶制王朝。夏的中心区域在今天的河南西部和山西南部一带。据说启死后，太康即位，出现了一时的政权更迭，即所谓"太康失国"。再经少康中兴，重建夏朝。到孔甲统治时，夏朝走向衰落。此后，三传至桀，为大一统的商朝所代替。

◀夏·鸭形陶器

4000多年前大禹治水

相传在4000多年前的尧舜时代，我国黄河流域连续发生特大洪水，整个民族陷入空前深重的灾难之中。唐尧命夏族首领鲧主持治水。鲧采用"堙障"办法，经九年没有能制止水患。尧的助手舜便把鲧处死在羽山（今山东郯城附近）。唐尧死后，虞舜继位为部落联盟领袖。经过部落联盟议事会的推荐，又派鲧的儿子禹继续治理洪水。他吸取了他父亲治水失败的惨痛教训，改变单纯筑堤堵水的办法，采用疏导的策略。经过10多年的艰苦努力，终于制服了洪水。于是，人民纷纷从高地下来，回到平原上。大禹领导人民平治水土、发展生产有功，得到人民的拥护，人们把这

▲大禹像

位治水英雄推举为部落领袖。在治水过程中，大禹自然地拥有了至高无上的权力和威望，形成了对部落联盟的强有力的领导。

禹伐三苗

▲大禹陵

三苗，在古史书中又称有苗、蛮、南蛮，相传为颛顼的后代。也有人说他们的祖先是帝鸿氏。帝鸿氏有一个不成才的儿子叫浑敦。浑敦就是兜，他曾是三苗中最有势力的一个酋长，在尧时被流放到崇山（即嵩山）。他的后代向南迁徙，成为南蛮中的一个部落。三苗可能是由三个氏族或部落组成的一个部落联盟。他们活动的区域很广，经常侵扰其他氏族、部落。禹在治理洪水过程中，三苗也参加了治水工程。但是治水成功以后，各氏族、部落都得以论功行赏，只有三苗未受赏。三苗因此又不服而反叛。禹准备用兵去征伐，但舜制止说：我们自己的德薄，反要用武力去征伐三苗，是不道德的事。于是“修教三年，执干戚舞，有苗乃服”。

诛杀防风氏

涂山大会之后禹又在苗山的行宫接受诸侯、方伯们朝见，宣布自涂山大会以来诸侯对其部落的贡物和其他贡献，按其贡献大小进行赏物和加封号。计功封赏以后，又举行了祭祀仪式和庆功会。就在计功封赏和庆功会之后，才见一个叫防风氏的诸侯姗姗来迟。而且见禹时不但不认为自己迟到有罪，态度还十分傲慢。防风氏的所作所为，为禹的政令所不容。为了警告各地诸侯、方伯，禹毅然命令将他杀了，并且暴尸三日。诸侯、方伯们见此情况，深知禹所统治部落的权威神圣不可冒犯，都一致表示防风氏该杀。诛杀防风氏是禹行使王权的开始，也是第一次以天子的威力诛杀诸侯。

公元前 2070 年　夏启建国

禹在生前，也按照古老的禅让制度推选东夷族的首领皋陶为继承人，皋陶死，又立

伯益为继承人。但禹死后，诸侯们纷纷反对没有显赫功业的伯益，拥立禹的儿子启继位。于是启杀伯益即帝位。启即位后将禅让制废除，建立父死子继的王位世袭制，并通过著名的“甘之战”灭掉了反对他的有扈氏，既巩固了启的统治又确立了新兴的王位世袭制。世袭制的建立标志一个旧时代的结束和一个新时代的开始。启因此也成为我国延续了数千年之久的王位传子制度的创始人，对历史的发展产生了重大的影响。

◀夏启像

太康失国

启死后，由他的儿子太康继位为夏王。太康即位以后，整天只知“盘游”又“不恤民事”，于是民怨四起，诸侯、方国也开始产生离心。一次，他跨过洛水去打猎，而且长时间不返国都，这给地处黄河以北有穷氏的方伯后羿造成了进攻的机会。他趁太康渡洛水而畅游，拥兵占据夏都，以重兵把守洛水北岸拒绝太康返国。太康无奈，只得向东流落。最后找了一个地方修筑了一座城住下来，后来此地就叫太康，他在这儿居住了约 10 年而病死。太康死后，其弟仲康继位，仲康势弱，当了傀儡。仲康死后，其子相继位。后羿把相赶走，自己当了国王，这就是史书上称作“太康失国”和“后羿代夏”的故事。

▲后羿射日雕像

▲河南省太康县风光，太康县地处豫东平原，历史悠久，夏王太康曾在此筑城居住

少康中兴

▲少康像

太康死后，子相继位，开始恢复家业，发展势力。此时的后羿沉湎于畋猎之乐，不理民事，其相寒浞趁后羿畋猎之时篡夺王位，杀死后羿。夏老臣对寒浞的残暴行为很不满，遂投奔有鬲氏，并在有鬲氏的帮助下为夏王朝的恢复做准备。夏王相的遗腹子少康，在有扈氏逐渐发展自己的势力，在夏王朝老臣及有鬲氏的帮助下灭寒浞，恢复了夏王朝的统治，少康吸取太康失国的教训，对内实行德政，对外积极改善与四周夷族的关系，使国势强大，政权稳定，取得了少康中兴的局面。

夏杼东征

少康重建夏王朝以后，由于关心生产，治理水患，使社会生产有了较快的发展，王朝的统治也得以巩固，但东夷诸部落、方国的时服时叛，终是一大忧患。少康想对东夷进行征伐，就在准备之时，少康却得病而死。少康死后，其子杼继位为夏王。杼继位以后，继承少康的遗志，积极准备征伐东夷。相传杼为了战争的需要发明了矛和甲。矛是进攻的武器，甲是防御的衣服。这时甲当然还不是铜甲，而是皮甲，用兽皮制成的，如犀皮甲之类。因为东夷人善射，有了皮甲就能防身。当其完成征伐东夷的准备以后，为了战争的需要，又迁都老丘（今河南开封县陈留镇北），然后出兵征伐东夷。杼率兵征伐东夷的过程中，得到沿途各地诸侯、方国的支持，所以较顺利地征服了分布在今河南东部、山东和江苏北部一带的夷人部落，而且一直打到大海之滨。杼征东夷，不但使东夷诸部落臣服，而且还获得了一只“九尾狐”。杼班师回朝不久就死去了，死时年仅27岁。杼虽然年纪很轻，但在夏族后人看来，杼是能继承禹的事业的一个有作为的王，他不但能巩固夏王朝的统治，而且还重新征服了东夷诸部落，所以给他以隆重的祭祀。

▲夏·嵌绿松石饕餮纹铜牌饰

▲夏·铜爵

夏芒祭河

自太康失国后，统治阶级为了争夺统治权而长期发动战争，致使黄河长年失修，河水为患。少康重建夏王朝后，经约20余年的治理，消除了水患。经过杼、槐两代约60年的时间，河水没有泛滥，农业生产有了较大的发展，可以说是五谷丰登、六畜兴旺。这在统治阶级看来是河神赐福，因此要举行祭祀来酬报河神。芒即位后，在选定的日期，率领王朝中的臣僚、官吏以及一些前来参加祭祀的诸侯、方伯来到黄河下游的岸边，举行了祭祀仪式。除了有鼓乐、祈祷的祭文外，还将猪、牛、羊等作牺牲沉于河中，而且还将象征着先祖大禹当年治水成功后舜所赐予的玄圭（黑色的玉圭）沉在河水中，表示虔诚和仪式的隆重，这就是后世史书中所说的"沉祭"。这种祭祀河神的仪式在我国历史上延续了数千年。

▲夏·卜骨

后羿射日

胤甲末年，天大旱，酷热异常。古代人缺乏天象知识，认为"天有十日，更番运照"，即每天出一个太阳，普照大地，周而复始。若是天旱、酷热，则一定是"十日并出"。古书中有"逮至尧之时，十日并出，焦禾稼，杀草木，而民无所食"的传说（《淮南子》）。而胤甲时也发生"天有孽，十日并出"（《竹书纪年》）。强烈的阳光烤焦了大地，庄稼都枯死了，人们在灼热的阳光下几乎喘不过气来，凶狠的毒蛇猛兽趁机出来残害人类。传说人类的灾难惊动了天帝，天帝命令箭神后羿下凡到人间，救助人类脱离苦难。后羿带着他美丽的妻子嫦娥一起来到人间。后羿是一个著名的弓箭手，射箭技术是百发百中的。后羿拈弓搭箭，"嗖嗖"地几下，把天空里的九个太阳射了下来，只留下一个太阳，人类可以安居乐业了。他又射杀猛兽毒蛇，为民除害。民间因而奉他为"箭神"。

▲后羿射日图

孔甲乱夏

孔甲是少康的第六代孙，是不降的儿子。不降将王位传给弟弟，而不传给儿子孔甲。对此孔甲不满，企图谋夺王位，经常举行各种祭祀，祈求鬼神相助。后来，王位果然由他继承，这使孔甲更加迷信神鬼，祭祀不休。同时，孔甲又沉溺于游猎淫乐，宠信身边谄媚小臣，荒于政事，致使夏王朝的各种社会矛盾加深，许多诸侯相继叛夏。孔甲在位约九年死去，他的儿子皋继王位三年就死了。皋的儿子发继成王位。发在位约七年而死，其子履癸继位。从孔甲至履癸共传四世，国势日益衰败，终被东方兴起的商人所灭，故史称："孔甲乱夏，四世而陨"。

▲孔甲雕像

前1600年　夏桀亡国

夏朝的最后一位王桀，聪明而有勇力，但是他自恃武力不修德政，终日沉湎于犬马声色；同时夏与周围方国的矛盾不断。正当夏王朝处于内忧外患之际，东方的商部落逐渐崛起，商部落首领汤见到桀如此无道，毅然发动了消灭夏王朝的战争。公元前1600年在鸣条山（在今河南封丘东）一举全歼夏军，桀在逃到南巢（今安徽寿县）后死在那里，经历了四百余年的夏王朝覆灭。

▲夏桀把人当坐骑

▲夏桀与殷商汤王

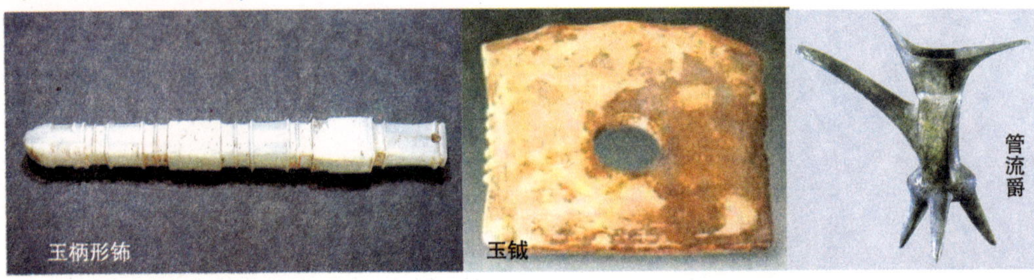
玉柄形饰　玉钺　管流爵

夏朝的统治

夏朝作为中国历史上第一个国家有其原始性。这种原始性表现在三个方面：阶级分化还不够彻底，因而阶级阵线也就不太显著；国家机器还不甚完备，行政机关和官僚系统以及法律、监狱、警察、军队等还不太健全；统治理论还不够系统，虽然已有“天命论”思想，还远不够严密。这些问题固然与史料奇缺有关，但也是早期国家特点的反映。

▲夏朝中心区域示意图

夏朝的军队

在整个国家公共权力机构——主要指军队、监狱、官僚机构等机构中，军队占有重要地位，夏朝已经建立了一支能进行掠夺战争和镇压奴隶反抗的军队。夏启夺取王位后，曾遭到有扈氏的反对，夏启在征讨有扈氏时，曾用铜制作兵器，并要求“六事之人”听从命令，所谓“六事之人”就是军事长官。少康复国前，“有田一成，有众一旅”，一旅就是军队五百人。

◀匈奴人是夏朝的遗民

◀夏都斟鄩复原图

禹划九州

▲禹贡九州图

《左传》襄公四年载："茫茫禹迹，画为九州"，即大禹时期，把天下划为九个区域进行统治。所谓九州，包括冀州、兖州、青州、徐州、扬州、荆州、豫州、梁州、雍州，主要是指今河南西部地区。近年来，我国考古工作者在河南偃师县发现的"二里头文化"遗址，就是夏人的主要活动地区。据考察，二里头文化分布的中心地区在今河南西北部和山西西南部，与"九州"的主要地区相一致，这充分说明夏朝已经"按地区来划分它的国民"。

夏朝的官僚机构

▲今人复原的中华九鼎

禹时，天下划为"九州"，为了更有效地统治各个区域的人民，夏朝派"九牧"分别治理，九牧就是九州的地方长官，是夏王在地方上的权力象征，他们完全秉承夏王旨意办事，与氏族公社时期的部落首领有实质性的区别。史载"夏后氏官百"，有中央官吏，也有地方官吏，如牧正、庖正、车正等官职，这说明夏朝官僚机构已初具规模。为了显示王权，夏朝还铸造九鼎，作为王权的象征。

夏朝的刑罚和监狱

夏朝已有了刑法。《左传》昭公六年载："夏有乱政，而作禹刑"，即针对奴隶的反抗活动而制定了相应的刑法，这种刑法完全代表了奴隶主阶级的意志。在刑法出现的同时，夏朝还设置了监狱。夏统治者把罪犯关在一座圆形的高大围墙里边，称作"圜"，就是当时的监狱。最著名的监狱为"夏台"，也称"钧台"，设在今河南禹县，是夏朝囚禁重要犯人的地方。

▲夏台遗址

玉戈

夏朝的经济和文化

在夏朝，由于奴隶制替代原始公社制“是一个巨大的进步”，由于劳动人民的辛勤劳动，创造了许多物质财富和精神财富。农业生产发展了，有了原始的水利工程，出现了井溉和沟洫制；畜牧业也发展了，出现了专业化倾向；在农业发展的基础上出现了酿酒术；手工业也发展了，出现了冶铜业，发明了战车；在农业、畜牧业的实践中，逐渐积累了一些天文历法知识，这些知识包含在后世编成的《夏小正》中。

▶位于烟台市牟平区照格庄的夏朝古窑遗址

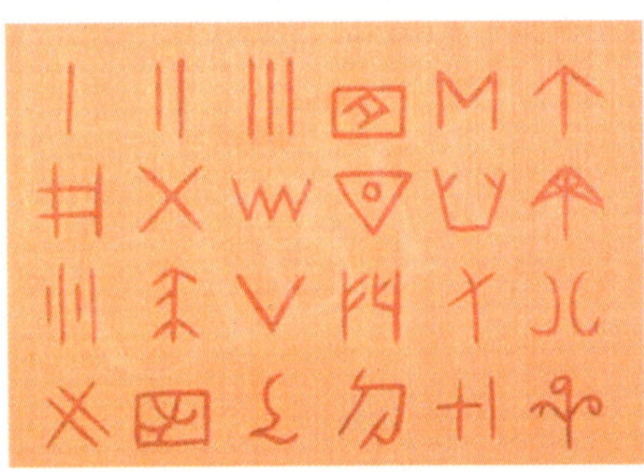
▲二里头遗址出土陶器上刻划符号表

夏朝的生产

夏人主要活动于河南西部、山西南部以及河北、山东、湖北的部分地区，处于黄河和伊、洛、汾、济流域，著名的河流和湖泊很多，便于灌溉。《论语》说禹“尽力乎沟洫”，说明当时已很重视水利的兴修。上述情况，为夏代农业经济的发展提供了条件。而以农业为主的定居生活也促进了畜牧业和手工业的发展。其中，冶铜业的发展尤其值得注意。《越绝书》说禹“以铜为兵”，《墨子》说启命昆吾(今河南濮阳西南，古代有名的产铜地)铸鼎，说明夏代已进入青铜器时代。

五十而贡

原始社会末期，生产力有所发展，个人耕作能力有所提高，于是，原先以氏族为单位的集体耕作方式转变为以家庭为单位进行耕作。氏族公社把土地平均分配给每个家庭，并且定期重新分配，以避免土地肥脊不均，并适应人口增减之需要，同时保留若干土地为公有。各家所分土地之收获物归自己消费，但每家必须共耕公有地，收获物归公社所有，以应公共开支。国家出现后，各家所分之土地称为“私田”，公社保留地称为“公田”。孟轲云“夏后氏五十而贡”，便是每家分得五十亩“私田”，而把“公田”之收获物贡给国家。公私田之比例约为十比一，相当于后世之“什一而税”。“五十而贡”，形式上沿袭了原始社会末期的土地分配制度，而性质却发生了变化，即变为贵族阶级剥削平民阶级的土地制度。

二里头文化

二里头文化是中国青铜时代文化，以河南省偃师县二里头遗址命名，年代约当公元前 21 世纪至前 17 世纪，主要分布于河南西部和山西南部。由于两地遗存的文化面貌有一些差异，后者被称为东下冯类型。二里头文化居民的经济生活以农业为主。农业生产已能提供较多的剩余产品，饮酒之风比较普遍。在遗址中发现有宫殿基址和墓葬。从这些遗址来看，当时的社会应属早期奴隶制形态，并出现了最初的城乡分野。文化遗物中发现青铜器。青铜礼器是青铜时代的主要象征。二里头文化中青铜礼器的发现，表明历史已进入具有古代中国特色的青铜时代。在陶器、骨片上发现刻划符号 20 多种，有的可能是原始文字。二里头文化分布地域与夏人活动的地域比较一致。

▲二里头文化·铜斝

夏朝的天文历法

由于农业和畜牧业的需要，促使人们进一步去观察日月星辰的运行、四时的变幻和风雨阴阳的交替等自然现象及其变化规律，所以天文历法就成为古代最早发展起来的一门科学。古书常讲夏历、夏时、夏正，对夏代的历法相当推崇。《伪古文尚书》的《胤征篇》和《左传》昭公十七年引《夏书》，记夏朝仲康时期发生于房宿位置上的一次日食，描写了人们鸣鼓奔走的惊惶情景。这是世界上最早的日食纪录。今存的《夏小正》，虽然经过后人整理，是春秋战国时代相传授的夏代历书，但其中必然含有夏代已经积累起来的天象和物候方面的科学知识。

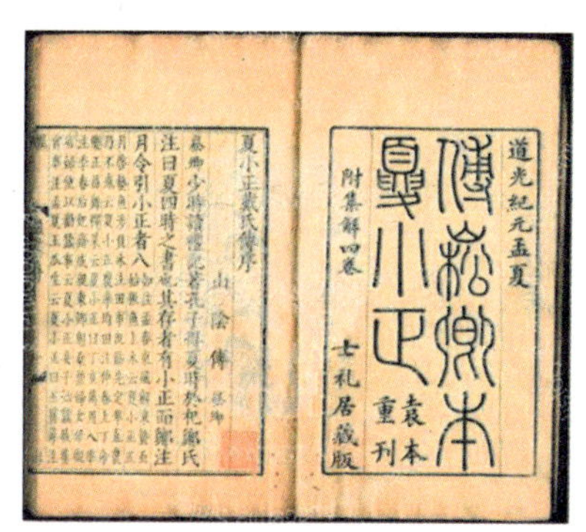
道光紀元孟夏
傅崧卿本
夏小正
附集解四卷
袁本重刊
七礼居藏版

▲《夏小正》书影

（公元前1600年~前1046年）

商人传说是帝喾之子契的后代，因契佐禹治水有功，故被封于商，经过五百年的发展，到成汤时，已经成为以亳邑为都城的强大方国。成汤在伊尹的辅佐下于公元前1600年灭夏建商。商王朝经历17代31王，至前1046年被周所灭，历六百余年。商朝的势力范围东至大海，西达陕西省西部，东北达到辽宁省，南至江南一带，为当时世界上的一个大国。传承制度前期以“兄终弟及”为主，后期以“父死子继”为主。建都亳（今山东省曹县），曾多次迁移，后盘庚迁都殷（今河南省安阳小屯村）才稳定下来，因而商也被称为殷商。商朝建立了王以下包括许多官吏和大批军队在内的国家机器，同时还出现了刑罚、监狱。商朝农业、手工业较以往有所进步，特别是青铜铸造的水平明显提高，可以制造各种大型、精美的器物。商朝的商业也有了初步的发展，由于商业交换活动的增加，出现了早期的货币。商朝文化获得了突出的发展。殷墟出土了大量刻有卜辞的甲骨，这些字都具备了汉字的基本结构。商朝拥有比较完备的历法，掌握了一定的天文知识。同时，大量的出土实物，也反映出当时音乐、美术等艺术领域及生活方面取得的新成就。商朝是中国奴隶社会的一个重要发展阶段。尤其是甲骨文的发现为研究商代历史提供了宝贵资料。同时，商朝灿烂辉煌的青铜技术和文化，为中国古代文化的进一步发展奠定了基础，在世界文明史上占有重要位置。

商帝王世系表

汤——太丁——外丙——仲壬——太甲——沃丁——太庚——小甲——雍己——太戊——仲丁——外壬——河亶甲——祖乙——祖辛——沃甲——祖丁——南庚——阳甲——盘庚——小辛——小乙——武丁——祖庚——祖甲——廪辛——康丁——武乙(前1147~前1113)——文丁(前1112~前1102)——帝乙(前1101~前1076)——帝辛(前1075~前1046)

大事年表

公元前1600年	成汤建商于亳。
太甲在位时	“伊尹放太甲”事件,商王朝统治巩固,势力壮大。
雍己在位时	国力下降,诸侯不朝。
太戊在位时	恢复国力,完成商王朝历史从建立到逐渐强大的第一个发展时期。
仲丁在位时	迁都至隞。
河亶甲在位时	迁都至相,多次出征致使商朝二次衰落。
祖乙在位时	迁都至庇,商朝再次复兴。卜辞中记载日珥,这是人类关于日珥首次纪录。
南庚在位	迁都至奄。
公元前1300年	盘庚自奄迁殷,自此再未迁都。
前1250年	武丁继位,举傅说为相,取得武丁中兴的局面。
前1147年	武乙继位,武乙在位时,周王季历来朝,周兴起。
前1113年	武乙无道,猎于河渭,遭雷而死,文丁继位。
前1075年	辛继位,是为纣王。
前1046年	朝歌之战,周灭商。

殷墟博物馆全景

司母戊鼎(复制品)

商朝的兴衰

商朝是中国历史上继夏朝之后的第二个统一王朝。约公元前17世纪,成汤灭夏而建商。公元前14世纪中叶,商王盘庚迁都于殷(今河南安阳市西北小屯村),以此为界,分商朝为前期和后期。商朝中叶以后,统治集团内部矛盾日益加剧,到商王纣时发展到极点,以致民怨沸腾,最后被兴起于西方的周族所灭。

◀商·兽面纹斝

商族的起源

商族是居住在黄河下游的一个古老部落,商的始祖名契,传说其母简狄行浴时,见玄鸟下卵,取而吞之,怀孕生契,这个传说说明当时尚处于母系氏族公社时期。到契时,商部落已进入父系氏族公社时期,据《史记·殷本纪》记载,契因协助禹治理洪水有功,被任命为司徒,封于商。由此可见,商族同夏族一样,都有悠久的历史,而且契和禹是同时代的人,这两个族也是邻居,同时发展起来的。夏朝建立了统一的奴隶制国家,商就作为一个诸侯国与夏并存,对夏有着一定程度的臣属关系。商族在发展中受夏的影响很深。公元前十六世纪前后,商汤为部落首领,商族逐渐强盛起来。

▲商汤像

相土乘马

相土是契之孙，殷人先公之一。相传"相土作乘马"，就是相土发明用马来驮运东西和拉车子。用马来驮运和驾车，必须把马驯服并加以训练，而这种马，用群放散养的办法是不行的，相土就改变了饲养方法，这就是"殷人之王立皂牢，服牛马，以为民利"(《管子》)。"殷人之王"就是指的相土，"皂"是喂牛马的槽，"牢"就是关牲畜的圈。所以相土回到商地以后，就改变了过去游牧的生活，开始定居畜牧，同时也开始了农业种植。使用马作运输工具，逐渐地促使农业生产在商族活动地区得到发展，有了比从前更多的牲畜和粮食作基础，商族的势力也就一天天的发展壮大起来。

▲商势力范围示意图

王亥服牛

王亥是商契第六世孙，为商族长。当时畜牧业进一步繁盛，牛羊成群。王亥发现牛力甚大，也可以任重致远，可与马媲美。于是总结牧人经验，发明用牛驾车，增加交通运输能力。夏初已会制造车，当时仍以人力拉车。至相土作乘马，王亥又以牛拉车，从此车的用处更广，促进了社会经济、贸易事业的发展。王亥还率领族人、牧奴驱畜群远至易水流域的有易部落进行贸易和放牧，不幸因"淫于有易"而被该部落杀害。商族盛赞其功绩，子孙累世隆重祭祀，用牛牲多至300多头，用人牲多至砍杀了10个羌人的头，说明亥是商族的一个重要的祖先。

▲王亥雕像

网开三面

有一次汤走到郊外山林中，看见在一个树木茂盛的林子里，一个农夫正在张挂捕捉飞鸟的网，他从东南西北四面都张挂网。汤看见了以后非常感慨，认为要是如此张网，鸟兽就会完全被捉尽，这样残忍的事只有夏桀才做得出来。于是，商汤叫从人把张挂的网撤掉三面，只留下一面，并对那个农夫和从人们说:对待禽兽也

▲网开三面

要有仁德之心，不能捕尽捉绝，不听天命的，还是少数，我们要捕捉的就是那些不听天命的。这就是流传到后世的“网开三面”的成语故事。商汤“网开三面”的事在诸侯中很快就传扬开了。诸侯们听说以后，都认为汤是有德之君，可以信赖，归商的诸侯很快就增加到 40 个。商汤的势力愈来愈大。

汤祷桑林

汤建国不久，商王畿内发生了一场旱灾，延续了 7 年，在后五年中旱情很严重，人民困苦异常。汤命史官们在一座林木茂盛的山上，选了一个叫桑林的地方设了祭坛，他亲自去祭祀求雨。因为当时的祭祀除了要用牛羊作牺牲外，还要用人牲。汤就命令把祭祀的柴架起来，汤将头发和指甲剪掉，沐浴洁身，向上天祷告，祷告完便坐到柴上去，还没有焚柴天就下起了大雨。汤这种勇于牺牲的精神，受到了人民的敬佩和颂扬。人民就用歌唱来颂扬汤的德行。汤命伊尹将人民创作的歌词收集起来编了乐曲，取名为“桑林”，这就是后世人们所说的“汤乐”。不过，汤乐很早就失传了。

▲商汤求雨

仲虺佐汤

仲虺的祖先叫奚仲，是夏禹时候的车正，就是管理制造车子的长官。自奚仲以后，子孙都在夏王朝作官。到了仲虺时，成为夏王朝东方地区的一个诸侯。夏桀自诛灭了有缗氏以后，引起了各地诸侯的恐惧，不仅是异姓诸侯，就是与夏王同姓的诸侯也先后叛离夏桀。仲虺就是在这种形势下来到商的。汤见到仲虺以后非常高兴，向仲虺请教了治国

◀造车鼻祖——奚仲雕像

之道。仲虺根据当时天下的形势，分析了夏桀如此下去，必然会自取灭亡，人心所向是商。他鼓动商汤蓄集力量，先伐与商为敌的诸侯，翦除夏桀的势力，然后灭夏建商。汤见仲虺是有用的人才，就任命他为左相，参予国政。

汤灭韦、顾、昆吾

▲商汤王墓

夏末，夏桀王昏庸残暴，人民怨恨，方国诸侯离异。而商势力渐大，成汤怀伐夏救民之志。时汤所居亳地（今河南商丘附近）之西北方面有韦（今河南滑县）、顾（今山东范县）、昆吾（今河南濮阳）等方国，尚忠于夏桀，是汤西向伐夏桀的严重障碍，势必征服之。于是，汤在灭葛伯国（今河南宁陵）之后，紧接着攻伐韦、顾、昆吾，取得胜利，三国先后被翦灭，从而打开伐夏通道，也解除后顾之优，故史言“韦、顾既伐，昆吾、夏桀”，十一征而无敌于天下。

前 1600 年～前 1300 年 商汤建国至盘庚迁殷

夏朝末年，国王桀残暴无道。商之首领成汤遂在贤士伊尹的辅佐下，乘夏之乱先翦灭其属国。公元前 1600 年，夏、商之间在鸣条决战，夏桀遭到惨败而南逃，后被放于南巢。至此，统治中原地区四百余年的夏朝遂告灭亡，成汤正式建立了商朝，以亳为国都。成汤灭夏后，建立中国历史上第二个王朝——商王朝。在他统治时期，商王朝的各项制度逐渐建立。“改正朔，易服色，上白，朝会以昼。”（《史记·殷本纪》）他实行的“以宽治民”的政策，使商代的经济得到很大发展。商王朝时期“不常厥邑”，先后几次迁都，至盘庚迁殷后，商王朝的国都固定下来，一直到商纣灭亡。殷作为商代后期的都城，也是中国历史上可以肯定确切位置的最早的一个都城。商迁殷成为商代的一个重要转折点，政治有所改善，社会比较稳定，经济、文化都得到很大发展。

▲盘庚像

太甲复位

▲太甲雕像

太甲是汤的长子太丁之子，太丁未及继位就先汤而死。汤死后，由太丁之弟外丙、仲壬相继即位，他们在位的时间都较短。伊尹是辅佐商汤的重要卿士，仲壬死后，伊尹立太甲。太甲不思进取，不遵守汤定下的法令，昏庸而暴虐。伊尹担心创业成果丧于一旦，先是作《伊训》对他加以教诫，太甲不悟，于是伊尹毅然放逐太甲于都外桐宫，使之悔过改正，伊尹自行摄政。大甲居桐宫，对自己以往的过错深感后悔，愿改过行善。三年后，伊尹迎回太甲，使他恢复王位，又作《太甲训》三篇褒奖。从此以后，百姓安宁，诸侯归附，商人尊太甲为“太宗”。伊尹辅佐商汤灭夏，建立起了商朝，后来又扶立外丙和仲壬，教诲太甲改过，不仅是一代的开国元勋，还是三代功臣，得到了后代商王隆重的祭祀。

▲太甲亭

前 1250 年 武丁中兴

▲傅说像

盘庚之后，历小辛和小乙两代帝王，到武丁时期商王朝的国力发展到极盛。武丁是一位励精图治的杰出人物。据文献记载，武丁曾久居民间，对百姓的生活和疾苦非常了解。武丁改革王朝统治的首要举措是提拔了出身卑微的傅说为相。武丁提拔傅说之后，赋予他极大的权力和极高的地位，并要求傅说随时对自己的过失严加规谏。武丁在以傅说为首的朝中大臣的协助下，使商王朝的国力迅速发展。《史记·殷本纪》记载：“武丁修政行德，天下咸欢，殷道复兴。”武丁时期在国力昌盛的基础上，不断向外扩展影响。对周边方国、部族的战争，拓展了商朝版图和势力范围，促进了中原地区与周边部族的经济、文化交流，使商朝成为西起甘肃，东至海滨，北及大漠，南逾江、汉流域，包含众多部族的泱泱大国，史称“武丁中兴”。

▲武丁像

妇好

妇好是商朝国王武丁的王妃，是位杰出的女政治家与军事家。妇好名好，"妇"为亲属称谓，铜器铭文中又称"后母辛"。由于妇好有很好的文化修养，商王武丁经常令她主持当时非常重要的祭祀与朗读祭文。她也被任命为卜官，成为武丁时期的一位女政治家。妇好也是位军事家，她多次带兵出征，立下赫赫战功。出土的大量甲骨卜辞表明，在武丁对周边方国、部族的一系列战争中，妇好多次受命代商王征集兵员，屡任军将征战沙场。曾统兵1.3万人攻羌方，俘获大批羌人，成为武丁时一次征战率兵最多的将领。妇好死后，武丁十分悲痛。妇好有独葬的巨大墓穴，而且有拜祭的隆礼。这在商朝时期是非常少见的。

▲妇好雕像

前 1046 年 商纣灭国

武丁之后，祖庚继位。他也向武丁一样爱护百姓，因此商王朝的强盛局面继续发展。但是祖庚之后的诸王无所作为，并且时常滥杀无辜，致使最高统治阶级与下层人民的关系日益恶化。到商纣王统治时期，商王朝的腐朽发展到了极致。纣王为了讨妃子妲已的欢心，大肆修筑宫殿和楼台，建"酒池肉林"；创立炮烙、虿盆等酷刑，杀害忠臣义士；为转移人民的视线，纣王发动对周边方国的连年征战，战争加重了人民的负担，激化了已经尖锐的阶级矛盾。这时候，商西部的周国在周文王和周武王的领导下逐渐强盛起来。公元前1046年，周武王率领周国部队，在各方国部队的帮助下讨伐纣王，进军朝歌。很多士兵对商纣王的倒行逆施十分痛恨，他们纷纷倒戈，引领着周武王的军队冲向商都朝歌。纣王见大势已去，便逃进鹿台自焚而死。

▲商纣王像

▲商纣王的妃子妲已（画像）

商朝的国家制度

商王是国家的最高统治者。由于商王朝是一个以商国(族)为核心的方国部落联盟,当商王朝强盛时,各方国就会归附,而商王朝一旦实力衰退,诸侯们就不再来朝见商王。商王朝与其统治的百姓之间的关系是以血缘为纽带的宗族关系。在商代的政治体制中,王权除了要受到来自外部其他方国的限制外,也要受到来自商人内部各宗族势力集团的制约。商代的王位继承制度有两种:一是兄终弟及,一是父死子继。商王朝的畿内(商王直接统治的区域)有相、尹、师、史、多卜、小臣、多射、多工、百姓、里居等官职;在商王朝的畿外(即商王通过诸侯实现统治的区域)有侯、甸、男、卫、邦伯等官职。商王朝的军队分成畿内的王室军和畿外的方国军两个大的系统,前者受商王调遣,后者受各地诸侯指挥。商朝的《汤刑》是商汤制定的一部法典,其刑法条目当已渐趋完备,有三百多条。刑名如商代有用刀锯断足的刖刑,每次行刑的人数,动辄以十计,有时多到百人。商纣时还有炮烙之刑。这些都暴露了商法的残酷性。商代主要采取借民力进行耕作,从而榨取劳动产品的赋税方式。

▶商·甲骨文

国家政权

商朝是比较发达的奴隶制社会,其国家政权机构已比夏朝更为完备。商王是奴隶主贵族的总代表,也是国家的最高统治者,他自称"一人"或"余一人",以显示其至高无上的独裁者的身份。从甲骨文看,早在武丁的时候,就有了至神上帝的宗教信仰。商王为了提高自己的威信,又把王权和神权结合起来,充作上帝在人间的代表,故商代后期的王也称帝或王帝。在商朝的统治区域里,全部土地和人民在名义上都属于这个最高的奴隶主,而王位是世袭的。继承王位的方法,自成汤以后出现"父死子继"与"兄终弟及"并行的局面,直到武乙、文丁、帝乙、帝辛诸世方才固定为父子相传。

军队

▲河北临城补要村晚商遗存

商朝不仅有复杂的官僚机构而且已有为数众多的军队。军队亦是国家政权的主要成分，被用来作为对内镇压奴隶和平民的反抗、对外进行自卫或掠夺战争的重要工具。从甲骨文看，商代的军事组织、作战方式和战争规模都已达到了一定的水平。商代已有正规的军队，有自（师）、旅的编制。武乙、文丁时的卜辞有“丁酉贞，王作王自：右、中、左”的记载，可能是后世三军的起源。从甲骨文看，率领军队的人有王、妇、子、侯、伯、牧、马、射、卫等。作战方式已是车战为主，另有骑兵和步卒。参加作战的兵员数量以三千、五千为多，最多的一次达一万三千人。武丁时主要与西北方的鬼方、土方、舌方作战，大大开拓了疆土。帝乙、帝辛时不断对东南地区的人方等用兵，其结果是一方面消耗国力，一方面造成西方空虚，这是促使周人乘机灭商的重要因素之一。

阶级关系

▲河南安阳洹水南岸殷商都城遗址

在奴隶制度下，生产关系的基础是奴隶主占有生产资料和生产者，这些生产者便是奴隶主所能当作牲畜来买卖屠杀的奴隶。商朝的高度文明是建立在贵族奴隶主阶级对奴隶阶级进行残酷剥削和残酷压迫的基础之上的。奴隶不仅要承担主要的劳动生产，而且要在社会生活领域里侍候主人，要受屈辱、遭蹂躏甚至被惨杀、活埋以充当奴隶主的牺牲和殉葬品。武丁号称中兴之王，但他有几十个妃子，对待奴隶就常常施用各种酷刑。奴隶主贵族不仅生前享乐，死后也要讲排场，要作威作福。殷代的王陵简直就是当时的地下宫殿。特别令人发指的是商代奴隶主阶级普遍地杀害奴隶用以殉葬或祭祀鬼神，叫做“人殉”或“人祭”。仅以1976年在武官村大墓附近发现的181个祭祀坑为例，共见埋人骨1178具；甲骨文中所见人祭的卜辞多达数千条，其中武丁时的用牲人数一次可多达三至五百人。

内服、外服之分设

商朝政权组织形式分为内服和外服。内服指朝廷的职官，外服指地方政权的职官。“服”原为受命服事之义。外服有侯、甸、男、卫、邦伯，由王室任命，从事武装保卫和农牧垦殖事业，同时为地方政权首领；内服即朝廷百官，包括畿内基层族邑之长，称“百僚庶尹”、“亚”、“宗工”、“里君”等，或称“毁正百辟”、“百执事”等等，反映了商代国家职能部门设官分职比较完备。

方国来朝

▲商·铜钺

夏、商王朝，均由部落壮大而建立。建朝之后，其直接统治区域为王畿，另称方千里，设立行政管理据点，由侯、伯、子、男之类职掌行政。王畿之外为独立之方国，边裔为异族方国部落，称某方、某方伯，甲骨文中合称为“多方”、“三邦方”、“几方伯”等。它们在政治上隶属于王朝。成汤建国时均来朝见，远至氐羌都“来享”、“来王”。以后历代视王权盛衰，或来朝，或不朝，或叛之。后期甲骨文常有征伐反叛或入侵方国的记载。其间仍有亲附、来朝者，如“苗（方）其来见王”、“危方以牛”、“井方于唐宗，彘”等等，均为方国来朝、纳贡并参与宗主国的祭祀。王朝亦加以礼遇，后世逐渐形成朝觐制度，规定入觐的时间和礼物规格等。

神道设教

商代采用神权思想进行统治。商人信鬼尊神，从其起源即有玄鸟生始祖之说，后来有成汤祷雨于桑林，大戊朝廷生长桑谷之灾异，祖庚肜祭高宗时有雉鸣鼎耳之凶象。由甲骨文记载可知，商代确立了上帝最高神威，上帝可以掌控人间包括统治者的万事万物的吉凶生死。统治阶

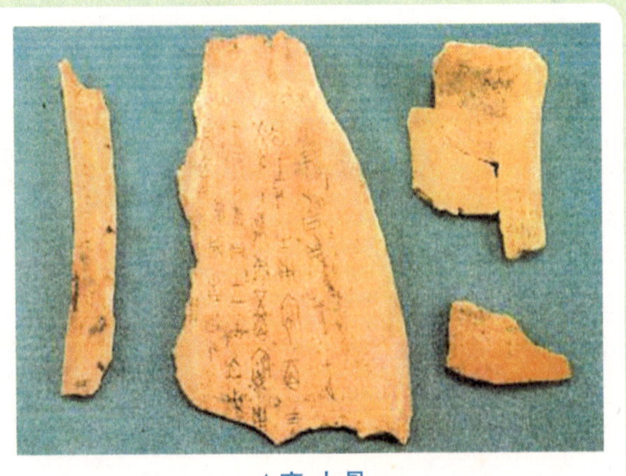
▲商·卜骨

级藉此蒙惑臣民，贯彻自己的统治意志。从而设置庞大的占卜巫术集团，用大量的龟甲兽骨进行占卜。又以为自然界和祖先有灵，能体现上帝的旨意，于是穷年累月地举行各种祭祀，用大批的祭牲包括人牲来向神求福，甚至不惜以人间最珍贵的物质财富——包括大批生人随葬，埋入地下，并且进而形成一种观念。商王可代表上帝统治人间，以“我王”、“余一人”、“帝子”自称，由他向上帝迎来臣民的生命，以上帝和祖神之命令告诫臣民，祖先神灵能和上帝沟通神人之间的意志，从而构成上帝——祖先——商王三位一体的神道系统。此为奴隶制时代特有的最典型的神道意识形态。随着社会生产力的发展，到商代末期，才出现神道思想逐渐动摇的迹象。

人牲人祭之滥用

用人祭祀鬼神之野蛮残酷做法，商代最为严重，而被用作牺牲者多为战俘或奴隶，其源为原始社会末期屠杀战俘之遗风。进入阶级社会，贵族阶级更用以媚神求福，史称“殷人尊神，率民以事神”。商代用仆、羌、臣、妾、奚等奴隶和战俘祭祀祖先甚为频繁，动辄用几人、十人不等，多者30、50、100，最高达500。据粗略统计，甲骨卜辞记载共用人牲数达1.4万多。考古发掘多处商代遗址，都有用人牲的遗迹，尤其是今河南安阳的商代后期都城殷墟，在其王陵区的西北冈，先后发掘出人牲祭祀坑。在数万平方米范围内，有成百上千排列有序的坑穴，每坑埋10人、8人不等，有的人体被残，有的则身首异处：一坑全埋人头，一坑则全埋无头人身，惨不忍睹，均为商王室若干次祭祀其祖先所用人牲的遗存。此外，还有用人祭奠、祭社等，亦属于人祭人牲之类。此种恶习充分暴露奴隶社会的本质，两周时代亦未绝迹。

◀无头人祭祀坑

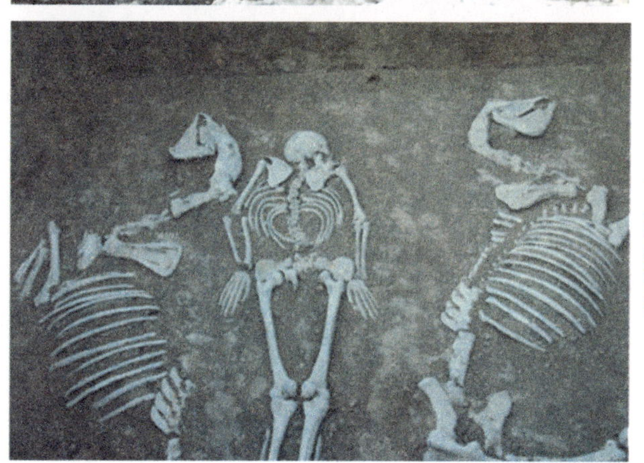

◀人牲祭祀坑

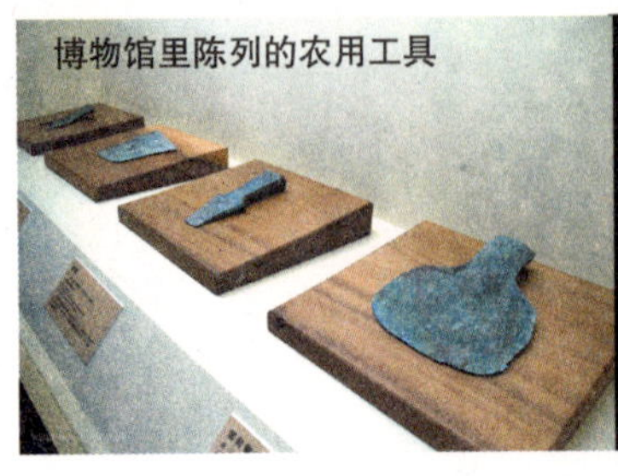
博物馆里陈列的农用工具

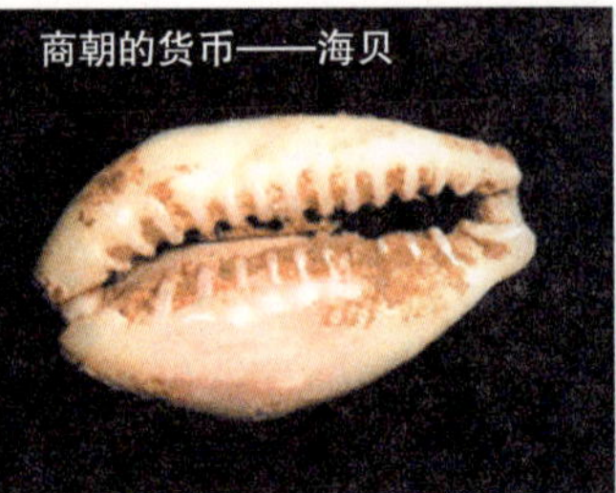
商朝的货币——海贝

玉鹅

商朝的社会经济

商代的社会经济已经相当发达。首先，从殷墟出土的甲骨文看，农业已成为当时主要的生产部门。畜牧业、手工业经济都是在农业较为发达的基础上发展起来的。农业、畜牧业、手工业之间劳动分工的进一步扩大又促进了商品交换和导致货币的产生。

▲商代玉刀，这是古代农具和神秘文化结合的产物

农业

商朝亦实行土地国有制，广大农业劳动者是奴隶身份。商贵族对农业奴隶的剥削有两种方式。一为在王畿(国都)附近用直接剥削的方法。即商王或其臣属驱使众多的奴隶在商王经营的田地上进行集体耕种。甲骨文中有“王大令众人曰：劦田！”的记载。“众人”亦称“众”，是农业奴隶之称。“劦田”就是奴隶们集体耕作。奴隶们使用的农具主要是用木、石、兽骨、蚌壳等制作的，有耒耜、石镰、石犁、石铲、骨铲、骨锄、蚌镰等。在殷墟遗址中发现有木耒的痕迹。还在一个窖穴内发现四百多件石镰和七十多件

▲商·铜锸

▲商·铜铲

蚌器，这似是一个农具仓库，是供奴隶们集体劳动时使用的。在安阳和洛阳等地的考古工作中发现有少量的商代铜铲、铜镬、铜锸等，此类工具造价昂贵，数量不多，不是普遍使用的。二为在王畿之外用“助法”剥削。《孟子·滕文公》（上）曰：“殷人七十而助。”助，借民力助耕公田。就是每户奴隶领田七十亩为私田，另外为官府贵族义务耕种公田七亩，其剥削率亦为“什一”。所用农具为奴隶们私有。当时的主要农作物有禾、黍、麦、稻等。

畜牧业生产

▲商·贵族殉葬车马坑

盘庚迁殷以后，尽管农业生产已成为当时社会的主要生产部门，但重视畜牧业的传统未改，畜牧经济仍然占有一定的比重。这从甲骨文祭祀用牲等方面可以得到证明。首先，从甲骨文看，已经六畜俱全。不仅后世所有家畜，当时种类全备，而且还有象用于战争和工作。殷墟发掘常见车马坑、兽葬坑等等，可见殷人喜欢用家畜殉葬或作为祭牲。甲骨文中所见用牲之普遍与数量之众多，实在惊人。箕子讲《洪范》，第八条叫做庶征。庶征是雨、旸（晴）、燠（闷热）、寒、风五种气候，五种合时，众草茂盛。畜牧业在生产部门中占有重要地位，所以草盛算是好现象。

手工业

▲商·牛面兽纹铜尊

▲商·原始青釉旋纹尊

商代的手工业劳动者为奴隶身份，都是从农业生产中分离出来的专业技术队伍，因之技术提高很快。代表性手工业为青铜铸造业，此外还有制陶业、制骨器业、纺织业、木工、石工、玉工、漆工、酿酒等。商代除一般

▲商·手工象牙酒器

泥质陶器之外，还出现了用高岭土(瓷土)制作的白陶，质地坚硬，色泽皎洁，刻镂精美，工艺水平极高。还有一种原始瓷器，也是用高岭土制成，表面涂以青釉，质地坚硬，吸水性很弱，烧制的火候约在1200℃左右。原始瓷是当时奴隶们的又一伟大创造。纺织业中有麻纺织和丝织。麻纺织已很进步，丝织进步更大。在殷墟发现的丝绸残片，有平纹、花纹。平纹组织的经纬线大致相等，每厘米有30至50根。从花纹组织来看，当时可能已有了简单的提花装置。漆器业已相当进步。在河北藁城台西村发现的一些商代漆器残片，红地黑花，色彩鲜明。有的雕花，或镶有绿松石，是精美的工艺品。

商业

商代的商业在农业和手工业生产发展的基础上有了一定程度的发展。出现了远距离的交换活动，在殷墟和郑州出土的海贝和绿松石产于东南沿海和西北地区，这说明当时已有专门从事长途贩运贸易活动的商贾。随着商业交换的发展，作为一般等价物的货币已经出现。商代流行的货币是“贝”，除海贝之外，还有玉贝、骨贝和铜贝等。铜贝的出现说明商代已经有了金属货币。贝在流通时，一般以五贝连成一串，合两串为一“朋”，“朋”就是货币的使用单位。由于历史条件的限制，当时商业的发展还是有限的，商业在整个社会经济中所占的比重还很小。

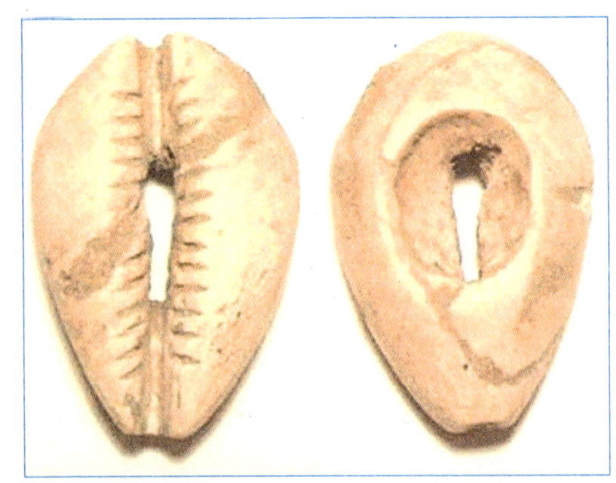
▲商·骨贝

◀商·玉贝

▲商·铜贝

铜镜

铜盂

偶方彝

商朝的科学文化

商代社会经济以农业为主，兼营畜牧业(游牧部落以畜牧业为主)、手工业，辅以渔猎。手工业尤以青铜冶铸生产为著，至后期发展到昌盛阶段，创造了高度发达的青铜时代文明，诸如冶金、制陶、制骨、琢玉和农业技术，天文、气象、历法、数学等科学都有相当的水平。创造了成熟而体系完整的甲骨文字，有册有典，建立了古代“大学”。有多种乐舞，制作精美的乐器，有高度的造型艺术，等等，初步出现了古代精神文明。

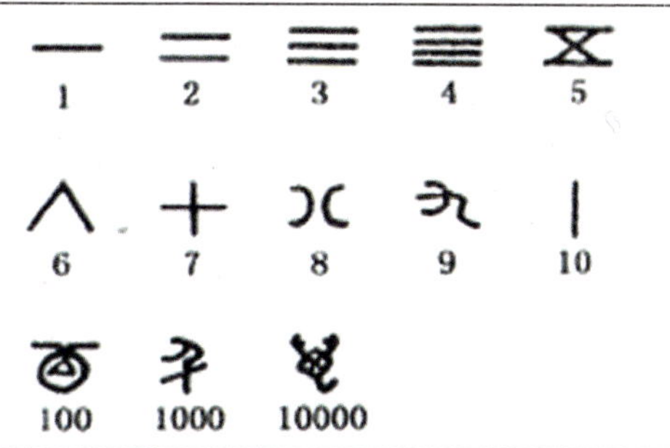

▲商朝的数字表示

▲商·金臂钏

▲商·三联铜甗

数学知识

从甲骨文看，商代已有一定的数学知识。首先，一至十，百、千、万等数字已基本具备。我国古代曾实行过井田制度，这是无可怀疑的。井田的计算必然推动数学的发展。三国魏刘徽注《九章算术》，第一章讲方田。甲骨文就有了“田”字，可知方田起源于商朝，并有一定的几何学知识。考古发掘所见商代宫室、墓葬的方向与子午线吻合，说明当时已有测定方向的办法；另外，在房基下发现测量水平用的水沟，可见在建筑方面商人已掌握了“水地以县悬”的先进技术。

天文学

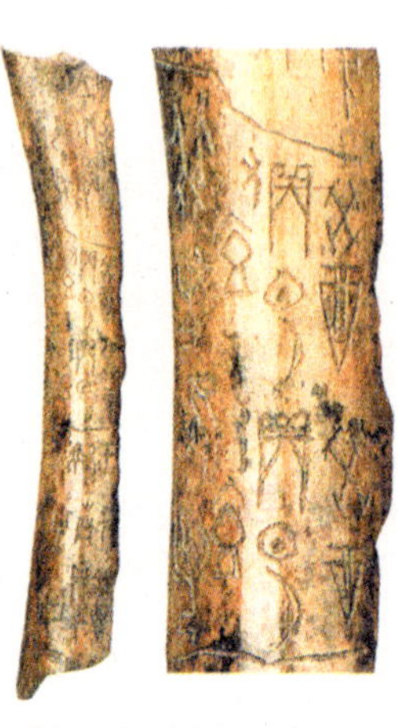
▲商·甲骨文及记有日食的卜骨(中)

商代已有了早期的天文学。在甲骨文中已有鸟星、火星等星名。这两个星是测定春分和夏至两季节的重要标志。甲骨文中还有关于日蚀、月蚀、风、雨、云、雷等记录。商代的历法已相当完善,为阴阳合历,以太阴(月)纪月,以太阳纪年,用闰月调整季节。平年十二个月,闰年十三个月,年终置闰,叫做十三月。大月三十日,小月二十九日。商代后期,也在年中置闰。用干支纪日,十干和十二支相配合,六十日为一个周期。在甲骨文中发现有完整的干支表,这是我国最早的干支记录。甲骨文中还有"今春"、"今秋"和"日至"等记载,当时已有季节划分,可能已有了二分(春分、秋分)、二至(夏至、冬至)。商代的天文学和历法的进步,与农业生产的发展有密切关系。

医学知识

▲商·饕餮纹铜钺(复制品)

商人不仅在冶金、制陶、纺织、酿作等各方面的技术有很大的进步。在医学方面也积累了丰富的知识。从甲骨文中可以考见十六种疾病,具备今日之内、外、脑、眼、耳、鼻、喉、牙、泌尿、妇产、小儿、传染等科。1973年河北藁城台西村商代遗址发现医药用物(植物种仁)和医疗工具(石砭镰,相当于今天外科用的手术刀),使我们对殷人的治病方法和医学水平有了新的认识。

甲骨文

甲骨文是一种刻在龟甲及兽骨上的占卜文字,它的发现,对于我国古代历史的研究有巨大的影响。1899年金石学家王懿荣发现甲骨文。到目前为止,商代甲骨出土总计约在15万字以上,共有单字5000字左右,其中已经被学者考释出来的单字在1000字以上。从文字结构上看，甲骨文的字在方法主要还是象形。甲骨文中还出现了大量的形声字，形声字是汉字发展到高级阶段之后的产物。甲骨文中形声字的发现，说明在商代以前已经经过了一个很长时期的发展过程。除甲骨文外，商代的文字还有金文、陶文及玉石文字等多种形态，商代的玉器上也刻有一些文字。

▶商·祭祀狩猎涂朱牛骨刻辞

艺术

商代的艺术已相当发达，尤以造型艺术最为突出。多数作品是雕在各种实用器物上，也有专供观赏之用的。商代前期的铜器和部分陶器上，往往刻有精美的花纹，而以带有浓厚的神秘意味的饕餮纹作为整个花纹的主体，再用云雷纹等点缀其间，壮丽大方。商代后期，青铜艺术进一步发展，花纹增多。除饕餮纹外，还有夔纹、羊纹、鹿头纹、牛头纹、虎纹、蝉纹、人面纹等，造型庄严匀称，且富于变化。其他用玉、石、角、骨、牙等质料雕成的作品也很好。在妇好墓出土的四百件玉石制品中，有各种立体或浮雕像，如有全身人像、人头像，有的跪坐戴冠，腰束宽带；有的赤足盘发，裸体纹身；还有的一面是男像，另一面是女像。动物制品有虎、豹、熊、象、牛、羊、马、猴、狗、兔等兽类，有鹤、鹅、鸽等鸟类，还有龙、凤和龟、蛙、蝉、鱼、螳螂等。这些制品都造型生动，栩栩如生。

▲妇好墓出土的“司辛”石牛

▲妇好墓出土的腰佩宽柄器玉人

青铜器的繁荣

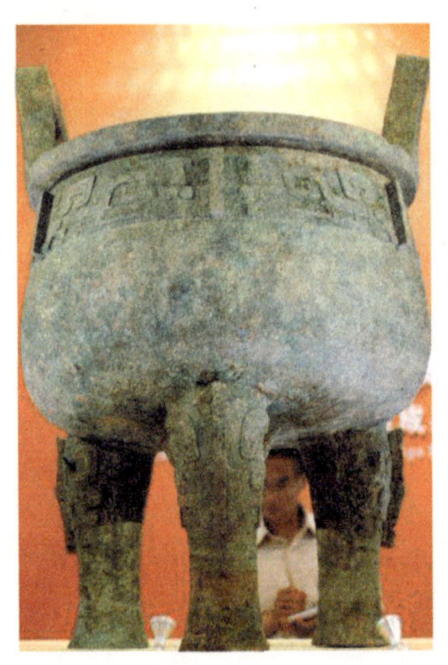
▲商·子龙鼎

商代手工业部门种类繁多，青铜制造、陶瓷烧制、玉器及骨器加工、纺织、酿酒、竹木漆器制作、车辆制造及皮革加工等手工业生产，都获得了巨大的发展，使得人们的日常生活展现出更加丰富多彩的面貌。其中尤其以青铜器制造业的发展最能代表商代手工业的发展水平。商代青铜器的表面一般都铸刻有瑰丽多彩的花纹。商代晚期，出现了字数很少的铭文和一些表明器主族氏的各类符号，武乙以后，青铜器上开始出现字数较多的铭文，最多有达四十余字者。晚商时期殷墟的一处铸铜作坊遗址，总面积达到1万平方米以上，产业规模的扩大，为铸造大型青铜器创造了条件。商代的青铜铸造的工艺也相当完备。从地域上看，商代的青铜铸造技术已经十分普及。

▲商·兽面纹铙

司母戊鼎

司母戊鼎于1939年发现于河南安阳武官村殷墟，因腹内有“司母戊”三个字而得名。由于当时日本侵略者占据河南，一再勒索和强购文物，村民恐被日寇夺去，乃复埋入地下。抗战胜利后，始重新掘出。司母戊鼎重875公斤，高133厘米，器口长110厘米，宽78厘米，足高46厘米，壁厚6厘米，造型气势雄伟，纹饰美观庄重，是迄今为止出土鼎中最大最重的一件。司母戊鼎是我国商朝青铜器的代表作，反映了当时青铜铸造技术的发展水平。

▲商·司母戊鼎

商代的服装

始于商代的上衣下裳是中国最早的衣裳制度的基本形式。衣就是今天我们所说的上衣、上装，裳是指今天所说的下装，但当时的下装不是裤子，而是裙子。上衣象征天，

▲商代的服装

天未明时是玄色；下裳象征地，地是黄色。上玄下黄的服制就来源于对天地的崇拜。商代衣服材料主要是皮、革、丝、麻。商周时代，除了衣裳外，服饰还包括：在腰部束着的一条宽边的腰带、肚前围一条像裙一样的“韨”、头上戴“帻”。这些装饰物的出现，表明人们对服装的理解也日益提高，逐渐从单纯的实用功能，向装饰点缀方向发展，从而使古代服饰趋向完整和统一。

建立大学

史籍记载，夏、商、周均有“大学”，而名称不同。殷墟甲骨文出现“大学”一辞，又有占问贵族子弟入学和乐师教学以及建造学宫之内容。古代“大学”及“小学”与今日学制有别，只有大小两级，按学童年龄大小区分。当时尚无教科书籍，只学习社会活动实际所需的内容。甲骨文所显示的，即学习祭礼和乐舞，而献俘礼又与军事有关，在大学举行，亦是学习军事。甲骨文有“甲子表”和习刻的甲骨，当是学童学习干支纪日和书写文字之遗迹。统治者已知加强文化知识和思想教育，以巩固其统治基础，促进脑力劳动与体力劳动的分工。商代青铜文化的发达亦与此有关。

▲商·甲子表残玉版

（公元前1046年~前771年）

周人为姬姓，是很早即在我国西部黄土高原生活的一个古老部族。周文王统治前期，周人一直臣服于商王朝。“纣囚西伯羑里”之后，文王坚定了灭商的决心。文王在位的50年，已为周人基本完成了灭商的前期准备。公元前1046年，牧野之战，武王伐纣灭商，建都镐京，是为周朝。周是中国历史上最长的一个朝代（周朝经历了三十七代天子，八百多年）。公元前770年，周平王由镐京迁都洛邑。历史上称迁都以前的周朝为西周，之后的为东周。周朝为了有效地控制王畿以外的地区，分封姬姓贵族、功臣和联盟的异姓部落首领为诸侯，到各被征服地区去建立隶属于王朝的地方政权。在分封制的基础上，建立起以周天子为首的奴隶主贵族统治。周朝的宗法制规定，周天子是全体姬姓宗族的大宗，是最大的族长。各姬姓诸侯是小宗，要服从大宗。周天子的王位和诸侯的封爵由嫡长子（宗子）继承。这种宗法制和配合宗法制制定的礼乐和刑罚，成了维护周王朝统治的支柱。西周已有较完善的教育制度，特别是贵族子弟的教育更为完备，专设有小学、大学。教育的内容兼及文武，即礼、乐、射、御、书、数，称为六艺。自然科学知识在西周时期有不少增长。西周是我国上古哲学发展的一个重要时期，这一时期形成了两个非常重要的哲学观念，一是阴阳说，一是五行说，它们是我国古代哲学赖以发展的两个最基本的观念。

西周帝王世系表

武王姬发（前1046~前1043）——成王姬诵（前1042~前1021）
——康王姬钊（前1020~前996）——昭王姬瑕（前995~前977）
——穆王姬满（前976~前922）——共王姬繄扈（前922~前900）
——懿王姬囏（前899~前892）——孝王姬辟方（前891~前886）
——夷王姬燮（前885~前878）——厉王姬胡（前877~前841）
——共　和（前841~前828）——宣王姬静（前827~前782）
——幽王姬宫涅（前781~前771）

西周大事年表

前 1048 年　孟津观兵。
前 1046 年　牧野之战,灭殷商。
前 1045 年　安抚殷民,分封诸侯。
前 1043 年　武王去世。太子诵即位,为成王。
前 1042 年　成王即位,周公辅政,引发“三叔”叛乱。
前 1038 年　周成王与周公平叛成功,二次分封。
前 1035 年　周公旦失权。
前 1035 年　成王掌权,封虞叔于唐。周公旦病死。
前 1021 年　周成王病亡。太子钊继位,为康王。
前 1015 年　康王命毕公治理成周。
前 1002 年　康王下令讨伐鬼方。
前 985 年　周昭王南征荆楚,凯旋而归。
前 977 年　周昭王再次南征,溺汉水而亡。
前 976 年　昭王子满即位,为穆王。
前 964 年　穆王西征,到达青海一带。
前 960 年　穆王再次西征,到达新疆昆仑一带,与当时的部落首领西王母相见。
前 878 年　周夷王死去,太子胡即位,称为厉王。
前 841 年　国人暴动,厉王被赶下台。“共和”统治开始。
前 828 年　“共和”时代结束。
前 827 年　宣王即位,周、召辅政。
前 822 年　宣王征讨西戎、徐方,召公讨伐淮夷。
前 815 年　齐文公诛杀参与害厉公者 70 人。
前 797 年　宣公讨伐太原之戎。
前 789 年　宣王伐申戎,得胜。
前 779 年　幽王命伯士率师讨伐六济之戎,兵败,伯士死。
前 772 年　幽王与诸侯在中太室山(中岳嵩山)集会,并派兵讨伐申国。
前 771 年　申侯联合西戎攻破镐京,西周灭亡。

西周的建立和灭亡

周朝约800年，为中国历史上最长的朝代，从公元前11世纪中期到公元前256年，共传30代37王，分为西周和东周两个时期。西周王朝经文、武时期的创建，到成、康时期日趋稳定。但从昭、穆两代开始，各种矛盾的发展日趋尖锐，周王朝逐渐趋于衰落。公元前841年，终于爆发了以平民为主的“国人暴动”。周王逃跑，临时由周、召二公共同执掌朝政。这在历史上叫做“共和”。以后，西周政局一直动荡不安。公元前771年，镐京被西方民族犬戎的军队攻破，西周灭亡。西周从周武王灭商朝建国，到周幽王亡国，共历三百多年，是中华帝国的一个重要时期，也是中华古典文明的全盛时期，它的物质文明和精神文明对后世历史的发展有巨大而深远的影响。

周族的崛起

周族最早生活在我国西部的陕甘高原，他们的始祖名弃，他因善于种稷和麦，尧举他为农师，舜封他于邰(陕西武功)，号曰后稷，姓姬氏。传说后稷是其母姜嫄在旷野里踩了巨人的脚印后怀孕而生。由于周族比较重视农业，所以发展较快。后稷的三世孙公刘时，在豳地“彻田为粮”，即治理田亩，种植庄稼，使“行者有资，居者有畜积”，百姓纷纷来归，周部落迅速发展起来。传至古公亶父时，为躲避戎狄等游牧部落的进攻，周族迁移到岐山(今陕西岐山)一带。古公迁岐后，改变了原来的状况，开始立家室，筑城郭“邑别居之”，并且设官分职，建立军队统治人民，征伐四夷，这时“陶复陶穴，未有家室”的周族，已迈进了阶级社会的门坎。

▲陕西岐山西周原遗址

前 1046 年　西周建立

▲周文王像

周族的崛起，引起商的不安，古公亶父之子季历被商王文丁杀死，季历子姬昌（即周文王）也被商纣王囚于“羑里”（河南汤阴），周族送给纣王美女和大批钱财才得以赎回。周文王归来后，开始进行“翦商”活动，文王十分注意搜罗人才，有一次，在渭水南岸，文王遇到一个钓鱼翁，与之交谈，十分投机，他对治国安邦有十分精辟的见解，文王十分佩服，便请他上车一起回王宫，封为太师，专管军事，这人就是姜太公姜尚（又名姜子牙）。姜太公帮助文王治理国家，“耕者皆让畔，民俗皆让长”，四方纷纷归附，疆域日益扩大，出现了“三分天下有其二”的局面。文王死后，武王姬发即位，时商纣王无道，国势日衰，武王乘机攻商，约公元前 1046 年正月，牧野（河南汲县境内）一战，商纣王战败自焚而死，同年四月，武王建立了周朝，都镐京（陕西西安附近），史称西周。

▲周武王像

前 1042 年　周公辅政

▲周公像

周公姓姬名旦，是我国古代著名的政治家。公元前 1043 年，武王崩，年幼的成王即位，周公辅政。在摄政期间，周公制定了一系列制度：广封诸侯，“封建诸侯”有效地巩固了西周的统治；制礼作乐，完善了各种典章制度，这些典章制度后来被称作“周礼”或“周公之典”，对后世产生了极其深远的影响。通过周公制礼，统治阶层力图使西周的社会制度、国家制度和人们生活以及思想，都要符合礼的要求，做事以礼为准则。此后，中国两千多年的历史中，虽然朝代更替很多，但西周时周公制礼所确定的各种礼制都被继承了下来。公元前 1035 年，即成王八年，周公还政于成王，同年，失意而死。周公辅佐武王、成王，为周王朝的建立和巩固做出了重大贡献。

▲周成王雕像

前 1038 年　周公东征

武王灭商后，为了尽快地稳定社会秩序，淡化商人对周的敌对情绪，一方面使大批商人变为周族的奴隶，另一方面又利用商朝贵族统治商人，让纣子武庚继续在殷地统治其人民，同时派自己的兄弟管叔、蔡叔、霍叔带兵就近监督武庚，号称“三监”。武王死后，其子成王即位。成王年幼，周公旦摄政。管叔、蔡叔不满，散布“周公将不利孺子”的谣言，武庚也蠢蠢欲动，勾结殷东部的一些小国发动叛乱。周公旦果断地采取措施，杀掉管叔，流放蔡叔，贬黜霍叔，并毅然决定东征武庚。经过三年多的战争，武庚北奔，一些小国相继归附。同时，为了严加控制“殷顽民”，在洛水北岸修建了东都，名洛邑（今洛阳市），作为周统治东方的中心，叫“成周”，原来的镐京称为“宗周”。从此以后，周对黄河下游的控制比较牢固。后来，其势力又向外扩展，其疆域西到今甘肃东部，东到海滨，南到淮水流域，北到今河北北部和辽宁西南部。

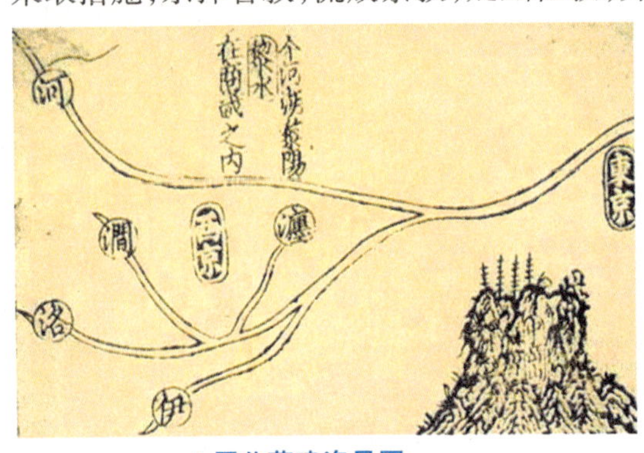

▲周公营建洛邑图

前 1035 年 ~ 前 1002 年　成康之治

东都成周城落成后，辅政大臣周公还政于成王，周朝进入巩固的时期。成王及其子康王继承文王和武王的功业，务从节俭，克制多欲，以缓和阶级矛盾。又令周公制礼作乐，即王朝各种典章制度的创立和推行，大规模进行自周武王时开始的分封制。西周分封是以宗法血缘关系为纽带，建立起周天子统辖下的地方行政系统，从而在一定时期内起到了加强周王朝统治的作用。分封制还为维护天子、诸侯、卿、大夫、士这一等级序列的礼制的产

▲西周·大盂鼎铭文

▲西周·三足圆鼎

生，提供了重要前提。成康时代的诸侯，均由中央直接控制。康王之世，周还曾命诸侯征讨淮夷、东夷，加强对异邦的控制。成康时期，是周最为强盛的阶段，史称天下安宁，刑具40余年不曾动用，故有成康之治的赞誉。

◀西周·龙纹玉璜

前985年～前877年
昭王南征

昭王，姬姓，名瑕，周康王之子，周朝第四代王。昭王欲继承成康事业，继续扩大周的疆域，从昭王十六年（公元前985年）开始，亲率大军南征荆楚，经由唐（今湖北随州西北）、厉（今湖北随州北）、曾（今湖北随州）、夔（今湖北秭归东），直至江汉地区，大获财宝，铸器铭功。昭王十九年（公元前877年），他亲自统帅六师军队南攻楚国，全军覆没，昭王死于汉水之滨。南征的失败，不仅是周王朝由盛到衰的转折点，也是楚国强大到足以与周王朝抗衡的一个标志，后来楚国成为春秋五霸之一，雄踞南方，问鼎周疆。

▲西周·盛食器（复制品）

周穆王

周穆王姬满是昭王的儿子，即位时年事已高，史称五十岁整。穆王即位时，周王朝已由强转衰，所封诸侯之国虽未有叛离，但边远的少数民族方国或部落已纷纷拒绝向周王朝纳贡称臣。穆王不听祭公的劝告，开始攻伐战争，先西征犬戎族，俘掳犬戎五王，并将部分犬戎族迁徒于太原。不久又东攻徐戎，在涂山（即今安徽怀远东南）会合诸侯，共同兴兵，弘扬周天子之威烈，取得了国内的安宁，使周王朝由衰转兴。但是，至此之后他沉醉于巡游，不理国政，长期游乐，乐而不归。据载，他的足迹经河南、山西、内蒙古、甘肃、新疆，远至中亚。甚至在传说中，他还见到了西王母。这样一来，周王朝又由兴转而衰，他也从一个有为之君主堕落为被鞭笞的罪人。

▲周穆王（铜刻）

前 841 年　国人暴动

▲国人暴动

公元前 878 年，周厉王即位。他是西周第十个国王，贪婪残暴。他在位时将原来国人（平民）可以自由利用的山林川泽收归国有。这样，触犯了社会各阶层的利益，失掉了王室贵族统治集团的支持，损害了广大平民和下层民众的利益。国人对此强烈不满，周厉王遂命卫国神巫监视国人。假托神灵，指控国人“谤王”，进行杀戮。厉王的高压统治，终于激起了声势浩大的武装起义。公元前 841 年，国人冲进王宫，厉王逃到彘（今山西霍州市）。厉王奔彘后，朝政由周公、召公共管，史称“共和行政”。这一年，历史上称为“共和元年”，是中国确切的不间断纪年的开始。国人暴动是我国历史上有文字记载的第一次大规模的群众性武装暴动。残暴的厉王统治被推翻了，动摇了西周奴隶主的统治，西周逐步出现了分崩离析的局面。

前 827 年　宣王中兴

共和执政十四年后，厉王子静即位，即周宣王。当时国家的情况残破不堪，周边的民族一再侵袭，社会仍动荡不安。宣王在周公和召公的辅助下，首先整顿内政，安定社会秩序。进而对周边的民族展开斗争，使周室复振，诸侯又重新来朝。史称“宣王中兴”。宣王在位四十六年，在政治和军事上确是取得了一些成就。他在对严允、西戎、徐戎、荆楚进行的一系列战争中，取得不少胜利。宣王一再征兵徭，遭到大臣们的反对，农奴也大量逃跑。所谓“宣王中兴”已掩盖不住西周的败落景象。

▲周宣王像

▲西周·毛公鼎及鼎上的铭文

前 771 年　西周灭亡

▲周幽王像

公元前 781 年，姬宫涅即位，是为幽王。幽王是个荒淫无道的昏君，任用贪财好利、善于逢迎的虢石父执政，朝政腐败，激起国人怨恨。其在位期间关中一带发生大地震，加以连年旱灾，使民众饥寒交迫、流离失所，社会动荡不安，政局不稳，生产凋敝，国力衰竭。姬宫涅不思挽救周朝于危亡，奋发图强，反而重用佞臣虢石父，盘剥百姓，激化了阶级矛盾，又对外攻伐西戎而大败。前 779 年，伐六济之戎失败。同时，天灾频繁，周朝统治内外交困。他宠幸妃子褒姒，一味过着荒淫奢侈的生活，为搏美人一笑，“烽火戏诸侯”。公元前 771 年，申侯联合缯国和西方的犬戎进攻幽王。西周覆亡。次年，幽王之子宜臼为避犬戎，迁都到洛邑，是为周平王，东周开始。

▲西周·西安沣西车马坑

烽火戏诸侯

幽王宠爱妃子褒姒，褒姒不好笑，幽王为博她一笑，竟下令点燃报警的烽火，烽火点燃，各地诸侯纷纷发兵到京师勤王，结果无警，褒姒见之大笑，幽王为博得褒姒一笑，多次点火报警，结果导致烽火失效。幽王宠爱褒姒，乃废掉原来的申后改立褒姒，还欲废太子宜臼，另立褒姒之子伯服，并千方百计迫害申后的父亲申侯。公元前 771 年，申侯便联合缯侯和犬戎进攻镐京，幽王急忙点燃烽火，希望各地诸侯发兵勤王，结果无一人到来。幽王失道寡助，被犬戎杀死于骊山之下，西周灭亡。

▲烽火戏诸侯

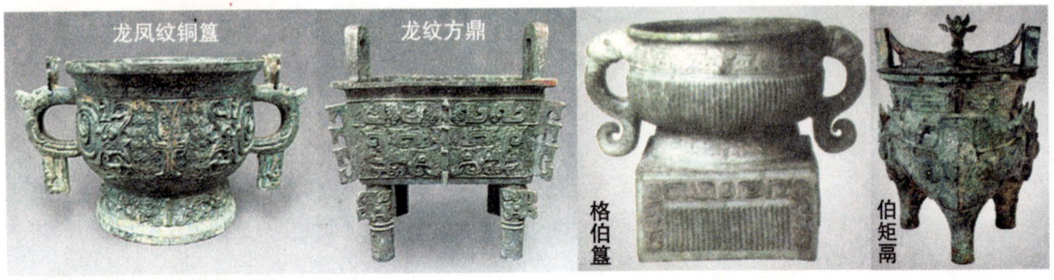

西周的统治

西周灭商之后，基本上废除了商朝的奴隶占有制度，将农奴制推行于全国。天子是全国最高土地所有者，又是最高政治统治者。因之，《诗·小雅·北山》曰："溥天之下，莫非王土；率土之滨，莫非王臣。"这是当时最高原则，一切重要的政治、经济制度和政策都是在这一最高原则的指导下制定或实行。西周的封建领主制基本上是一种封建家长制统治。主要特点有三：周王以家长制君临天下，是最高统治者；政治制度与宗法制度相结合；对土地的占有与对人民的统治相结合。

各级统治机构

西周的各级统治机构比商代更趋完备，是奴隶制国家成熟的标志。在中央，周王是最高的统治者，既是天下共主，又是中央机构的首领，自谓天之元子，所以称为天子。辅佐其统治的有太师、太保、太傅，合称"三公"。三公之下有"三左"——太史、太祝、太卜，负责神事；"三右"——太宰、太宗、太士，管理人事等。另外，还有司徒管理农田；司马掌管军政、军赋等；司寇管刑法；司空管理百工及比较重大的土木、水利等工程。他们都有僚属，构成相当庞杂的中央政权机构。中央机构的官吏都由大小奴隶主充任，职务可世袭。

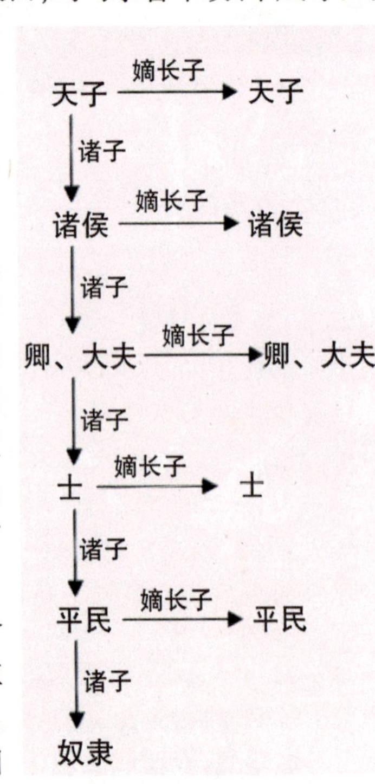

▲西周等级示意图

诸侯在自己的封国内，基本上仿中央机构设官分职，以进行对奴隶和平民的统治。各大小诸侯国的爵位到西周中期以后，有公、侯、伯、子、男的称号。用制规定，大国诸侯有时可以兼任王室的官吏，如卫康叔为周司寇，郑桓公为周司徒。有些侯国的官吏由天子任命。

前 1046 年 分封制

周王朝建立之后，推行了一系列巩固新兴政权的措施，其中最重要的措施之一就是在整个王朝推行分封制度。分封，简单的说就是周王将土地和人民分给诸侯，由他们在各地建立隶属于王朝的地方政权，协助周王统治整个王朝。由分封而奠定的周王与诸侯之间的关系，实际上就是周时期国家结构的基本内容。这样的国家结构，将整个王朝分成由周王直接统治的王畿和由诸侯统治的畿外两大组成部分，周王对畿外的统治在很大程度上要假手于各地诸侯。分封制度在诸侯对于周王的臣属关系上作了明确的规定：诸侯必须定期朝觐周王，向周王交纳一定的贡赋；诸侯的军队要捍卫周王室的安全，周王出征，诸侯要率军协助；诸侯征讨夷狄获胜，要向周王举行“献俘”仪式，表示胜利的果实属于周王。同时周王对于诸侯有很大的予夺权力。

周初的主要诸侯国

周初分封的主要诸侯国有以下几个：

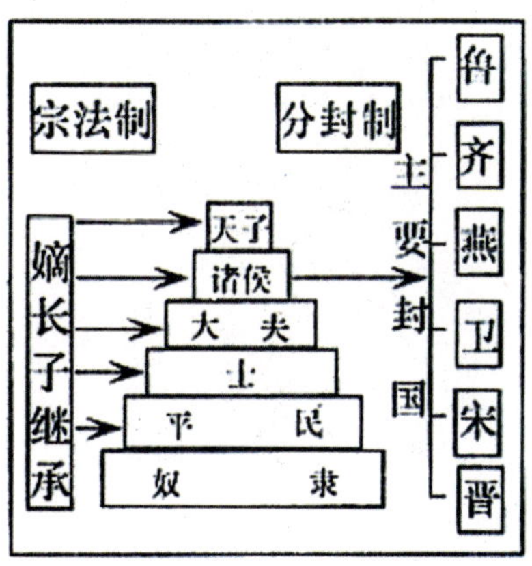

▲西周分封制和宗法制示意图

鲁国：周公旦之子伯禽的封国，都曲阜。主要统治土著的“商奄之民”和被俘虏的手工业者“殷民六族”：条氏、徐氏、肖氏、索氏、长勺氏、尾勺氏等是西周在东方的主要封国。

齐：功臣吕尚的封国，都营丘（今山东昌乐），后迁临淄（山东临淄），拥有“东至于海，西至于河，南至于穆陵，北至于无棣”的广大地区，是西周控制东夷诸部的封国。

晋：成王弟叔虞的封国，都于唐（山西翼城），后改国号晋。这里是夏墟之地，居民多是夏之后人。

卫：武王弟康叔的封国，都朝歌，这里是原殷商的中心地区，居民主要是“殷民七族”，即陶氏、施氏、繁氏、绮氏、樊氏、饥氏、终葵氏等，他们都是被俘虏的殷人手工业者。

礼刑并用

礼刑并用是西周奴隶主统治的重要特点，礼之用在于维系贵族等级，消除其内部分歧；刑之用则是专为镇压劳动人民。礼的主要内容是“亲亲尊尊”，特别强调君臣之义，父子之亲。礼的名目繁多，相传有吉、凶、宾、军、嘉五大类。吉，是祭祀和敬事鬼神之礼；凶，是丧葬凶荒之礼；宾，是迎宾朝聘之礼；军，是兴师动众之礼；嘉，是饮宴嫁娶之礼。行礼要有一定的仪式，并演奏与礼相一致的乐章。西周的礼乐制度有极其严格的等

▲西周·刖足奴隶鬲

级，如墓葬中的列鼎数目，按周礼规定"天子九鼎，诸侯七，大夫五，元士三"，这是不能僭越的。礼乐制度是通过维系等级名分的方法，来达到巩固统治阶级内部的秩序和团结，以加强奴隶主专政的目的。但它也反映了西周时代的文明，对后世有深远的影响。

西周统治者在商朝刑法的基础上，制定了更完整的刑法。其种类繁多，法网严密，主要有五刑：墨刑（即黥刑，在脸上刺字涂黑）；劓刑（割掉鼻子）；刖刑（砍掉脚）；宫刑（破坏男女的生殖机能）；大辟（即杀头）。五刑之律，共有3000条，其中墨刑、劓刑各1000条，刖刑500条，宫刑300条，大辟200条。此外，还有赎刑，就是交纳一定数目的青铜可赎罪；又规定"凡命夫命妇不躬坐狱讼"，"刑不上大夫"，充分暴露了西周刑法是专门用来镇压奴隶和平民的阶级本质。

宗法制

西周的分封制度，是在宗法制度的指导下进行的。分封诸侯与确立宗法统治，是构筑西周王朝统治大厦的两根重要支柱。宗法制度的主要特征，是嫡长子的继承制和余子的分封制，以及与之相适应的大宗与小宗的区分。按照宗法制度的原则，嫡长子为全宗族的大宗，帝系庶子为小宗。周天子由嫡长子世袭继承，他是姬姓宗族的"大宗，"其余诸子分封为诸侯，是姬姓宗族的"小宗"。在诸侯国内，也是根据嫡长子世袭的原则，由嫡长子继承父位为下一代诸侯，他在封国内被奉为"大宗"，他的诸弟被分封为卿大夫，是为"小宗"。卿大夫在各自的采邑内，也实行嫡长子继承制，他们在自己的采邑内也是大宗，其余诸子则为"士"，是为小宗。士的长子仍为士，其余诸子为庶人。总之，始祖的嫡系后裔均为大宗，从周室的王位到诸侯、卿大夫，都必须由嫡长子世袭继承，形成"世卿世禄"的特权制度，他们是姬姓族制系统中不同等级的大宗。每一等级都有其相应的小宗，小宗对大宗来说都属于"庶"。

军队的加强

西周奴隶制国家强化的表现之一，就是军队的加强。周王室直接控制的军队有"周六师"、"殷八师"和"成周八师"。周六师由周人组成，宿卫宗周，为周朝主力军。如果一师以二千五百人计，周王室的二十二师有五万余人。到西周后期军队组织逐渐扩大，天子有六军，据说一军有一万二千五百人，总计约有七万五千人。各诸侯国也掌握一定的军队，但要听从周王调遣。

散氏盘

玉鱼形佩

木雕漆绘乐舞鸳鸯盒

经济文化

西周从武王到幽王共传11代12王(不包括"共和"在内),约从公元前1046年至公元前771年,共275年左右。在这275年左右的时间里,国家行政制度、宗法制度、等级制度、礼乐制度、土地制度、教育制度等都逐步完备起来。农业、手工业生产有了扩大和发展,商业也较以前活跃。华夏族和各少数民族,通过接触、交往、斗争,得到了进一步的融合。文化、思想也增加新的内容,奠定了我国古代文明的基础。西周是我国历史上文化制度灿然大备的时代。

▲匹马束丝

商业

西周实行"工商食官"制度,商业由国家垄断,商品交换主要是满足贵族的需要。奴隶的价格很低,五名奴隶才换得"匹马束丝",就是换得一匹马十把丝。在较大的都邑中都设有市场,并设置"质人"对市场进行管理。商品交换使用的主要货币仍是贝,铜也被用来作交换手段,后来发展为铜币。民间的交易活动一般数量较小,大都采取以物易物的方式进行。如《诗·卫风·氓》曰:"氓之蚩蚩,抱布贸丝",就是描写一个农奴以布换丝的情况。

▲西周·铜铲、铜斧

农业

西周农业在商代基础上有了较大发展。农业生产工具有了进步,出现了一些比较锐利的农具,其中一些是青铜制造的。农奴们已积累了较丰富的农业知识,很注意选育良种、施肥、除草、防治病虫害及灌田或排水等。一般田地多修有排灌系统。耕作方法上普遍采用耦耕法，即二人为一组，合力而耕。这不仅提高了生产效率，也是耕作方法的一个进步。由于耕作技术的进步，农作物的品种和产量都有所增加。农作物的种类主要有黍、稷，此外还有稻、粱、麦、菽及蔬菜、瓜果等。用作手工业的桑、麻和染料作物，种植的也较普遍。

井田制

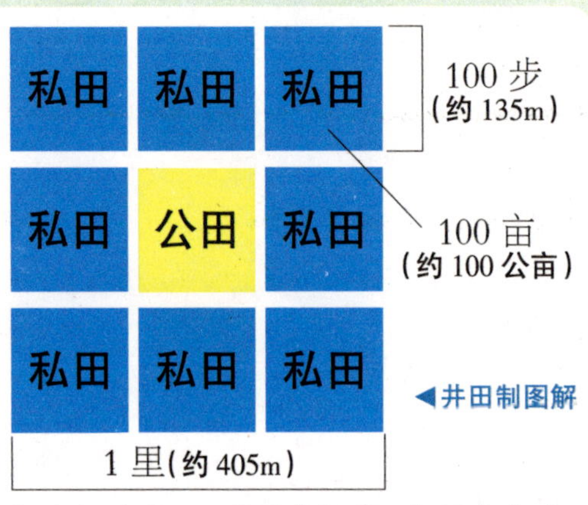

◀井田制图解

井田制是周代的主要土地制度，是一种非私有性的土地制度，土地不能自由买卖。在这种土地制度下，土地划分为“公田”和“私田”。公田就是周天子和各级贵族所掌握的土地，庶人在公田上劳作，其产品全部归周天子和各级贵族所有。贵族们提供给庶人耕种的小块土地称为私田，其收获归庶人私有。井田制就是把耕地划分为一定面积的方田，周围有经界，中间有水沟，阡陌纵横，像一个个井字。一井分为 9 个方块，周围的 8 块田由 8 个人耕种，中间则是 8 个人的公田。由于当时生产力水平还比较低，所以在井田上是成千上万的庶人一同耕作的。井田制度在一定程度上适应了周代生产力发展水平。

手工业

西周王朝非常重视手工业生产。官府拥有各种手工业作坊，还有众多具有专门技艺的工匠，号称为“百工”。这些作坊和工匠由官府统一管理，称为“工商食官”。青铜器铸造仍然是西周手工业生产的重要部门。青铜器铸造的地域分布和生产数量都超过商代，器物类型也有了显著变化，新器物不断出现，如钟、戟、剑等。器物也趋向纹饰简朴，轻巧实用。西周的制陶技术有突出的发展。西周晚期除采用传统的轮模合制技术外，快轮法也普遍得到采用，这提高了产品的规格化。在许多西周遗址和墓葬中都发现了原始瓷器，其数量和种类都超过前代。这些原始瓷器在技术上基

▲西周·凤龙纹玉饰

▲西周·古父己卣

本达到了成熟的程度。此外，还出现了陶瓦，这是在中国发现的最早的建筑用瓦，这表明当时制陶业和建筑业已发生了联系。

除青铜业、制陶业外，西周重要的手工业还有纺织业以及骨器、玉器、漆木器、车马器具的制造业等，这些手工业部门都程度不同地继承了商代的工艺技术，并对之有所创新和发展。

◀西周·硬陶夔龙纹杯

《周易》

西周产生了一些具有朴素的唯物主义和辩证法的思想因素。《尚书·洪范》提出的五行观念，把水、火、木、金、土这五种物质称为“五行”，这是中国较早的朴素唯物主义思想的萌芽。《周易》包括经和传两部分。经本是占筮书，其基本因素为阳爻(—)、阴爻(--)，把三爻重叠起来，构成八卦，即乾、坤、震、艮、离、坎、兑、巽。八卦再重叠起来，构成六十四卦。《周易》除了哲学，还包括了天文、地理、乐律、兵法、炉火炼丹和医卜星相等内容，甚至现代的科学都有说起源于《周易》的，如计算机采用的二进位制。《周易》虽属占卦书，但在其神秘的形式中蕴含着较深刻的理论思维和朴素的辩证观念。从《周易》中可以看出中国古代辩证法思想的萌芽，因而在中国哲学史上占有重要地位。

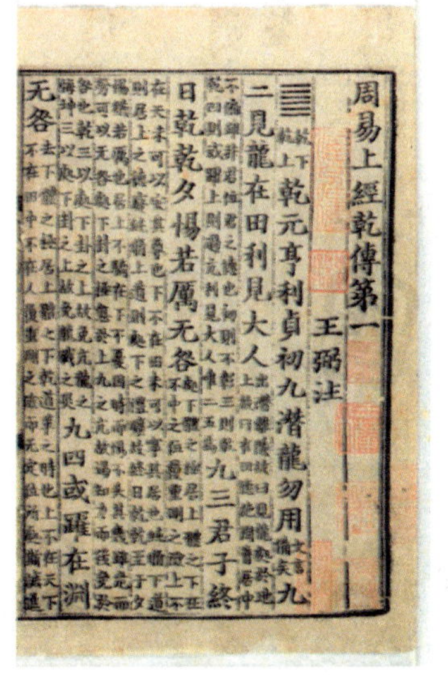
周易上經乾傳第一
王弼注
乾元亨利貞初九潛龍勿用 九
二見龍在田利見大人 九三君子終
日乾乾夕惕若厲无咎
九四或躍在淵
无咎

▲《周易》书影

六艺教育

西周官学分为国学和乡学。国学专为贵族子弟设立，设在王城和诸侯国都。乡学则按地方行政区域分设，对象是地方普通贵族子弟及至仕退居乡里的绅士乡官子弟。西周国学教育内容是以礼、乐为中心，辅以射、御、书、数的六艺教育。礼教是有关政治、宗法、人伦、规范礼仪等知识的教育，在六艺教育中占有核心地位。乐教主要学习宗教祭祀乐舞知识，核心是张扬等级观念。射、御是一种综合性的教育，包括情操、内心志向和技艺的培养。当时射最受重视，射艺的高下常作为士子奖励、提升的标准。书、数是有关读写算的知识教育。六艺教育的特点是学在官府、官师合一，老师既行教又兼营国家事务。

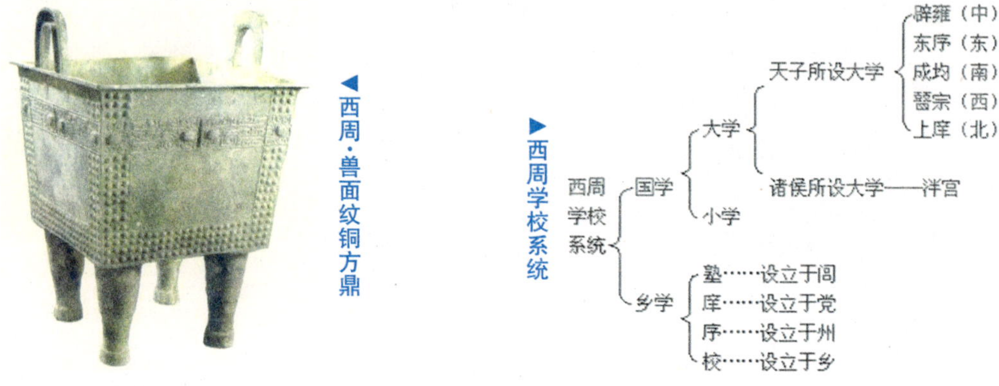

▲西周·兽面纹铜方鼎

▲西周学校系统

《诗经》

《诗经》是两周诗歌的名篇选集。亡佚六篇，存留三百五篇，概称为三百篇。按音乐性质分《风》、《雅》、《颂》三部分。据古文经学家说，《周南》、《召南》为《风》诗之首，作于克商以前。《周颂》、《豳风》作于西周初期，《小雅》、《大雅》作于西周时期，多数是宣王、幽王时诗。《国风》多数是东周前期作品，也有一些是西周时所作。《风》诗是地方音乐，诗篇多采自民间，富于生活的描写，文学价值最高，为后世创造文学的源泉。《大雅》和《小雅》诗是西方音乐，文学价值不及《国风》，但不失为叙述西周政治盛衰的诗史。《周颂》是周天子宗庙祭祀的诗篇，音乐节奏极缓，甚至诗句可不用韵。

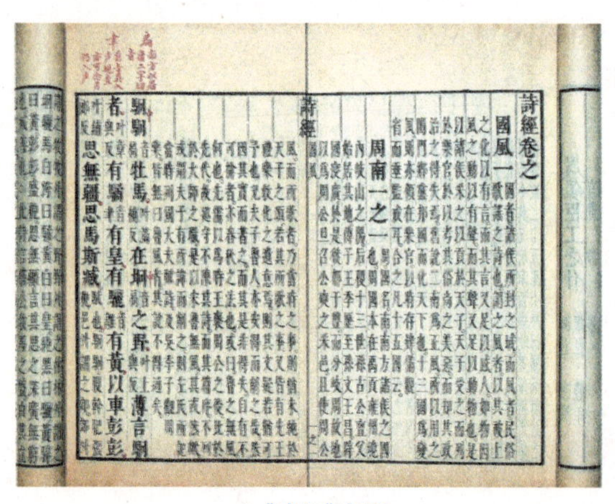
詩經卷之一
國風一
周南一之一
駉駉牡馬在坰之野薄言駉者有驈有皇有驪有黃以車彭彭思無疆思馬斯臧

▲《诗经》书影

金文

金文是指刻铸在青铜器物上的文字。商朝早期已经开始使用青铜器，至西周时期，青铜器的使用已经极为盛行。作为礼器的鼎为其代表，乐器则以钟为代表，所以“钟鼎”即作为青铜器的代名词。人们在铸造或制作这些金属用器时，往往要同时铸、刻上一些文字，以之记录当时的祀典、锡命、田猎、征伐、契约及记录造器原因等，于是人们称这类文字为“吉金文”或叫“钟鼎文”。后来，觉得“钟鼎文”不足以包括和代表所有铜器上的文字，于是就用“金文”来称此类文字。和甲骨文相比，金文字体古朴厚重，更为丰富多姿。金文的内容受到器物体积、面积本身的局限，因此，文字极其简要，字数大多数都比较少，甚至少到只有一两个字。当然在有些器物上，其铭文还是比较长的，大约最长的铭文有洋洋 490 多字的，如《毛公鼎》。

▶金文——《墙盘铭》局部

《周髀算经》

《周髀算经》也简称《周髀》，是一部中国较早的数学专业书籍，在中国唐代收入《算术十经》，并为《十经》的第一部。“周髀”这个名称，按该书中的解释，“周”指的是周代，指从周代传下来的一些方法，“髀”原意指的是股（大腿）或者股骨，在这里的意思是 “长八尺用来测量日影的表” 。《周髀算经》是一部既谈天体又谈数学的天文历算著作， 主要讨论盖天说。《周髀》的本文是周公、商高问答部分，提出了著名的“勾三股四弦五”这个勾股定理的一个特例。接下去的是荣方陈子问答部分，是《周髀》的续文，陈子教给荣方学习和研究数学的方法，并且记载了陈子测日法所用的“勾股各自乘，并而开方除之”的话。

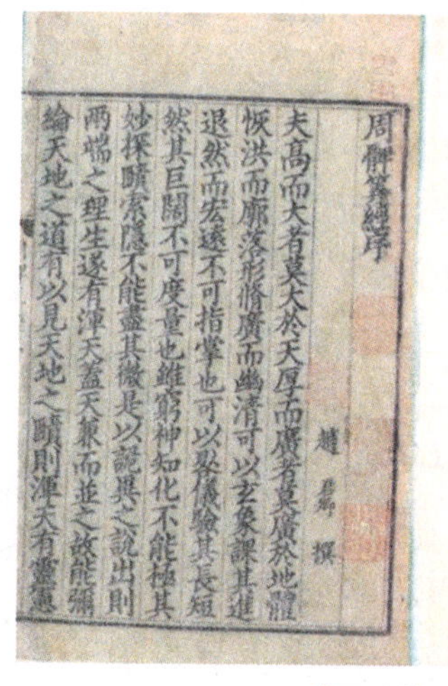

周髀算經序

趙君卿 撰

夫高而大者莫大於天厚而廣者莫廣於地體恢洪而廓落形脩廣而幽清可以玄象課其進退然而宏遠不可指掌也可以晷儀驗其長短然其巨闊不可度量也雖窮神知化不能極其妙探賾索隱不能盡其微是以詭異之說出則兩端之理生遂有渾天蓋天兼而並之故能彌綸天地之道有以見天地之賾則渾天有靈憲

▲《周髀算经》书影

医学

西周时期的医药学有所发展，出现了医学分科，有食医、疾医（内科）、疡氏（外科）、兽医等。还总结了治疗疾病的医学理论，提出“以五味、五谷、五药养其病，以五气、五声、五色视其死生，观察五官和大小便的变化，观察内脏的活动”的方法，初步奠定了中医的理论基础。

西周时的周边各族

西周时期，古文献和铜器铭文中有关周人和各族关系的记载，虽大部分是关于战争方面的记述，但各族的友好往来是主流。周边各个民族在中原文化的影响下，经过辛勤劳动，促使社会经济文化有不同程度的发展。同时，周朝加强了与各族的联系，扩大了它的统治范围。考古发掘可以证明，在北始今辽宁，南至长江以南，西起今甘肃东部，东临大海的广阔地区，都有西周文化遗址发现。

▲西周·石刀

▲西周·楼子庄遗址中发现的殉马坑

东夷

东夷诸部分布在今山东和淮河流域的广大地区。西周初年，经过艰苦的斗争，周统治者才制服了他们，然后分封齐、鲁等国加强对东夷诸部的统治。自西周初年至厉王、宣王之世，周王朝与东夷诸部的战争不断发生。伯禽受封到鲁国，淮夷、徐夷起兵来攻，伯禽守东郊，不敢开城门。伯禽誓师说“马牛臣妾逃亡，不许藏匿，要归还原主”；又说“不许跳墙偷别人的马牛，诱别人的臣妾”。当时东方国家还保存抢夺奴隶的旧习惯，誓言里严重指出，意在维持鲁军的纪律。后来，成王派三军援助，才击退夷兵。周穆王时，淮上东夷的一支徐奄，在徐偃王的领导下攻周，兵临黄河。周穆王急忙调兵遣将，猛攻徐偃王，最后将其打败，但周朝在战争中也耗费了大量的人力物力。

荆楚

▲西周·玉鱼

荆楚主要分布在汉水流域到长江中游两岸。主要有庸、卢、彭、濮、邓等诸部，楚是其中最强大者。周王朝为了加强对南方的控制，从淮水上游到汉水沿岸，分封了一些姬姓诸侯，以楚为中心的荆楚诸侯都臣服于周，楚每年还向王室进贡“苞芽”。周对楚“以蛮夷视之”，不让他参加中原诸侯的会盟。周与荆楚的冲突，自西周建立之日起一直存在。西周早期的铜器铭文中，多次提到周人“伐荆楚”，“伐反荆”。昭王曾亲征楚人，结果“丧六师于汉”，昭王也死于汉水之中。宣王时经过频繁的战争，才把江汉流域划入周的范围。

戎狄

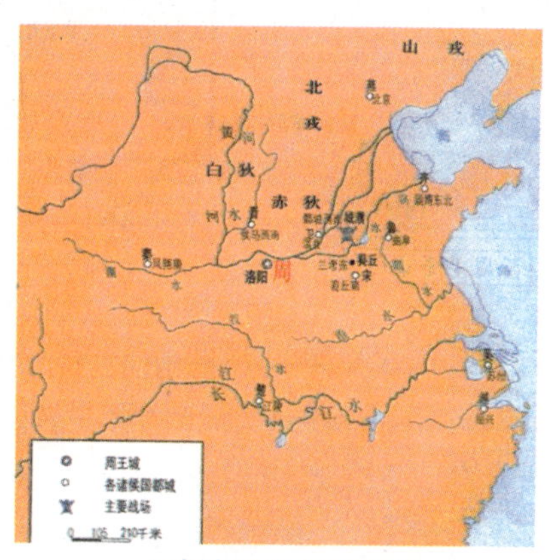

▲戎狄族分布示意图

西周最紧急的外患是西北方戎狄族的入侵。戎狄族散布地域很广，陕西西部、北部，山西、河北极大部分都是戎狄族居住地。商周人称他们为戎狄，又称为鬼方、混夷、犬戎、大夷、猃狁，表示对他们的憎恶（战国以后称胡，又称匈奴）。周都镐京，接近戎狄，是西戎入侵的路线。西周初期曾打一次大仗，俘获鬼方一万三千零八十一人。此后戎狄屡次侵略周，懿王甚至被逼迁居犬丘（槐里，陕西兴平县南）。宣王时候，戎狄入侵更加严重，经过多次战争，互有胜败，筑城防御，仅能阻止深入。宣王子幽王，宠爱褒姒，想杀太子宜臼（东周平王），立褒姒的儿子伯服做太子。宜臼的母亲是申侯的女儿，申侯勾结犬戎攻周，杀幽王于骊山下。西周积累的货物宝器，全被犬戎掳去，西周灭亡。

肃慎

肃慎，又写作息慎、稷慎，是居住在今东北境内的少数民族，分布在“不咸山（长白山）北”、“东滨大海（日本海）”的以吉林为中心的松花江、黑龙江和乌苏里江流域广大地区。传说尧、舜时代已与中原建立联系。据《左传》记载，肃慎与燕、亳同为周王朝的“北土”，是周的远方属国。周武王克商后，肃慎贡献箭和石砮。周公东征胜利，肃慎派使者来祝贺。

开篇语

春秋战国

（公元前770年~前221年）

东周是指公元前 770 年周平王东迁洛邑，到前 256 年周赧王 59 年被秦所灭为止的历史阶段。共传二十五王，历时五百一十五年。东周是中国历史上重大变革的时代，周王室衰微，各诸侯国为争夺霸权，相继进行政治变革，促进了经济的发展和科技文化的极大繁荣。东周分为春秋时期和战国时期。春秋时期是我国奴隶社会的瓦解时期，这是一个伟大的变革时代。当时，封建生产关系正在孕育，政治上表现为周王室衰微，“礼崩乐坏”。诸侯国相互兼并，角逐争雄，混战不休；各诸侯国内部则阶级矛盾尖锐，奴隶起义连绵不断，新旧势力斗争激烈，社会在剧烈地动荡着。至战国初年，主要有齐、楚、燕、韩、赵、魏、秦等诸侯国。各诸侯国内新兴的地主阶级先后夺取了政权，进行变法，逐渐确立起封建制度。诸侯国之间展开了更为惨烈的兼并战争。最后由秦取代周室，灭六国而一统天下。尽管战争频仍，春秋战国时期的经济文化却获得迅速发展。各诸侯国在科学、哲学、历史、艺术、文学等各方面都涌现出许多杰出的人才，取得了丰硕的成果。

东周大事年表

前 770 年　周平王迁都洛邑，东周开始。
前 724 年　晋国发生曲沃之乱。
前 720 年　周郑交恶，郑国崛起。
前 704 年　楚国称王。
前 689 年　卫惠公逃亡后复国。
前 681 年　齐桓公确立霸业。
前 632 年　城濮大战，晋文公称霸。
前 626 年　秦穆公称霸西戎。
前 608 年　楚王称霸。
前 584 年　吴国兴起。
前 565 年　晋悼公恢复霸业。
前 515 年　吴王僚遇刺，阖闾即位。
前 496 年　吴王阖闾攻越，战败而死。
前 494 年　吴王夫差败越，越王勾践使人求和。
前 473 年　勾践灭吴，夫差自杀。
前 453 年　韩、赵、魏三家分晋。
前 403 年　韩、赵、魏封侯，三晋伐齐。
前 385 年　吴起主持楚国变法。
前 367 年　两周分裂。
前 350 年　商鞅变法。
前 323 年　“五国相王”联合抗秦。
前 318 年　魏、赵、韩、楚、燕五国合纵攻秦，不胜而归。
前 287 年　苏秦合纵赵、齐、楚、魏、韩五国攻秦。
前 260 年　秦赵长平之战，赵惨败。
前 258 年　秦围邯郸。
前 255 年　秦灭西周。
前 230 年　秦灭韩。
前 228 年　秦灭赵。
前 225 年　秦灭魏。
前 221 年　秦国灭齐，实现统一。

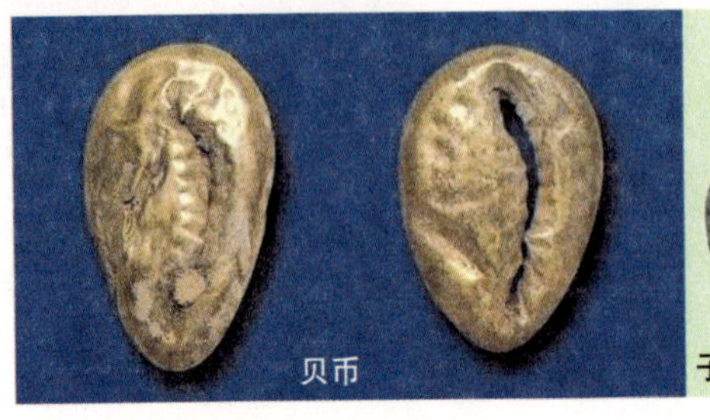

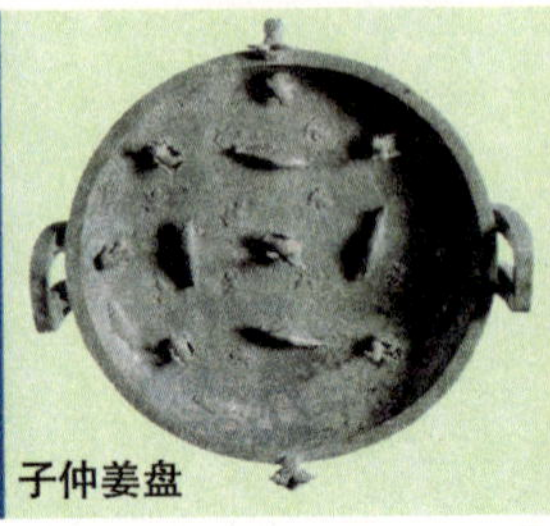

春秋时期

从公元前770年（周平王元年）周室东迁洛邑到公元前476年（周敬王四十四年），这一阶段的历史大体与孔子所修订的《春秋》年代（公元前722年～前481年）相当，所以历史上称作春秋时期。此时周已衰弱到了极点，统治范围方圆不足六百里，各诸侯国纷纷割据称雄，不再朝见周王，其统率诸侯的权利也是名存实亡。此间，全国共分为一百四十多个大小诸侯国，而其中以楚国、齐国、晋国、吴国、越国、秦国为大。史家一般以"三家分晋"作为春秋时代的结束和战国时代的开始。

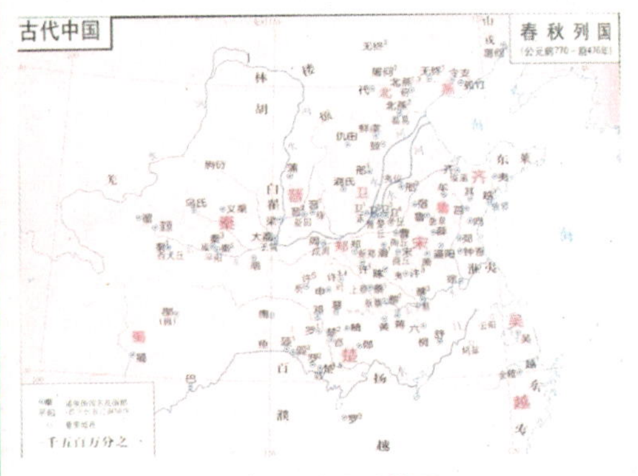

▲春秋列国形势图

▲春秋·玉璜

东周王室日衰

公元前771年，犬戎杀幽王，灭西周。翌年（即前770年），周平王姬宜臼由镐京迁都于洛邑（今河南省洛阳），史称东迁后之周王朝为东周。周赧王59年（公元前256年），东周为秦所灭，共传25王，历时515年。公元前770年～前476年为春秋时期，此时东周天子的势力一落千丈，一些大的诸侯国家实际上成为独立的国家，周天子反而要依赖这些大国。

前770年 东周建立

▲周平王彩塑

在周幽王死后，太子宜臼即位，是为平王。鉴于镐京残破，又处于犬戎威胁之下，周平王于公元前770年，在郑、秦、晋等诸侯的卫护下，迁都洛邑，平王的东迁，标志着西周历史的结束，中国历史从此进入东周时代。东迁之后，周天子直辖的“王畿”，在戎狄不断袭扰和诸侯不断蚕食下，大大缩小了，最后，仅剩下成周方圆一二百里；同时，天子控制诸侯的权力和直接拥有的军事力量，也日益丧失。天子不仅经济上有求于诸侯，政治上也往往受诸侯的摆布。但天子以“共主”的名义，仍然具有号召力。因此，一些随着地方经济发展逐步强大的诸侯国，就利用王室这个旗号，“挟天子以令诸侯”，积极发展自己势力。生活在春秋晚期的孔子曾用“礼乐征伐自诸侯出”来形容这一历史时期的主要特征是非常贴切的。

▲春秋·三足羊首鼎

前707年 繻葛之战

郑国与周王室关系密切，平王时，郑桓公郑庄公都曾掌握王室大政，周王想改变这种局面，分政于虢国，于是郑与周王发生了矛盾。双方互派质子，前719年，周桓王继位，打算让虢公单独执政，郑为此事不满，派人在夏季抢了温地的麦子，秋季又取成周的禾，双方又结下了仇。前707年，周桓王罢了郑庄公的官，郑庄公进行报复，不去朝见周王，于是桓王率蔡、卫、陈三国之师伐郑，战于繻葛，被郑军打得大败，郑军“射王中肩”。当天晚上，郑国君派祭足去看望周桓王。郑庄公这么做，是因为周天子地位虽已今非昔比，但威望犹在，不可过分冒犯，以致引起其他诸侯国的敌视和作对。繻葛之战使得周天子威信扫地，“礼乐征伐自天子出”的传统从此消亡。此后，继郑国之后，齐、晋、楚、秦等大国先后兴起，大国争霸，周王室再也没有能力征讨，天子之位，形同虚设。

▲春秋·马拉战车

前 649 年 子带之乱

▲周襄王

子带为周惠王子，受到惠王和惠后的宠幸，为太子郑所畏惧。前 653 年，周惠王去世，太子郑害怕子带发难，因此秘不发丧，暗中寻求齐桓公支持。前 652 年，齐桓公召集宋、卫、许、鲁、曹、陈等会盟于洮(今山东鄄城西南)，使太子郑继为王，即周襄王。前 649 年，子带召集成周附近地区的诸戎族攻伐成周，焚毁王城东门。在襄王迎击下，子带出奔于齐。前 638 年，周大夫富辰劝说周襄王召子带返周，以免丢王室面子。子带遂应召复归成周。前 636 年，子带联合金狄人军队攻周，大败周军。周襄王逃居于郑国，并告难于鲁、晋、秦等国。前 635 年，周襄王在晋军帮助下返回成周，杀子带。为了酬谢晋文公平定子带之乱的功勋，周襄王将阳樊、温、原等地赐晋。

春秋争霸

春秋时期，社会生产力有了显著进步，全国各地的政治经济得到迅速发展。有些少数民族地区受中原先进文化的影响迅速发展起来。中原各国也因政治经济条件不同出现了强弱差异。如：地处东夷之间的齐国，姜尚受封时，人口稀少，田地瘠薄，由于姜尚采取了“通商工之业，便鱼盐之利”的政策，国力日盛，逐渐成为一个经济实力雄厚的东方大国。再如秦、楚，虽地处边陲，本身又是戎蛮之邦，但他们却各自发展成当地的政治、经济、文化中心。原来富庶的宗周镐京之地，平王东迁后，却一落千丈，成了落后地区。这样一来，便出现了政治经济发展不平衡的局面，逐渐形成了几个诸侯大国，他们势均力敌，相互角逐，于是便形成了大国争霸的局面。

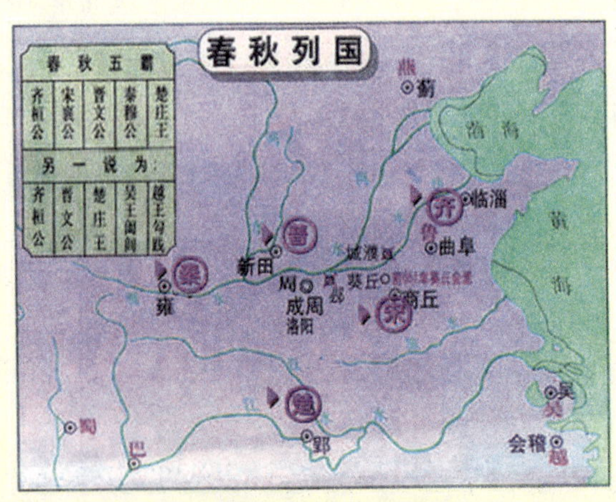

▲春秋五霸形势图

▲齐桓公称霸

前 651 年　齐桓公称霸

齐国所处地区，十分富饶。齐桓公在位时任用政治家管仲为相，改革内政，发展生产，在全国设置常备军，军队战斗力加强了。几年之间，齐国国富兵强。齐桓公又适时提出“尊王攘夷”的口号，召集诸侯会盟，扶危救困，讨伐不向周王进贡的诸侯国。公元前 651 年，齐桓公召集各国诸侯在葵丘会盟，这一次周王也派代表参加，齐桓公的霸主地位得到正式承认，成为春秋首霸。管仲死后，他信用奸佞，怠于政事。齐桓公死后，诸子争位，齐霸业遂衰。

▲齐桓公半身雕像

前 651 年　葵丘之盟

葵丘之盟是春秋时齐桓公主持的一次诸侯盟会。桓公在阻止戎狄、荆楚对中原侵犯和安定王室之后，于齐桓公三十五年（前 651）邀集鲁、宋、卫、许、曹诸国君于宋之葵丘（今河南兰考）会盟。周襄王命卿士宰孔莅会，赐齐桓公祭肉。盟会上制定盟约，《谷梁传》详细记载了盟辞的内容：“葵丘之盟，陈牲而不杀，读书，加于牲上，壹明天子之禁，曰：‘毋雍泉，毋讫粜，毋易树子，毋以妾为妻，毋使妇人与国事。’”齐桓公这次以霸主身份主持的葵丘之盟，有利于政治的统一、经济的开放与发展，使其霸业达到春秋时代极盛的顶峰。

前 642 年　宋襄公称霸

▶宋襄公彩塑

宋襄公，名兹父，春秋时宋国君。宋位于今河南东部，山西南部一带。始祖微子启，是商纣王的庶兄，他反对纣王暴政，也未参加对周的战争，故受封，都商丘（今河南商丘县南），传至宋襄公时，正值齐桓公称霸中原。齐桓公死后，齐国势力大大衰落，宋襄公便企图取代齐国称霸中原。公元前 642 年，宋襄公联合卫、曹、邾等国伐齐，齐军大败。从此，宋襄公自以为了不起，大摆霸主威风。公元前 639 年春天，宋襄公召

◀宋襄公争霸

集齐、楚代表盟于宋国的鹿上（今安徽阜南南），并提出召集诸侯会盟。当时，楚国兵强马壮，如果楚同意参加他的会盟，将会提高他的威望，于是派使臣求见楚成王。楚成王表面上答应了他的请求，但当这年秋天，宋襄公神气十足地召集诸侯会盟于盂（今河南睢县）时，楚成王却乘机俘虏了宋襄公，并乘机出兵伐宋，由于宋人坚守，楚军才未攻下。后来，鲁公代宋向楚国说情，才把宋襄公放归。

前 638 年 泓水之战

公元前 638 年夏天，宋襄公想报被俘之仇，不自量力，不听劝告，率兵攻打楚之邻国郑国，楚出兵援郑，两军会战于泓水（今河南柘城西北）。宋军已在泓水北岸列好阵势，楚军却正在渡河，宋将司马子鱼认为可乘机出击，宋襄公不同意，楚军渡河后尚未列好阵势，司马子鱼再次要求出击，宋襄公仍不答应，直到楚兵准备完毕，才下令出击，结果宋军大败，宋襄公自己也受了伤。泓水之战失败后，国人纷纷责备宋襄公，宋襄公却说：“君子不重伤，不禽二毛。古之为军也，不以阻隘也，寡人虽亡国之余，不鼓不成列。”泓水之战后，宋国在诸侯中的地位一落千丈，宋襄公的霸业像昙花一样，很快就凋谢了。

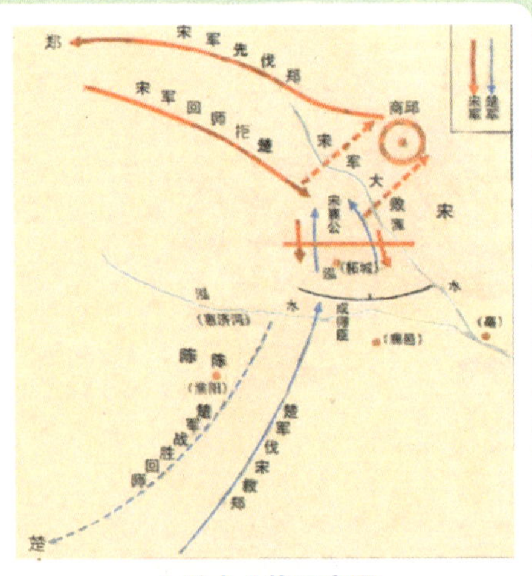

▲泓水之战示意图

前 632 年　城濮之战

齐国霸业衰落后，南方楚国、北方晋国都趁机向中原扩展势力，两国利益直接发生了冲突。公元前 632 年，楚围宋，晋文公为救宋，率兵攻楚盟国曹、卫，楚成王率陈、蔡两国军队回救。晋楚两军相遇于城濮（今山东鄄城西南）。晋文公兑现当年流亡楚国许下退避三舍的诺言，令晋军后退，避楚军锋芒。子玉不顾楚成王告诫，率军冒进，被晋军歼灭两翼。楚军大败。城濮之战是中国历史上最早有详细记载的战例，也是诱敌深入战术的典范。城濮之战后，晋文公在践土（今河南郑州西北）朝觐周王，会盟诸侯，周襄王正式命晋文公为侯伯。晋国终于实现了“取威定霸”的政治、军事目标。

▶城濮之战

前 628 年　秦晋崤之战

春秋中期，秦在穆公即位后，国势日盛，已有图霸中原之意。但东出道路被晋所阻。周襄王二十四年（公元前 628 年）秦穆公得知郑、晋两国国君新丧，不听大臣蹇叔等劝阻，执意要越过晋境偷袭郑国。晋襄公为维护霸业，决心打击秦国。为不惊动秦军，准备待其回师时，设伏于崤山险地而围歼之。十二月，秦派孟明视等率军出袭郑国，次年春顺利通过崤山隘道，越过晋军南境，抵达滑（今河南偃师东南），恰与赴周贩牛的郑国商人弦高相遇。机警的弦高断定秦军必是袭郑，即一面冒充郑国使者犒劳秦军，一面派人回国报警。孟明视以为郑国有备，不敢再进，遂还师。晋国侦知，命先轸率军秘密赶至崤山，并联络当地姜戎埋伏于隘道两侧。秦军重返崤山，因去时未通敌情，疏于戒备。晋军见秦军已全部进入伏击地域，立即封锁峡谷两头，突然发起猛攻。晋襄公身着丧服督战，将士个个奋勇杀敌。秦军身陷隘道，进退不能，惊恐大乱，全部被歼。秦晋的这次冲突，使主要为对付楚国而结成的秦晋之好彻底破裂，它对两国的利益和抑制楚国对中原的进犯都是不利的。

▲崤山大战

秦穆公称霸西戎

秦国原是居住在秦亭（今甘肃张家川）周围的一个嬴姓部落。秦襄公因护送平王东迁有功，封为诸侯，正式建国。秦穆公名任好（？~ 前 621），嬴姓，是秦国历史上一位有作

▲秦穆公像

为的君主。他在位期间，推行富国强兵的政策，修明政治，发展军事，奖励生产，使国家实力大大增强。秦穆公很重视民心的向背，所以实行了一些缓和阶级矛盾的措施，减轻百姓的负担。晋文公死后，秦穆公认为时机已到，想取代晋成为霸主，但在崤之战中败于晋，暂缓了东进的步伐。秦穆公进一步整顿内政，及时改变战略方向，全力进攻西戎。他通过投奔来的由余了解了西戎各国的山川形势、兵力部署，采用离间计、美人计等策略，突出奇兵，发动全面攻击，征服了这些国家，扩地千里。这样，东从陕西、山西交界的黄河起，一直到遥远的西方，都为秦国所控制，秦穆公终于成为西方的霸主。秦穆公称霸西戎，加速了民族融合，发展了秦国经济，并为战国末年秦统一整个中国打下了基础。

前 594 年 楚庄王问鼎中原

▲楚庄王像

楚庄王，公元前 614 年继位。他对内改革政治，对外诛平百蛮，国力增强，便不断向中原用兵，与晋争夺霸主地位。公元前 606 年，楚庄王伐陆浑之戎，阅兵周疆，周定王派王孙满慰劳楚军，楚庄王趁机向王孙满问九鼎之轻重。九鼎是王权的象征，这说明楚庄王志在窥视中原。其时，中原国家仍以晋实力最强，它西抑秦东制齐，秦、齐虽渐上升或恢复，仍非晋之强劲对手。但晋当时国君晋灵公，却十分残暴无道，被赵穿所杀，晋成公初立，这就为楚庄王北上提供了有利时机。是年夏，楚庄王观兵周疆后，为了打击晋成公，即移兵攻打郑国，实为教训晋成公，晋未出兵对抗。此后，楚庄王连续北上用兵，声威也日益远播。公元前 597 年，晋楚邲之战，楚获大胜。公元前 594 年冬，蜀之盟正式推举楚国主盟，楚庄王成为中原霸主。

前 589 年　齐晋鞍之战

鞍之战是公元前 589 年发生在齐、晋两国之间的一场重要战争。继齐桓公之后，晋国成了北方诸侯国的盟主。公元前 597 年，在著名的邲之战中晋国被楚国打败，导致

▲齐晋鞍之战古战场——华山

郑、宋等国叛晋附楚，严重动摇了晋国的霸主地位。与此同时，齐国与楚国建立同盟，并于公元前589年春攻打晋的盟国鲁、卫，企图乘机恢复昔日的霸主地位。为了重振霸业，晋国应鲁、卫之请出兵伐齐，鞍之战就是在这种背景下发生的。由于晋军将帅具有高度的使命感责任感和团结战斗不怕牺牲的精神，故最终打败齐军，迫使齐国立下了城下之盟。鞍之战，晋国大获全胜，齐侯几乎成为晋国的阶下囚，齐国在诸侯中的地位大为削弱，而晋国的霸主地位得到巩固和加强。

前546年　晋楚弭兵之会

晋、楚争霸，直接受到祸害的是处于中间地带的宋、郑等中小国家。这些国家的统治者与广大臣民一样，也渴望和平，停止战争。在这样的形势下，宋国的向戎多方奔走，约合晋楚两国，并会同各诸侯召开了盛大的弭兵之会。公元前546年，弭兵之会在宋国举行。晋、楚、齐、秦、宋、鲁等14国参加了会议。会议决议，除齐、秦两大国和滕等属国外，原来晋的属国和楚的属国，现在变成楚晋双方共同的归附国，对两国尽同样的义务。弭兵之会的结果是晋楚两国平分霸权。它为争霸各国提供了喘息和备战的时机，并没有也不可能真正除去战祸。但是，弭兵之会在一定程度上带来了比较安宁的社会环境，中原地区战争减少，进入了短暂的和平时期，使社会经济和文化渐渐发展和繁荣起来。

前575年　晋楚鄢陵之战

鄢陵之战是楚国撕毁弭兵盟约而发动的第一次战争。公元前579年弭兵之后，晋楚暂时停战。前576年，楚国提出“敌利则进，何盟之有”，表明它毫无停战诚意。前575年春，郑叛晋而与楚结盟，晋将伐郑，郑告急于楚，楚子救郑，司马子反将中军，令尹子重将左军，右尹子辛将右军。五月，晋师南渡黄河，与楚师相遇于鄢陵（今河南鄢陵西北），楚军压晋师而阵，

▲春秋·白玉蟠夔佩

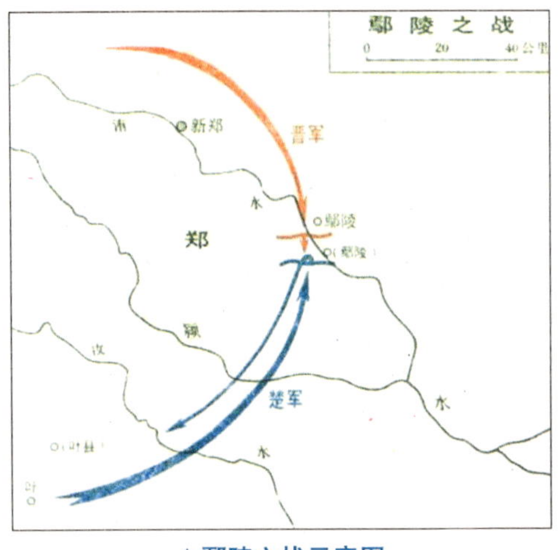

▲鄢陵之战示意图

似占优势。然而楚大将子反、子重有矛盾，士卒都没有斗志。由楚逃晋的苗贲皇献计晋厉公。他认为楚中军兵力强大，左、右军分别为郑军和蛮兵，队列不整。应首先改变晋军中、下军严整的军容，诱使楚左、右军进攻中军，这时，晋中军先分兵进击楚左、右军，等其陷入包围时，再由上、下军配合中军聚而歼之，然后集中上、中、下军与新军共击楚精锐的中军王卒。晋厉公听从了苗贲皇的计谋。等到战争开始后，楚王被射伤眼睛，楚军伤亡惨重，而主帅子反醉酒，不能商议军机，楚军被迫夜遁。

鄢陵之战后，郑国想到楚的失败，楚王眼睛受伤，都是为了郑国，它仍然承认楚的霸权。公元前 571 年，晋、齐、卫、曹、邾、滕、薛等国，在卫地戚邑开会，共谋伐郑。于是，在卫地虎牢筑城，以威胁郑国，郑也只得向晋求和。鄢陵之战的胜利，使晋国重获中原霸权，晋厉公之后的晋悼公进一步使复霸事业得到发展。而楚国则开始处于守势，加上晋国南联吴国，共同对付楚国，使楚的处境越来越困难。

▶春秋·玉鹿形佩

前 506 年~ 前 473 年　吴越争霸

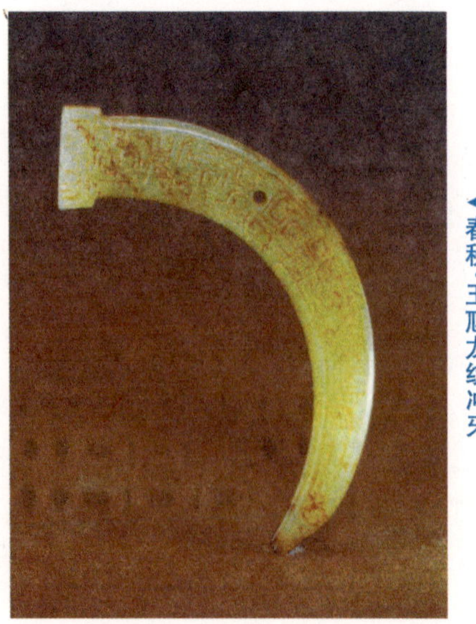
◀春秋·玉虺龙纹冲牙

春秋末年，晋、楚两国渐趋衰弱，而长江下游的吴、越却先后崛起争霸。吴国与越国在春秋中期自称为王，较早就同天子分庭抗礼。吴王阖闾执政时，该国国势强盛起来。公元前 506 年，吴王阖闾兴兵伐楚国，五战五捷，直捣楚国郢都。后来吴王夫差先后打败越、陈、鲁、宋、齐，成为诸侯间的盟主。越王勾践于公元前 494 年被夫差所败，带至吴都服役。他被赦后矢志复仇，卧薪尝胆，经过十数年的准备，终于在公元前 473 年大破吴师，逼得夫差自杀，吴国就此灭亡。这时，春秋时代行将结束，霸政已经趋于尾声，但勾践仍率兵渡淮，与诸侯

▲越王勾践剑

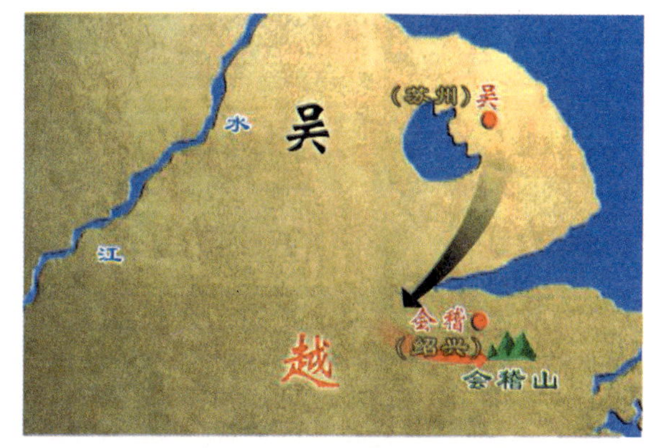

会于徐州，成为春秋末期最后一个霸主。此后，勾践为长期称霸中原，迁都琅琊(今山东诸城县)。直到战国中期，越国才被楚国打败。

▶吴越争霸示意图

卧薪尝胆

▲卧薪尝胆

勾践回国后，立志发奋图强，报仇雪耻。他惟恐自己贪图眼前的安逸，消磨了斗志，就为自己安排了一个艰苦的生活环境，远离锦衣玉食，自己亲自耕作，并让夫人织布，晚上睡在稻草堆上，枕戈而卧。他还在室内挂一只苦胆，每天出入坐卧都要看看它，吃饭前先尝尝。在时时激励自己的同时，他还采取了一系列切实有效的措施。他任用贤能，虚心纳谏。范蠡对他说：带兵打仗，文种不如我；安抚国家，亲附百姓，我不如文种。勾践就把国家的政事委托给文种，带兵打仗的事托付给范蠡。勾践积极倡导开垦土地，大力发展生产，减轻赋税，奖励生育，力争使民有“三年之食”。规定男子到二十岁，女子十七岁，不结婚成亲，父母就要受处罚，国家对生育者给予物质奖励。同时还减轻刑罚，加强战备和军事训练，实行按闾里行政组织征兵的制度，以重赏和严刑教育士卒服从命令，乐于立功。经过“十年生聚，十年教训”，越国终于兵精粮足，国力也渐趋强盛。

春秋时期的经济

春秋以前，生产工具仍以木石质料为主，青铜器虽多，而用于生产者甚少，未能引起生产力的深刻变化。春秋时期出现铁，铁已被人们所普遍熟知，开始用作农具和手工业工具的铸造。牛耕亦已使用。在此之前，牛主要用作宗庙祭祀，现在转而使用于田间耕作，农业生产有了大幅度发展，生产力发生了一次大飞跃。随着主体经济部门农业生产的发展，个体手工业者和自由商人开始出现，并且日益增多，手工业者自设“工肆”，商人“结驷连骑”，为交换而生产，为谋利而经商者，甚为活跃。商品经济有了新的发展。

▲春秋·瓷簋

▲春秋·軎辖

▲春秋·铜鼎

前594年 初税亩的实施

春秋时期，是中国奴隶社会向封建社会转变的时期。随着生产力的发展，从西周晚期开始，私田数量增加，加之贵族争夺土地，土地私有化日益发展，井田制瓦解。因此，只有改革税制才能顺应形势，增加收入，达到富国强兵的目的。鲁宣公十五年（前594年）的“初税亩”是最著名的一次赋税改革。“初税亩”即按田亩征税，不分公田、私田，凡占有土地者均按土地面积纳税，对公、私田一律按亩收税。这一税制正式废除了井田制，承认了鲁国贵族和平民私田的合法性，有利于农业生产的发展和财政收入的增加。“初税亩”后，鲁国还实行了“作丘甲”、“用田赋”等赋税制度改革，其他诸侯国也纷纷仿效鲁国，推行田赋制度改革。鲁“初税亩”是一项有重大意义的税制改革，它以法律的形式肯定和保护已经出现的生产关系变革，顺应了社会历史发展潮流，促进了新生的封建土地占有关系，具有深远的影响。

铁器牛耕

铁器的铸造和使用，是古代农业生产力发展的一个重要标志。据考证，西周末期已经发现了铁。到春秋时期，有关铁的记录逐渐多起来。《国语·齐语》记载：齐国著名的政治家管仲，曾向齐桓公建议："美金以铸剑戟，试诸狗马；恶金以铸诅、夷、斤、斸，试诸壤土。"这里所谓"美金"即是青铜，"恶金"即是铁，这是史料上关于铁器用于农业生产的最早记载。齐国境内多铁矿，冶铁手工业首先发展起来。春秋后期，晋国已经使用铁铧犁耕田，而且还用铁铸刑鼎。这说明用铁的范围扩大了，铁器逐渐取代其他原始工具而在生产中占重要地位，并影响到当时的政治生活。

▲春秋·铁铲

春秋时生产力发展的另一个标志是牛耕的出现。《国语·晋语》曾提到"宗庙之牺，为畎亩之勤"，意即祭祀宗庙的牛，可以用为耕作田亩的劳动力，形象地反映了春秋后期出现牛耕的情况。春秋末期，牛耕进一步推广，晋国有个大力士名牛子耕，孔丘的弟子司马耕，字子牛，冉耕，字伯牛，牛与耕连作为人名，这意味着牛耕田地已是人们习见的事情。

手工业的发展

春秋时期，官府手工业仍处于主要地位，民间独立的手工业者很少。官府手工业在各诸侯国中有极大的发展，规模也比较大。工匠仍称百工，身份不自由，作坊称肆。管理工肆和百工的官吏有司空、工师、工正等。手工业的发展主要还表现在手工业门类的增多和技艺的进步两个方面。主要手工业有铸铜业、木器业、漆器业、制陶业、纺织业、制盐业和冶铁业等。而以青铜器铸造技术的进步最为突出。青铜器主要有礼器、乐器、食器、炊器、盥漱器、兵器、车马具等。多数器具造型精巧，花纹工细，有的还错以金银，工艺水平很高。1978年在湖北随县曾侯乙墓出土的编钟共有六十四件，计钮钟十九件，甬钟四十五件，最大的一件甬钟，通高153.4厘米，重203.6公斤。全套编钟重达两千五百多公斤。每件都有铭文，绝大多数有错金花纹。钟架巨大，两端的青铜套上都饰有浮雕或透雕的龙、鸟等，用失蜡法铸作，龙、鸟精巧生动，栩栩如生。

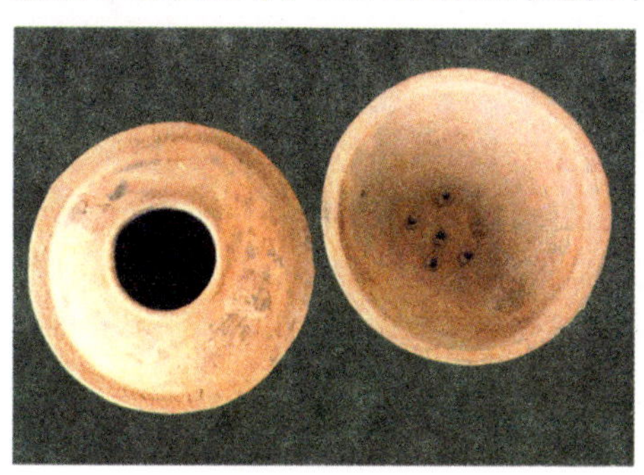
▲春秋·彩绘灰陶甗

民间商业发展

▲范蠡像

春秋时期，民间商品交换关系有较大发展，而且出现了很多以私人资本经商的大商人。最早的事例，如西周、春秋之际，郑国由今陕西华县迁到新郑(今河南新郑)时，郑桓公是得到大商人的资助进行的。春秋前期，秦穆公偷袭郑国时，路上遇郑之大商人弦高，弦高竟以郑国君的名义用十二头牛犒劳秦军，又暗中派人回郑报信。秦以为郑有准备而退兵。春秋后期，大商人更多，有些在当时就很有名。如范蠡，原是越国大夫，曾协助勾践灭吴。后来退隐民间，变名易姓，以经商为业。至陶(今山东定陶)，称“陶朱公”。在十九年间，“三致千金”，成为著名的大富商。孔子的弟子子贡(端木赐)，在曹鲁等地经商，“结驷连骑，束帛之币以聘享诸侯。所至，国君无不分庭与之抗礼。”随着商业的发展，原来用作货币的海贝已不敷应用，金属铸币大量增加。考古发掘在河南洛阳、新安牛丈村和山西侯马都发现了春秋时金属货币——空首布。空首布和实用的金属农具铲很相似，所以也叫做“铲布”。这是原始形式的金属货币。金属货币的使用和发展，是商业发展的重要标志。

开荒地、兴水利

▲芍陂一景

铁器的使用和牛耕的推广，标志着春秋时期社会生产力有了很大的提高，为垦辟荒地、深耕细作、兴修水利、发展农业生产，提供了方便条件。当时，许多荒地得到开发，改变了很多国家的经济面貌。郑国在东迁之初，还是一片的荒芜土地，到春秋时代，郑国却成为一个工农业和商业都比较发达的国家。再如东方的齐国，在西周初年本是人口稀少、土地荒芜的国家，在铁器使用以前，主要靠渔盐之利，春秋时期铁器的使用使农业生产迅速发展起来，齐国变成了“膏壤千里宜桑麻”的地区，这对春秋前期齐国的富强和齐桓公的霸业起了很大的作用。

运河的开凿和水利灌溉事业的发展，也是铁器使用后出现的。春秋末期吴国开通的邗沟，从今江苏扬州到清江，沟通了长江和淮水，不但有利于农田的灌溉，而且便利了南北交通。楚庄王时，在今安徽寿县一带修建了芍陂，可灌溉土地一万多顷，扩大了水稻的种植。如果没有铁制工具，兴建这样大规模的水利工程是难以想象的。

春秋时期的文化

春秋是中国文化大发展的时期，出现了老子、孔子等思想家、教育家和孙武等军事家，其学说对后世有深远影响。周天子及其诸侯政治权威的动摇与衰落，“学在官府”局面的被打破，随之而出现的学术下移、典籍文化走向民间等社会方方面面的变化，又引起了人们思想观念的某种改变，这些变化正是春秋时期思想文化转型得以实现的历史条件。

▲春秋·玉神人面饰

▲孔子讲学图

孔子

孔子（公元前551年～前479年）名丘，字仲尼，春秋末期鲁国陬邑（山东曲阜）人，是我国古代的伟大思想家、教育家，是儒家学派的创始人。他出身于没落的宋国贵族家庭，出任过鲁国的中都宰、司空、司寇等职，后因遭小人暗算，弃职。后率弟子周游列国，晚年归鲁，继续讲学，整理古籍。中国伟大的哲学家孔子是中华文化思想的集大成者，儒家学说的创始人。他的哲学思想提倡“仁义”，“礼乐”，“德治教化”，以及“均以民为体”。儒学思想渗入中国人的生活、文化领域中，同时也影响了世界上其它地区的一大部分人近两千年。《论语》是记载孔子一生言行，以及孔子与弟子、时人、相互问答或弟子间相互问答之语的著作，是儒家重要经典之一。《论语》体现了儒家的教育、社会政治思想及孔子的认识论和方法论，是研究孔子及儒家思想尤其是原始儒家思想的主要资料。孔子晚年，还对我国上古时期的文献进行了一次大规模的整理。现传儒家五经，《诗》、《书》、《礼》、《易》、《春秋》都经过孔子的删定或整理，他为我国上古文化的保存作出了重大的贡献。

▲孔子雕像

孔子作《春秋》

▲明·孔子不仕退修诗书图

“春秋”，原是春秋时代各国史书之通称，故墨翟说他见过“百国春秋”。鲁之《春秋》系孔子根据鲁国史记，遵循一定义例（即指导思想及编写原则）编撰而成。上自鲁隐公元年（前722年），下迄鲁哀公十四年（前481年），历经12君，242年，内容简略，仅16500余字。全书以事系年，为最早之编年体史书。年有四时，举春以包夏，举秋以赅冬，故名之曰《春秋》。孔子修《春秋》，最高宗旨在于匡正统治秩序，以周礼为标准，对为政者进行褒贬，善善恶恶，以示劝戒。所以孟轲说：“孔子作《春秋》而乱臣贼子惧。”为实现其宗旨，他还拟订了一些义例，如：“据鲁、亲周、故宋”，“为尊者讳，为亲者讳，为贤者讳”，“内诸夏而外夷狄”，等等。《春秋》义例对后世政治产生过深远影响。

左丘明著《左传》

▲左丘明像

左丘明，姓左名丘明，春秋鲁之史官，与孔子同时，且交情甚笃，学术观点接近，相传曾与孔子同乘赴周，观书于王室，归而修《传》，即《春秋左氏传》。这一书名，始见于班固《汉书》。此前，司马迁《史记》称《左氏春秋》，史家简称《左传》。《春秋》为孔子所作，而为《春秋》作“传”者有五家，今存三家，《左传》居其一（其余为《公羊传》和《谷梁传》）。《左传》叙事翔实，文辞流畅，且有作者评论。一说《左传》非为解释《春秋》而作，实乃独立成书之作。其编年晚于《春秋》，其所记有涉及战国之事，其内容有与《春秋》冲突或为《春秋》所无者。一说该书盖有后人附益之处。

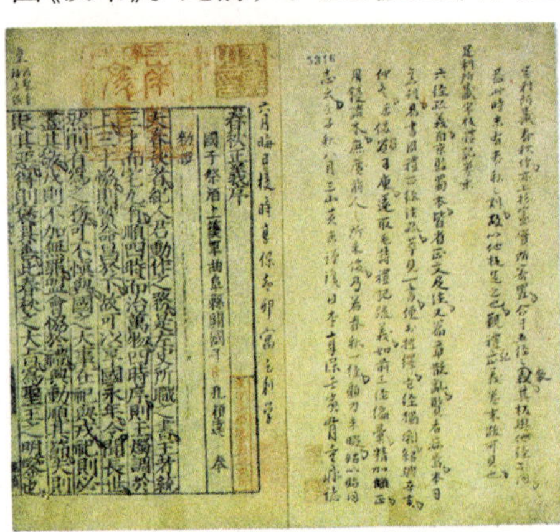

▲《左氏春秋》书影

老子和《老子》

▲老子雕像

老子，姓李名耳，字聃，春秋末期楚国苦县（今河南鹿邑县）人，是我国著名的哲学家，道家学派的创始人。老子曾任周王室守藏吏，博学多才，孔子曾带弟子前去向老子求道，其后评价老子是飞腾在云端里的龙，成为千古逸话。后退隐，著《老子》。《老子》一书是老子思想的结晶。书中阐释了老子的社会政治思想、朴素辩证法思想，重点阐释了老子的唯心主义思想体系的核心——“道”。老子所说的“道”不是一种纯粹的绝对精神，它本身源于自然。老子的学说中富含辩证法思想，在他看来，世界上的万物都是在矛盾对立中形成，并由此确立了自己的性质。老子主张统治者要无为而治；对于百姓，老子则主张采取愚民政策，主张退回到小国寡民的时代。老子的思想是在总结人类数千年的兴衰历史基础上形成的，老子从事物之间普遍存在的矛盾对立关系出发，对人类文明的历史进程提出了非常独到的见解。这种认识对于解释人类社会各种道德及制度的起源有很高的参考价值。

▲老子故里

孙武和《孙子兵法》

▲孙武雕像

孙子，名武，字长卿，春秋末期齐国乐安（今山东惠民县）人，生卒年代大约与孔子属于同时代而略晚。孙子是齐国贵族和名将的后裔。公元前 532 年，齐国发生内乱，孙子便离开齐国，到了南方的吴国，隐居于都城姑苏（今江苏省苏州市），潜心研究兵法。经伍子胥的推荐，吴王任命孙子为上将军，封为军师。公元前 506 年冬，孙

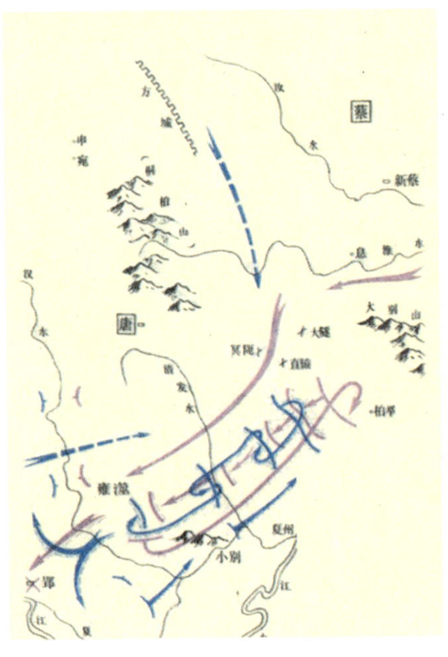

子指挥的“柏举之战”，使楚国元气大伤，渐渐走向衰落，而吴国的声威则大振，成为春秋五霸之一。《孙子兵法》共13篇，约六千余字，是中国历史上最早的一部经典性的军事学著作，是对春秋以前中国古代战争经验的理论总结。《孙子兵法》不单是一部军事著作，其中也蕴含了丰富的哲学思想。中国古代思想家的抽象思维、朴素的整体思维和辩证思维，在这部军事专著中得到了集中的体现。《孙子兵法》虽说是一本兵书，但是它的影响已经远远超出军事领域，变成指导经济、政治、文化、外交、体育乃至人生的各个方面的不朽经典。

◀柏举之战示意图

鲁班

鲁班姓公输，名般，字若，春秋末期鲁国人，所以又称鲁班。这位民间工艺家，不仅能建造宫室台榭，而且在战争频繁的年代，曾造“云梯”、“勾强”等攻城、舟战的器械；他还削木为鹊，借助风力飞行。相传他还发明锯、刨、石磨、碾子等。几千年来，一直受木工、石工、泥瓦工等工艺匠人的敬仰，尊他为祖师。鲁班刻苦钻研技术，有许多对发展生产有利的发明创造，对后世影响很大，人民对他的事迹广泛传颂，甚至附会了不少神话故事。

▲鲁班像

▲鲁班授艺图

铜碗

白玉龙型佩

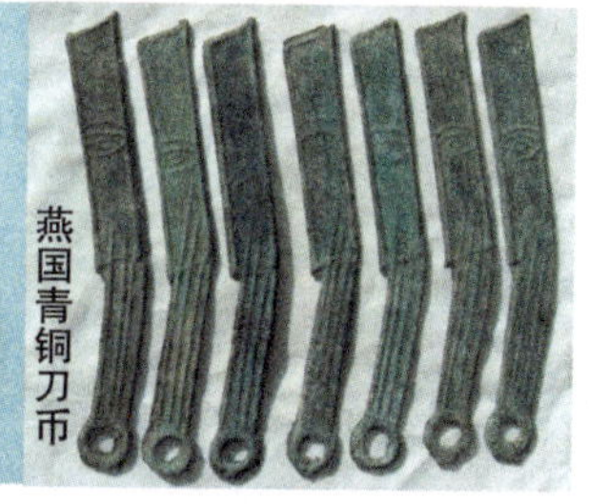
燕国青铜刀币

战国时期

春秋后期，由于铁制工具的使用，使社会生产力发生了划时代的变化。农业生产发展，经济、文化繁荣，军事兼并激烈。春秋时期的大国争霸以及各国内部新旧势力的斗争，最终瓦解了奴隶制，促进了封建制的形成。战国初期，一些诸侯为了适应时代的发展，在新兴地主阶级的推动下，先后实行了一系列的政治、经济和军事改革，一方面巩固了新兴地主阶级的政权，一方面富国强兵，扩大势力范围。战国时期（公元前475年～前221年）是我国封建社会的形成阶段，也是由割据走向统一的过程。

▲战国·风铃

▲战国·十五连盏灯

各国的变法运动

从公元前475年至公元前221年，历史上称为战国时代。经过春秋时期的兼并战争，战国时形成了齐、魏、赵、韩、秦、楚、燕七个大国争霸的局面。各国为了巩固政权，先后掀起了变法运动。其中魏国李悝变法、楚国吴起变法都取得了显著的成绩，尤其是秦国的商鞅变法，成效更加卓著，使秦国从此走上了富国强兵的道路。

前406年 李悝变法

▲李悝雕像

战国初年,魏国首先成为最强盛的国家。因为,“三家分晋”时魏分得今山西西南部的河东地区,这里生产发达,有较好的经济基础。更重要的是在魏文侯时期经过李悝变法,促进了经济的发展,形成了中央集权的政治制度,并建立了一支以武卒制为基础的强大的武装力量。公元前406年,魏文侯任用李悝进行改革,废除官爵世袭制,重用有才有功的人;发展农业;实行“平籴法”,稳定小农经济,巩固封建的经济基础;改革军制,精选武士;实行法治,作《法经》六篇,这是李悝变法的主要方面。《法经》是我国历史上第一部系统的封建法典,它用法律形式把封建地主阶级的利益确定下来,而且在中国历史上具有重大的意义。李悝在魏国的变法,是我国变法之始,在中国历史上产生了深远的影响。在当时便对其他各国震动很大,从而引发了我国历史上第一次轰轰烈烈的全国性变法,为奴隶制向封建制的过渡,铺平了道路。

前395年 吴起改革

吴起,卫国人,善用兵,曾为鲁将,公元前410年,齐攻鲁,因吴起之妻为齐人,鲁人起疑,不愿再用吴起,吴起便“杀妻求将”,率兵打败齐军。后来因受到鲁国旧贵族的排斥出走魏国,魏文侯任他为西河(今陕西东部)守。魏文侯死后,吴起遭到陷害,逃奔楚国。当时楚国北连三晋,西毗秦国,受外部威胁很大。国内楚声王生活腐化,暴虐人民,阶级矛盾也十分尖锐。人民忍无可忍,举行起义,杀死了楚声王。公元前401年,楚悼王即位。吴起大约于公元前395年以后到了楚国,很快得到楚悼王的信任,于是进行改革。他严明法令,撤去不急需的官吏,废除了较疏远的公族,把节省下的

▲吴起雕像

钱粮用以供养战士。主要目的是加强军队,破除纵横稗阖的游说。于是南面平定了百越;北面兼并了陈国和蔡国,并击退了韩、赵、魏的扩张;向西征伐了秦国。因此诸侯都害怕楚国的强大。但是,正当楚国改革处于高潮时,公元前 381 年,支持改革的楚悼王病死了,一些旧贵族便乘机反扑。他们群起围攻吴起,吴起无处躲藏,便伏在悼王尸上,结果被乱箭射死,随后又被车裂支解。

前 357 年　齐威王改革

▲邹忌讽齐王纳谏图

公元前 386 年,田和列为诸侯,仍用齐国号,称齐太公。田氏代齐后,进行了一些社会改革,其中以齐威王的改革成果最为显著。齐威王即位时,齐国虽被周天子正式列为诸侯,并为各国所承认,但国势虚弱,韩、赵、魏、鲁、卫等国先后出兵侵占齐地,齐国出现了“诸侯并伐,国人不治”的局面。但齐威王虚心纳谏,立即振作起来,“不飞则已,一飞冲天;不鸣则已,一鸣惊人”。公元前 357 年,齐威王任用平民邹忌为相国,加紧整顿朝政,改革政治。邹忌注意选拔人才,除去不称职的奸吏,奖励得力的将领和官吏,其目的是在巩固统治秩序的同时,谋求国家的富强,这自然也有利于社会生产的发展。因而经过一番改革,齐国在政治、经济上都有了新气象。

前 355 年　韩国改革

▲申不害像

韩国是三晋中地盘最小的国家,又处在秦、魏、楚三强的包围之中,国力虚弱,国内一片混乱。公元前 355 年韩昭侯起用申不害为相,实行进一步的改革。申不害,郑人,主张用“术”治理天下。申不害的“术”主要是捐君主驾驭臣下之术,要求君主平时不露声色,不让臣下揣测到自己的意图,采取出其不意的办法慑服臣下。申不害在强调“术”的同时也重法,主张依法办事,强调赏罚分明。但是,韩昭侯、申不害在实践过程中,用“术”有余,立“法”不足,而用“术”又很大程度上取决于个人的能力。所以韩国的改革成效不如魏、齐、秦等国,韩国的国势,也始终未能赶上魏国和赵国。

前 350 年 商鞅变法

公元前 361 年，秦国的新国君秦孝公即位，前 352 年，封商鞅为“大良造”，进行变法。商鞅变法共进行了两次，变法措施包括政治、经济、社会各方面：承认土地私有、奖励耕织、重农抑商是富国的手段；奖励军功提高秦军的战斗力；设立县制、加强国君权力、轻罪重罚，既是新法贯彻执行的保障，也是法家治国主张的体现。商鞅变法，清理了旧贵族的政治经济势力，巩固了新兴地主阶级的经济基础和政治统治。在广度和深度上超过了其他法家代表的改革，使秦国成为“战国七雄”之首的强国，为后来秦统一天下奠定了基础。商鞅变法以《法经》为蓝本制定的秦律，在法律上确立了中央集权制，为秦始皇建立统一的封建政治制度和法律制度奠定了基础。

▲商鞅像

▲商鞅南门立木

前 311 年 燕国改革

▲燕昭王为礼贤下士所置“黄金台”

燕国是北方的一个大国，但国势并不强大，在整个战国前期几乎是无声无息。到战国中期燕王哙时，为了进行改革，前 316 年竟把王位让给了燕相子之，让子之重新任命官员。子之上台后，引起了旧贵族的反对，“国大乱，百姓恫恐”。公元前 314 年，燕太子平和将军市被聚集力量进攻子之，子之杀太子平和将军市被，但齐国却乘机出兵干涉，结果子之被杀。经过这次动乱，燕国更加虚弱，成为七国中最弱的一个。前311年，燕公子职在赵国的帮助下入燕即位，是为燕昭王。燕昭王“筑黄金台招揽贤士”，得到乐毅等的辅佐，经过几十年的努力，燕国国势才强大起来，几乎将齐国灭亡，但已接近战国的尾声了。

前307年 赵国改革

▲赵武灵王雕像

赵国在三家分晋后，不断地进行改革。赵烈侯时，即“选练举贤，任官使能”，“节财俭用，察度功德”，取得了良好的效果。烈侯还采纳牛畜的建议，提高儒家的“王道”和“仁义”，儒法并用，使赵国政权很快稳定下来。到赵国第六代国王赵武灵王时，改革军制，胡服骑射，赵国更加强大。胡是指赵国北方的一些少数民族游牧部落，他们身穿短衣，手持弓箭，强悍善战，而赵国的士兵却宽衣大袖，不便于骑马和作战。鉴于这种情况，赵武灵王于公元前307年决定改穿胡服，学习骑射。但是，这项有意义的改革却遭到一些宗室贵戚的反对。赵武灵王的叔父公子成，王族公子赵文、赵俊以及王子的老师周绍等，都反对改穿胡服。他们认为，具有礼仪的汉人向胡人学习是不合适的。赵武灵王晓以利害，言以情理，苦口婆心地说服他们。最后在赵武灵王的带动和说服下，王族大臣们才接受了。在改穿胡服的同时，赵武灵王这支队伍行动迅速，还建立了一支骑兵队伍，学习骑马射箭，作战灵活，大大加强了赵国的军事力量。

封建兼并战争

▲战国战车复原模型

春秋时期，小国林立，战争频繁。经过激烈的兼并、分化，到战国时期逐渐形成了齐、楚、燕、赵、韩、魏、秦七个大国和宋、鲁、卫、中山等十几个小国。七个大国之间，为兼并土地、人口，进行了激烈的角逐。战国中期，在频繁的军事进攻和错综复杂的连横合纵中，山东六国先后被削弱，唯有秦国越战越强。战国的“战”字在这一时期表现最为突出，“国无宁日，岁无宁日”，“争地以战，杀人盈野，争城以战，杀人盈城”，便是当时社会情况的写照。

战国七雄

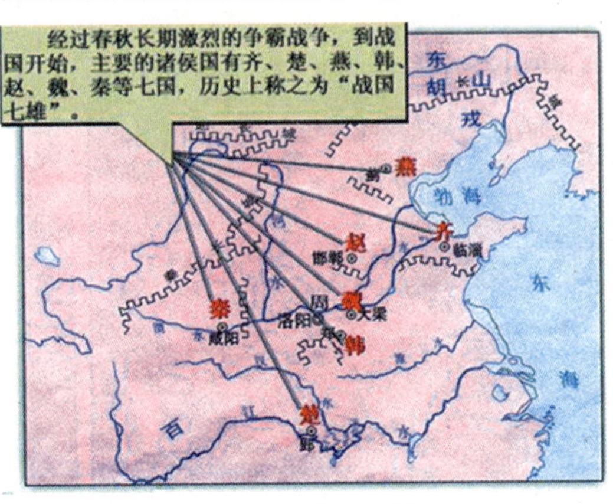

▲战国七雄形势图

战国七雄的出现是周王室进一步衰落，卿大夫、士阶层强大的结果。秦国嬴氏，都咸阳。秦孝公下令求贤，卫鞅应募入秦，十年的时间里实行组织民户、奖励军功及政治经济的改革，使秦国国富民强，成为战国第一大国。赵国赵氏，都邯郸。赵武灵王时胡服骑射，改传统的甲兵为骑兵，改车战为运动战，使赵国的军事实力大为增强，山东诸国中独以赵国可以和秦国相抗衡。楚国芈氏，都郢。楚国是周朝的子爵，但并不是周朝的属国，楚悼王任用吴起进行变法，也日益强盛了起来。楚地号称五千里，带甲百万，是秦国南下的头号劲敌。齐国田氏，都临淄，是六国中比较强大的国家，因其远离秦国，故而一直未与秦国有正面冲突。齐国在春秋时一直是地广人多的强国，田氏代齐后，更加注重招揽士人，齐威王时任用邹忌等人进行改革，经济迅速发展，齐国国力也更蒸蒸日上。魏国魏氏，都大梁。魏文侯时任用李悝进行改革，重用吴起、西门豹等人治理地方，发展经济，成为战国初期第一个强国。燕国姬氏，都蓟。燕昭王即位后，任用郭隗、乐毅等人，整顿国政，训练兵马，燕国一天天强大起来。韩国韩氏，都郑。它东临魏国，西靠函谷关，占据军事要道，故而连年争战不断。韩昭侯使用法家的申不害为相，执行苛刻政治，使韩的国力也得到加强。

前 354 年　围魏救赵

▲孙膑像

战国初年，魏国由于实行变法而首先强盛起来，并一度形成称霸中原的局面。公元前 354 年，魏惠王欲释失中山的旧恨，便派大将庞涓前去攻打赵国，包围了赵国都城邯郸（今河北邯郸），赵向盟国齐国求救。齐威王命田忌为主将，孙膑为军师救赵。孙膑认为，魏国精锐在赵，内部空虚，应引兵直捣魏都大梁。田忌采纳了孙膑“围魏救赵”的战法，挥师直逼魏国国都大梁，魏惠王急命庞涓统兵回救。庞涓不得不放弃邯郸，抛弃辎重，昼夜兼程回师。孙膑在魏军必经之地桂陵（今河南长垣西北）设下埋伏，大败魏军，庞涓只身逃回魏国。此战是齐国进入战国时期后取得的第一次重大胜利，在中国战争史上占有重要地位。作战中，孙膑实行避实就虚、攻其必救等战法，大破魏军，创造了“围魏救赵”的著名战例。此后又经过马陵之战，魏国一蹶不振，齐国则声威鹊起，称霸中原，孙膑亦名扬天下。

前 342 年　马陵之战

▲马陵之战遗址

战国中期，在桂陵之战中魏国虽然被齐国打败，但实力尚存。公元前 334 年，魏国仍以霸主自居，在逢泽（今河南开封南）会盟，自称为王。因韩国没有参加会盟，次年，魏发兵攻韩，韩向齐求救。公元前 342 年，齐威王以田忌为将，孙膑为军师，直逼魏都大梁（今河南开封）。魏国不愿重蹈“围魏救赵”的覆辙，魏惠王将攻韩的魏军撤回，并命太子申为上将军，以庞涓为将，率十万大军攻向齐军。孙膑针对魏军强悍善战、轻视齐军的特点，采用减灶的方法，诱敌追击，齐军退至树木茂密、道狭地险的马陵（今河南范县西北），埋伏于此，经长途追击而疲惫不堪的魏军，于孙膑预计时间进入设伏地域。齐军万弩齐发，大败魏军，庞涓愤恨自杀，齐军乘胜追击，全歼魏军，俘太子申。于是魏国由盛而衰，齐取代魏成为东方强国。

前 288 年　秦齐称帝

公元前 293 年，伊阙之战，秦大败韩、魏联军，以不可抗御之势向中原扩展。鉴于当时各国几乎都已称王，“王”已不足以显示秦的强大，秦意欲称“帝”以自尊，但又恐各国反对，成为众矢之的，遂决定拉拢齐国一起称帝。前 288 年八月，秦昭王在宜阳称西帝，即派魏冉赴齐，尊齐湣王为东帝，并相约伐赵。这时，魏韩请赵奉阳君李兑联络各国合纵攻秦。恰在此时，纵横家苏秦到齐，为燕国进行反间活动，力劝齐湣王取消帝号，以便孤立秦国，鼓吹“伐赵不如伐宋之利”。齐湣王遂与赵会盟，自动取消帝号。秦昭王见势不妙，称帝仅两个月也被迫取消帝号。

▲战国·错金银狩猎纹镜

合纵连横

自魏国削弱后，出现了秦、齐两大强国东西对峙的形势。这时各大国陆续称王，作为缓冲地带的小国大量消失，大国领土直接接连起来，于是大国之间的冲突更加剧烈了，秦、齐两大强国彼此展开了激烈地斗争。而在魏、赵、韩等国内，也分成联秦抗齐和联齐抗秦两派，从而展开了合纵连横的活动。所谓“合纵连横”，从地域上来说，原是以韩、赵、魏为主，北连燕，南连楚，南北相连为纵，东连齐或西连秦，东西相连为横。起初，“合纵”既可以对秦，也可以对齐，“连横”既可以连秦，也可以连齐，直到长平之战以后，才凝固成“合纵”是六国并力抵抗强秦，“连横”是六国分别投降秦国的意思了。“合纵连横”的斗争持续了一百多年，为各国献策的说客称为纵横家，较著名的有公孙衍、张仪、苏秦等。

▲苏秦刺骨

前 284 年　乐毅伐齐

公元前 316 年，燕昭王的父亲燕王哙将王位禅让给相国子之，两年后太子平叛乱，齐趁机攻燕，杀燕王哙。公元前 286 年，齐灭宋，次年，秦约各国伐齐，取齐九城。燕昭王见时机成熟，决定复仇。公元前 284 年，燕昭王以乐毅为将，联合秦、楚、韩、赵、魏共同伐齐，攻齐 72 城。乐毅乘胜追击，直逼齐都临淄，齐湣王逃走。后齐将田单用“火牛阵”夜袭燕军，乘胜收回大片失地，使齐国转危为安。但齐国从此一蹶不振，齐秦东西对峙局面被打破。齐国疆土分裂，势力大减。五国联合伐齐，是战国时的一场大战。后来，六国之间的自相残杀愈演愈烈。

▲乐毅伐齐

田单火牛破燕

田单,临淄(今山东淄博东北)人,初为市吏,不为人们所知,燕兵攻占临淄后,逃亡到即墨。守城长官战死,人们便推田单为首,保卫即墨。由于田单能和士卒同甘共苦,受到人民的信任和拥护。当时燕昭王死,惠王立,惠王为太子时曾和乐毅有矛盾,田单即派人到燕国散布谣言,燕惠王果然中计,用骑劫取代乐毅,乐毅"遂西降赵"。乐毅被迫降赵后,燕士卒为乐毅愤愤不平,士气低沉,而新任将领骑劫又是个无能之辈,在即墨城下割齐俘虏之鼻,掘齐人之祖坟,引起齐人的极大愤恨。齐将田单见人心可用,乃决定以"火牛阵"夜袭燕军。他以一千多头牛,披上五彩绸衣,角绑利刃,牛尾上系以浸油脂的芦苇,然后将芦苇点燃,冲入燕军大营。燕军无备,只见火光冲天和一些凶猛的"怪物"冲来,吓得魂飞魄散,纷纷夺路而逃,五千齐军乘胜追击,杀燕主将骑劫,燕军大败。齐军收复被燕军攻占的七十余城,使齐国转危为安。齐国虽然取得了反击燕国的胜利,但由于国力消耗太大,从此一步步衰落下去,再也无力和秦国相争了。

▲田单雕像

前278年　白起拔郢

楚是战国七雄中号称"五万里,带甲百万"的国家,但君臣不和,武备不修。公元前280年,秦将白起攻取了楚国的鄢邓二城。公元前278年,白起又攻取了安陆(今湖北安陆县),继而攻破了楚国的郢都(今湖北荆州)。秦以郢为中心,建立南郡。楚国贵族除一小部分通过水路退居江南长沙等地外,大部分贵族随楚顷襄王仓皇逃往陈城(今河南淮阳),迁都于陈,故陈城又称郢陈。这一次战争,楚国失去国都以及江汉流域的故地领土,楚国的上国之兵及保卫国都的王室主力被击溃,楚遭到沉重地致命打击。从此,楚国的盛世成为历史,楚国开始走上衰败灭亡的道路。

▶白起雕像

前260年　长平之战

齐衰落之后，东方惟有赵国可与秦抗衡。公元前266年，秦开始实施“远交近攻”的战略，前262年，首先发动对韩战争。韩王愿献上党地区以求和，但上党郡守不愿降秦，以上党十七县归赵，引发秦赵长平之战。长平是上党郡至赵都邯郸的西南交通咽喉和战略屏障，因此，赵国名将廉颇固守长平，致使秦军三年久攻不下。后来赵王中秦反间计以赵括代廉颇为将，秦秘密换王龁，以骁勇善战的白起为将。只会纸上谈兵的赵括改守为攻，率大军全线出击。秦将白起兵分两路，一支切断赵军后路，一支切断赵军粮道，赵括前后受敌，几次突围失败。最后赵括在突围中被乱箭射死，赵军四十余万全部降秦，除240老弱归赵外，全被白起坑杀。赵从此丧失主力，一蹶不振。长平之战是战国形势的转折点，秦赵对峙局面被打破，为秦统一中国奠定基础。

▲长平之战

前244年　李牧击匈奴

李牧是战国末赵将，长期镇守赵北部代、雁门，以防备匈奴。李牧谋略过人，不吝钱财，深受将士拥戴。他一面习骑射，常备不懈；一面使烽火，多派间谍，采取坚守城池不轻易出击的策略。匈奴抢掠无获，皆以为李牧胆怯。赵边兵屡受赏赐，士气高昂，皆愿一战。公元前244年，李牧看准时机，乃精选车1300乘、骑13000匹、勇士5万、善射者10万，准备与匈奴决一死战。李牧为麻痹对方，佯败稍退，示敌以怯。待匈奴大军来犯，设奇阵，指挥赵军分左右两路猛击，大破匈奴，杀敌十余万骑，乘胜灭襜褴、破东胡、降林胡。单于奔走，十多年不敢接近赵边，从而保护了赵的边境和人民的生命财产安全。

▲李牧像

战国时期的经济

战国时期是"古今一大变革之会"。经济上由于铁器制造技术的发展和牛耕的出现、大型水利设施的兴建，特别是各国相继推行奖励耕织的政策，使生产力迅速提高，手工业、商业和交通也有很大发展。各国通过变法改革，大大加速了封建制度代替奴隶制度的进程，以一家一户为单位的小农经济迅速兴起，各地的经济联系进一步加强。

▲战国·鎏金嵌玉镶琉璃银带钩

▲战国·铁锄

农业生产

封建制度下的农民，虽然受着压迫和剥削，但在独立的个体生产中，能够自己掌握一些劳动时间和处理一些劳动产品，他们的劳动兴趣比奴隶也就增加了一些。在他们的辛勤劳动下，促使农业向前发展。同时，黄河流域和长江流域的许多地方，都使用了铁制的犁、锄、铲等农具，铁农具已代替了过去的木石农具。牛耕也推广了。

劳动农民在长期的生产实践中积累了一些好的经验，他们除了普遍用人或动物粪便作为肥料外，还懂得用树叶或野草沤制绿肥，在谷物种子播种前还知道用动物骨汁浸拌，也懂得了一些掌握农时、识别土壤、深耕细作、开渠浇灌等农业生产技术，使农业生产率大为提高。农作物的种类也增加了，各地根据不同的土壤、气候等条件，普遍种植黍、稷、稻、麦等粮食作物，以及桑、麻、桐、漆等经济作物。园艺已相当发达，蔬菜果木的种类比以前也增多了。

李冰筑都江堰

李冰是战国时水利工程专家，约公元前 256~ 前 251 年被秦昭王任为蜀郡守。他广征民工在岷江流域兴修或继修了许多水利工程，其中以都江堰最著名。岷江沿途高山深谷，水流湍急，夏秋水量骤增，泻入成都平原，往往造成灾害。李冰父子吸取前人经验，采用中流作堰法，在今四川灌县西的岷江中筑起一道分水堰(低坝)，其首为分水鱼嘴。洪水来时，岷江被分成内江和外江，内江水流经凿开的宝瓶口和分支渠道灌溉农田，溢过分水堰的水流入外江，水量少时主要流入内江，这样既能分洪消灾，又利于航运和浇灌。三国后因地属都安县，故又称“都安堰”。都江堰使川西平原数百万亩土地得到灌溉，成为“水旱从人，沃野千里”的“天府之国”，二千多年来仍发挥着巨大的效益。

▶李冰父子雕像

手工业的发展

战国时期，已经有了比较发达的官府手工业和私人经营的手工业。手工业的部门增多了，生产规模扩大了，技术也有了进步。采矿和冶铁是那时最重要的手工业部门。在湖北大冶曾发现一个采矿遗址。这个铁矿在春秋时已开始采掘，到战国时有了显著的发展。井巷支架相当完整，运输、通风和排水设施都还能清楚地看出来，显示了我国古代劳动人民在采矿方面的智慧和才能。据文献记载，那时有明确地点可查的铁矿山就有三十四处。铁的冶炼加工技术也有新的创造，并开始了炼钢。那时的人们已经使用“高温液体还原法”冶炼生铁，用金属型范（范，是浇铸铁器的模子）始造铁器。这种铸铁技术的发明比欧洲早一千六百年，是我国劳动人民对世界冶铁技术的重大贡献。

煮盐业在手工业中也占有重要地位，山东的海盐、山西的池盐和石盐、四川的井盐，都很著名。有些大商人经营冶铁业和煮盐业，获利很多，富比王侯。此外，纺织、漆器等手工业也都超过前代的水平，如当时能够制造出美丽的丝麻织品和光洁细致的漆器等。

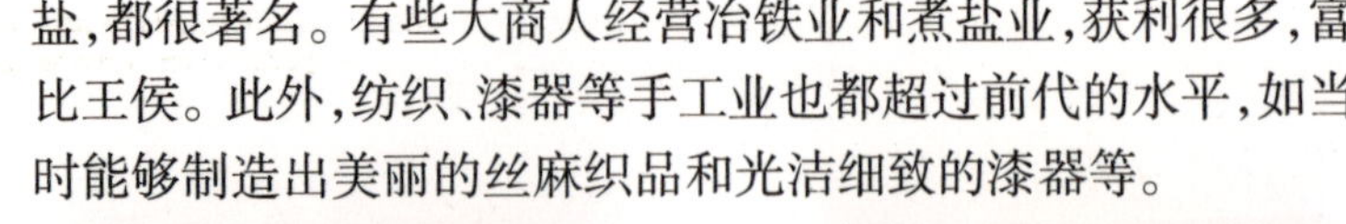

▲战国·铁双镰范

◀战国·龙梁瓷壶

▶战国·料珠

前 237 年 秦开郑国渠

▲郑国渠

秦王政十年(前 237 年),韩国为消耗秦的国力,以阻止和延缓对韩的进攻,遣水工郑国至秦力说兴修水利之必要。秦王政采纳其建议,征发大量民工,由郑国主持开凿西引泾水、东注洛水的大型灌溉渠道。后秦王觉察了韩的企图,要杀郑国。郑国说:"我是来'疲秦'的,可是工程建成后对秦国也是非常有利的。我为韩国虽然延长了几年时间,但为秦国建立了万世伟业。"秦王政觉得有道理,允许他继续施工,终于完成此项工程。渠长 300 余里,灌溉 4 万顷(约合今 280 万亩),使亩产增加。从此,关中成为沃野,此渠被命名为郑国渠。近年,发现了当年拦截泾水的大坝残余。坝长 2300 多米,底宽尚有 100 多米,顶宽 1~20 米不等,残高 6 米,由黄沙土、黑红土、砂石混合堆积而成,十分牢固。这是我国迄今发现的时间最早、规模最大、保存最完整的拦河大坝,是郑国渠的重要组成部分。

商业和城市的繁荣

▲战国·蚁鼻钱

随着农业、手工业的发展,商业和城市也兴盛起来。北方的马匹,南方的羽毛、象牙,东方的海鱼、海盐,西方的皮毛,在中原市场上都能买到。由于交换的频繁,货币也大量使用起来了,各国的货币都有自己的特殊形式。燕、齐两国主要是用像刀的刀币,韩、赵、魏三国主要是用像铲的空首布币,秦国用的圆形方孔的圆钱,楚国用略似海贝的蚁鼻钱。过去只作为政治、军事据点或交通枢纽的城市,这时已发展成政治、经济、文化的中心。如齐的临淄(今山东淄博市东北临淄)、赵的邯郸(今河北邯郸)、周的洛阳(今河南洛阳东)、楚的郢(今湖北江陵纪南城)、燕的蓟(今北京)、秦的咸阳(今陕西咸阳东北)等,都是有名的大城市。以齐国的国都临淄为例,那时它已有七万户人家,几十万人口。城市里有国君的宫室、宗庙,又有市场,街上车马行人不断,十分热闹。这样的大城市,在战国以前是没有的。

▲战国·空首布币

战国时期的“百家争鸣”

春秋战国时期，是由封建领主制向封建地主制过渡的时期，新旧阶级之间，各阶级、阶层之间的斗争复杂而又激烈。代表各阶级、各阶层，各派政治力量的学者或思想家，都企图按照本阶级（层）或本集团的利益和要求，对宇宙、对社会、对万事万物作出解释，或提出主张。他们著书立说，广收门徒，高谈阔论，互相辩难，于是出现了一个思想领域里“百家争鸣”的局面。这个时期的文化思想，奠定了整个封建时代文化的基础，对中国古代文化有着非常深刻的影响。

▲《尚书》书影

▲战国·酒具盒（复制品）

▲孟子像

孟轲的性善论

孟轲，邹（今山东邹县）人，幼年丧父，家境贫寒，他生活在社会急剧变革的时代，对各国地主阶级的变法持反对态度，主张轻微改良，代表着地主阶级改良派的思想。孟轲的政治思想是“仁政”。孟轲认为：“行仁政而王，莫之能御也”。就是说，以“仁政”统一天下，是谁也阻止不了的。他认为实行“仁政”，首先要争取“民心”，统治者应以“仁爱之心”去对待民众。孟子还提出了著名的民贵君轻思想。他说“民为贵，社稷次之，君为轻”，把人民放在封建君主之上。在哲学思想上，孟子提出了“性善论”。他认为人生来就是性善的，“恻隐之心”、“羞恶之心”、“辞让之心”、“是非之心”人皆有之，保持住就是君子，失掉它就同于禽兽。孟子的性善理论是为其“仁政”服务的，他认为只要发扬善性，“人皆可以为尧舜”。

外儒内法的荀子

▲荀子雕像

荀子，名况，字卿，赵国人，曾在齐国的稷下讲学，并游历燕国、秦国，晚年在楚国任兰陵令，富于著述，有《荀子》三十二篇传世。在政治上，荀子极力强调礼治。他认为，治理国家主要靠礼义道德。但他说的礼已不是孔子所言的周礼，而是封建的伦理道德。荀子在重视礼治的同时，也强调法，“治之经，礼与刑”，把法治作为礼治的补充，这种思想对后来董仲舒德刑并用、以德为主、辅之以刑的新儒学有很大的影响。在哲学上，荀子发展了春秋战国以来的朴素唯物主义和无神论观点。他认为自然界的变化有其自身的规律，并不以政治的好坏而改变，揭露批判了统治者用天命鬼神等迷信对人民的欺骗。荀子认为，人在自然面前并不是无能为力的，提出了人定胜天的主张。在认识论上，荀子针对孟子的性善论，提出了性恶论，强调后天对人的作用。

法家的集大成者——韩非

法家学派代表新兴地主阶级的利益，早期代表人物有李悝、吴起、商鞅、慎到、申不害等人，后期法家代表人韩非是专制主义中央集权理论集大成者。韩非，韩国人，和李斯同学于荀况，但他的思想和荀况不尽相同，他继承和发展了法家的思想，是先秦法家思想的集大成者。他的著作集为《韩非子》一书，集中阐明了他的思想和主张。他认为国家的兴亡，并不是上天鬼神所决定，而是由人力所决定的，从而指出在战国时期群雄并存的情况下，欲取得优势，就要充分发挥人的作用。他把不事耕战的游说之士、侍臣、学士、游侠、工商之民，斥之为社会的五种蠹虫，尖锐地批评了儒家只言仁义、不务功利的思想。韩非在政治上提倡“法”、“术”、“势”并用，法是政府制订并颁布于民的成文法则，术是君主驭臣治民的手段，“势”是指国君的权力。韩非这种法、术、势并用的主张，很符合新兴地主阶级巩固新政权的需要。公元前 234 年，韩非入秦，很受秦王重视，韩非的理论对秦国政治、经济、军事力量的发展起了极大的作用。可是，他的才学却遭到了在秦国为官的他的同学李斯的嫉妒。次年，被李斯陷害致死。

▲韩非像

“无为”的庄周

▲庄子像

庄周，宋国蒙人（今河南商丘附近），其思想保存在《庄子》一书中。庄子的哲学思想是唯心的。他认为“道”是天地万物的本源，而“道”又是看不见摸不着的，即“道”是独立于人体之外的，是世界万物的本源。庄子在认识论上是一个相对主义和不可知论者。他认为，生死、大小、有无、贵贱……不是客观事物本身决定的，是认识者的主观偏见决定的，他说死人是死人，站在死人立场上，也可说活人是死人。庄子对当时的社会变革十分不满，他反对新兴地主阶级向奴隶主贵族夺权，他攻击田氏代齐，他不愿为新兴地主阶级服务。他认为利害之争、仁义之辩都没有用，他要求人们与世无争，听从命运的安排，不要有所作为，不要计较个人得失，全当自己不存在，反映了战国时期没落的奴隶主贵族消极、悲观、厌世的心理状态。

名家的“名实”之辩

战国时，“诸侯异政，百家异说”，思想极为活跃，以逻辑与认识论问题为讨论内容的名辩思想，就是在这种情况下形成的。名家着重于讨论“名”与“实”的关系，也就是事物的名称和事物本身的关系。他们往往在事物的名词、概念和逻辑的分析研究上下功夫，当时人称他们为“察士”或“辩者”。战国名家的主要代表人物，要算惠施和公孙龙。名家在探讨一般与特殊的逻辑问题上有积极的贡献，在古代逻辑思想和辩证思想的发展史上有一定的地位。

▶惠施有诘

墨翟和《墨子》

墨子名翟，鲁国人，出身低微，自称“贱人”，他的门徒也多是社会下层，他们有严密的组织和严格的纪律。墨家的首领叫做“钜子”，所有墨者都要服从“钜子”的指挥。《墨子》一书是墨翟及其弟子言论的总汇，反映了墨家的思想。“兼相爱，

▲墨子像

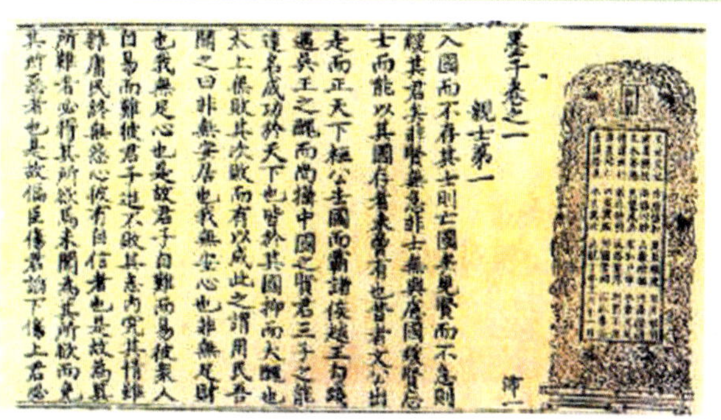

墨子卷之一
親士第一
入國而不存其士則亡國矣見賢而不急則
緩其君矣非賢無急非士無與慮國緩賢忘
士而能以其國存者未曾有也昔者文公出
走而正天下桓公去國而霸諸侯越王句踐
遇吳王之醜而尚攝中國之賢君三子之能
達名成功於天下也皆於其國抑而大醜也
太上無敗其次敗而有以成此之謂用民吾
聞之曰非無安居也我無安心也非無足財
也我無足心也是故君子自難而易彼衆人
自易而難彼君子進不敗其志內究其情雖
雜庸民終無怨心彼有自信者也是故為其
所難者必得其所欲焉未聞為其所欲而免
其所惡者也是故偪臣傷君諂下傷上君必

◀明刻本《墨子》书影

交相利”是墨家的思想核心，主张“有力者疾以助人，有财者勉以分人，有道者劝以教人”，这种普遍意义的兼爱和儒家在统治阶级内部中的兼爱相比，具有进步意义。针对战争给人民造成的痛苦，墨子从“兼爱”的立场出发，提出了“非攻”的主张。墨家在政治上提出了“尚贤”思想。他认为，一个人无论身份地位如何，只要有真才实学，就可为官，反对任人唯亲。墨家思想中有同情人民群众的一面，对“主公大人”们的横征暴敛、奢侈浪费提出了尖锐的批评，要求减轻人民负担和实现社会安定。在此基础上，墨子提出了“节葬”、“节用”、“非乐”的思想，认为厚葬、奢侈、享乐是对社会财富的一种浪费。墨子的这些思想，在当时条件下，有一定的积极作用。

稷下学派

▲齐宣王与乐队

战国时齐宣王在齐都临淄（今山东淄博市）稷门（西城南边门）扩建学宫，广揽天下文学游说之士，讲学议论，使稷下成为当时各学派荟萃的中心。早在宣王祖父桓公（即田午，公元前 374~ 前 357 年在位）、父亲威王时，稷下就建有学宫。宣王时更臻鼎盛，到那里讲学、著书和辩论学习的学者多达“数百千人”，其中见于记载的著名人物如尹文、慎到、田骈、环渊、鲁仲连、邹衍、淳于髡、荀况等都到过稷下，他们被称为“稷下先生”，其中不少人被齐国封为大夫，参与朝政。稷下学派众多，以道家的黄老学派最为活跃，称稷下黄老学派。稷下学宫历经百余年，它的出现和存在适应了新兴地主阶级各种新思潮的兴起，对开展百家争鸣、促进学术繁荣起了推动作用。

兵家和《孙膑兵法》

▲《孙膑兵法》竹简

春秋战国时代，诸侯之间不断爆发战争，从事军事的智谋之士，总结军事方面的经验教训，研究制胜的规律，这一类学者，古称之为兵家。兵家的代表人物有春秋时的孙武、司马穰苴，战国时的孙膑、吴起、尉缭等。孙膑，战国中期齐国阿(山东阳谷东北)人，孙武后裔，著名的军事家。曾与庞涓同学兵法，后庞涓为魏惠王将军，忌其才能，诳他至魏，诬以罪名，处以膑刑(去膝盖骨)。后为齐使载归，受到齐威王重用，在桂陵之战和马陵之战中任军师，设计大败魏军，从此威名远扬。所著《孙膑兵法》89 篇早佚，1972 年在山东临沂银雀山西汉墓中发现《孙膑兵法》残简，共 30 篇，11000 多字。《孙膑兵法》继承和发展了孙武、吴起等人的军事思想，提出“举兵绳之”、“战胜而强立，故天下服矣”的以战争统一全国的思想，阐述了以寡胜众、以弱胜强的战略思想，主张以进攻为主，重视对城邑的进攻和对阵法的运用。他还强调以法治军，重视人的作用和对将领、士卒的挑选。《孙膑兵法》具有明显的朴素唯物主义和朴素辩证法思想，是当时战争经验具有规律性的总结。

杂家和《吕氏春秋》

战国末期，经过激烈的社会变革，封建制国家纷纷出现，新兴地主阶级便要求在政治上、思想上的统一。在这种呼声下，学术思想上出现了把各派思想融合为一的杂家。杂家以博采各家之说见长，以“兼儒墨，合名法”为特点，“于百家之道无不贯通”。杂家的出现是统一的封建国家建立过程中思想文化

▲吕不韦像

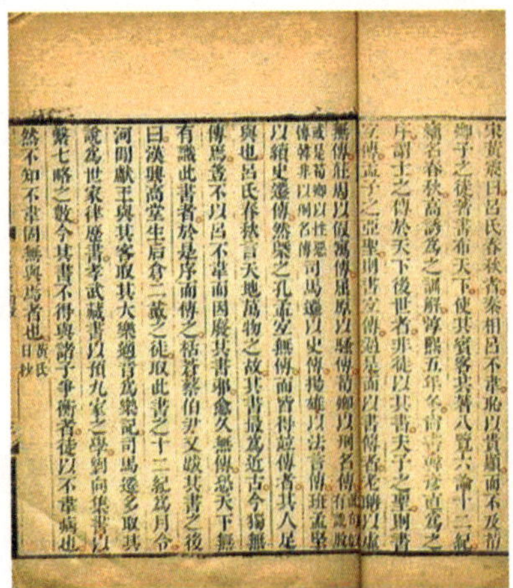
▲《吕氏春秋》书影

▲战国·四兽纹镜

融合的结果。杂家著作以《吕氏春秋》为代表。《吕氏春秋》一名《吕览》，由战国末秦相吕不韦组织宾客集体编著而成。全书26卷，由十二纪、八览、六论三部分组成，计160篇，20余万言，内容以儒、道思想为主，兼采墨、法、名、农各派学说，是先秦杂家的代表作。《吕氏春秋》在很大程度上反映了吕不韦的思想和治国蓝图。就在秦王政举行加冕礼的前一年，即公元前239年，吕不韦把《吕氏春秋》悬于咸阳市门，宣称“有能增损一字者予千金”。据说当时竟“无能增损者”，其实“时人非不能也，盖惮相国畏其势耳”。《吕氏春秋》以这种特殊的方式公之于世，正反映了作为相国和“仲父”的吕不韦显赫的威势，目的是为了达到从行动到思想都控制即将亲政的秦王政。

▲战国·嵌错宴乐攻占纹铜壶

邹衍创五德终始说

邹衍，战国齐临淄人，著名思想家。西周以来，五行说渐兴，用金、木、水、火、土五种物质解释各种事物的构成，以阴阳对立和相互作用来说明自然现象之变化原因，具有朴素唯物主义的自然观。战国时形成阴阳五行学派。邹衍用五行相克的道理来附会朝代之变更，创五德终始说。邹衍认为，金、木、水、火、土“五气”与天的青、赤、黄、白、黑“五色”相符应，“五气”相胜，循环往复，“五气”即“五德”，亦相克循环，周而复始。所以黄帝土德、夏禹木德、商汤金德、周文王火德，代周之王朝应为水德。这种学说把王朝更替与五行相克作荒谬的比附，是神秘的历史循环论。秦始皇统一全国后，邹衍门徒进五德终始说，为秦采用，周是火德，“今秦变周，水德之时”，同时“更名河曰德水，以为水德之始”。汉兴，五德终始说仍很流行。

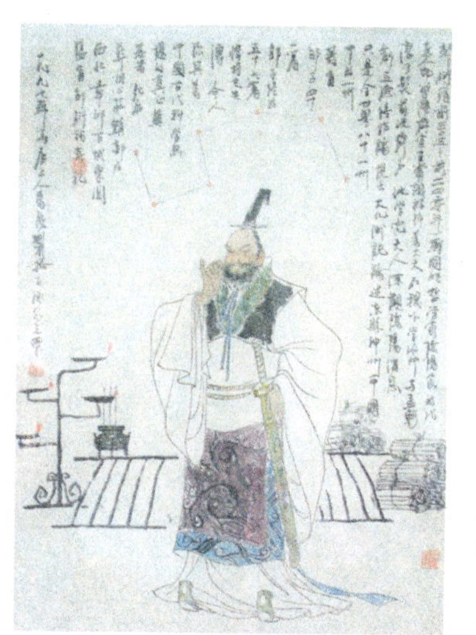

▲邹衍画像

战国时期的文化科技

▲战国·人物龙凤图帛画

战国时代是一个大动荡、大变革、风云变幻的时期。在思想文化方面，随着宗法统治秩序的崩溃，各种旧的礼仪制度、旧的思想观念受到猛烈冲击，出现了我国历史上第一次思想大解放。随之而来的是知识的利用、人才的开发，“学在官府”的局面进一步被打破，文化广为普及，科技迅速发展，文学、绘画、医学、天文学等有了长足的发展。

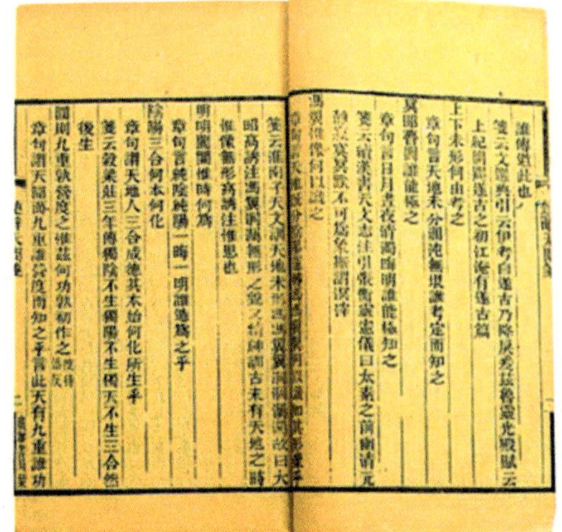

上下未形何由考之
冥昭瞢闇誰能極之
馮翼惟像何以識之
明明闇闇惟時何為
陰陽三合何本何化
圜則九重孰營度之
惟茲何功孰初作之

▲《天问》书影

▲屈原雕像

屈原

屈原（约公元前 339~ 前 278），战国末期楚国丹阳（今湖北秭归）人，名平，字原。屈原辅佐怀王变法图强，主张联齐抗秦，使楚国一度出现了一个国富兵强、威震诸侯的局面。但是屈原后来遭诬陷，被流放。楚襄王二十一年（公元前 278 年），秦将白起攻破郢都，屈原遂自沉汨罗江，以身殉了自己的政治理想。其重要著作有《离骚》、《九章》、《天问》等赋，其中《离骚》比喻生动，语言瑰丽，诗篇千变万化，雄伟奇观。《离骚》具有深刻现实性的积极浪漫主义精神，对后世产生了深远的影响。在诗歌形式上，屈原打破了《诗经》那种以整齐的四言句为主、简短朴素的体制，创造出句式可长可短、篇幅宏大、内涵丰富复杂的“骚体诗”。由屈原开创的楚辞，同《诗经》共同构成中国诗歌乃至整个中国文学的两大源头。

▲战国·人物御龙帛画

战国绘画

战国时期的绘画艺术水平已达到相当的高度，这一点不仅文献记载可供查考，而且还有不少绝妙佳品展现在我们的眼前——考古发掘所获的帛画、铜器纹饰、漆彩绘等。战国帛画发现的不多，其中有两幅最有名，一幅是《龙凤人物帛画》，一幅是《人物御龙帛画》。战国的绘画成就，在当时的铜器、漆器等纹饰上更有充分的反映。如河南汲县山彪镇所出土的《水陆攻战图铜鉴》，辉县赵固镇所出土的《宴乐射猎纹铜鉴》以及在四川成都百花潭出土的嵌错铜壶上的演武宴乐采桑弋射和水陆攻战等图案花纹等等，都是很生动的写实作品。战国时代的漆器花纹，在绘画史上占有突出的地位。新中国建立以来，在南方，特别是两湖地区，曾发现了大量的战国漆器。这些漆器的图案结构既新颖又精彩，有的继承和发扬了商周以来的图案花纹特色，多数是战国特有的人与动物的活动写实画。

神医扁鹊

扁鹊姓秦名越人，是春秋战国时期的著名医学家，世称扁鹊，河北任丘人。扁鹊医术高超，医德高尚，广为民间百姓解除疾患；他也曾为王宫贵族治病，留下了早期宫廷医学的珍贵史迹。他善医妇科、耳目鼻科、小儿科等等。扁鹊用自己毕生的精力，认真总结前人和民间经验，结合自己的医疗实践，在诊断、病理、治法上对祖国医学做出了卓越的贡献。扁鹊的医学经验在我国医学史上占有承前启后的重要地位，对我国医学发展有重大的影响。扁鹊生前一共传授了九个弟子，他的高明医术就靠这些弟子传下来。现存汉代的医书《难经》就是根据扁鹊的医术，尤其是关于脉诊知识而整理成的。至今仍在人类的卫生保健事业中发挥重大作用的中国传统医学，其许多基础理论都与扁鹊有密切的关系。

▲扁鹊雕像

《黄帝内经》

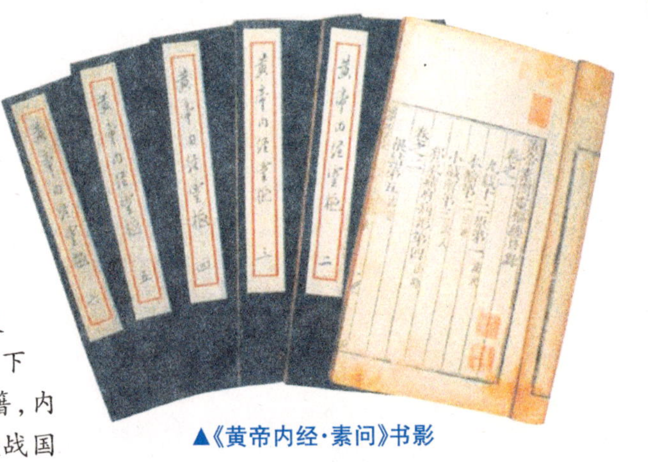
▲《黄帝内经·素问》书影

《黄帝内经》成编于战国时期，是中国现存最早的中医理论专著。原书18卷，其中《素问》9卷，《针经》9卷，唐代以后的传世本把《针经》改称《灵枢经》。它是我国长期流传下来的最早的一部医学典籍，内容也比较完整，最能反映战国时代的医学水平。这部书在理论上以朴素的唯物主义观点作为指导思想，用阴阳这对既统一又对立的矛盾来解释人体内部的生理病变；在临床实践经验上，它对各种病症、药方、针砭技术、保健卫生等等都有深刻的论述。《黄帝内经》还有预防的理论，提出了“治未病”的思想。书中强调应以预防为主，一个人如果病已深成，就好像口渴了才掘井一样，那就太晚了。这种预防为主的医疗保健思想，到战国后期又有进一步发展，即注意从人们的日常衣食起居运动做起。这方面，突出的反映在成书于战国末的《吕氏春秋》一书里。

《甘石星经》

战国时代有名可考的天文学家，齐国有甘德，魏有石申，楚有唐昧，赵有尹皋，其中以甘、石二人在天文学上取得的成就最为突出。甘德著有《岁星经》和《天文星占》(今已失传)。根据后人著作的引文看，甘德还发现了木星有卫星，这比伽利略用望远镜观察到木星的卫星要早近2000年。石申在天文学上的贡献尤为卓著，他已经掌握了月亮与日食的关系，认识到，日食必发生在朔(阴历每月初一)或晦(阴历每月的最后一天)。他还发现，月亮运行的速度是有变化的。石申编过一部书，叫做《天文》，共有8卷。这本书有很大的价值，被视为天文学的经典之作。因此，又被后人称做《石氏星经》。汉朝时，石申的著作《天文》与甘德的著作《天文星占》还是各自刊行的，后人把这两部著作合并，定名为《甘石星经》。

▲甘德像

四公子养士

▲孟尝君像

战国时许多诸侯国国君和权臣为适应复杂斗争的需要，争相招贤养士，组成为他们服务的智囊团。于是，文人学士游说之风大盛，养士为食客之状空前。其中齐之孟尝君田文、赵之平原君赵胜、魏之信陵君魏无忌、楚之春申君黄歇所养食客各达3000人之众，最为著名。这些食客受到优厚的待遇，往往为主人出谋划策，或奔走游说，或经办具体事务；也有替主人著书立说的，如信陵君因此编成《魏公子兵法》。食客中不乏有识有胆智勇双全之士，也有各种学派的学者，还有一些仅有一技之长的所谓“鸡鸣狗盗”之徒。食客依靠主人生活，一旦主人失势，便大都各奔东西。其中也有生死荣辱相随者，有的则被引荐进入仕途的。除四公子外，其他权臣养士亦很普遍，如秦相吕不韦所养食客就达3000人，并编撰成《吕氏春秋》，至于养士数十数百者当不在少数。当然，不少人养士仅是为了装潢门面、沽名钓誉，并没有发挥士的作用。

▲信陵君像

列国筑长城

▲赵长城遗址

春秋战国时，战争频繁，为防御敌国侵扰，各国均在国境上筑有堑或城堑一类的防御工事，因其规模较大、较长，故称之为长城。长城分为内长城和外长城。前者是中原各国在内地所筑之防御工事，大多是各国将边境上原有之大河堤加以扩建，利用山川的自然走向修筑而成。各国内长城大都是春秋战国时陆续修筑延伸而成。外长城则是战国中期以后，秦、燕、赵三国为防御东胡、匈奴、林胡、楼烦等少数民族游牧部落侵扰而修筑的，对阻止精于骑射的游牧部落进攻中原起了保护作用。当时长城均为土石所筑，且互不相连，秦统一后，以秦、燕、赵三国原有外长城为基础，连结成万里长城。

秦国的崛起

秦最初的领地在今天陕西省西部，在当时属于中国的边缘部分。战国初期，秦还是一个比较弱小的国家，直到秦穆公时代方参与中原争霸。就科学技术、文化等等而言，秦在战国初期也比较落后，这个形势一直到前 361 年商鞅变法才开始改变。从此，秦国开始不断强大。公元前 284 年六国破齐之后，秦国独强，战国便进入了后期阶段，六十年间，秦成为政治舞台上的主角。特别到了秦王政亲政以后，奋六世之余威，十年之中，吞灭六国，完成了统一大业，结束了数百年来割据混战的局面，建立起统一的专制主义中央集权的帝国——秦王朝，开辟了我国历史的新纪元。

▲秦孝公彩塑

▲商鞅雕像

前 361 年　秦孝公求贤

公元前 361 年，秦献公死，子渠梁继位，是为孝公(前 361~338 年在位)。年仅 21 岁的孝公看到东方各国经过不同程度改革后，国力都有所振兴，特别是魏、齐两国俨然成为两霸。而秦国虽经献公改革，取得一些胜利，但内部动乱不已，与东方诸侯相比，仍处于劣势。河西之地被魏占据，各国视秦为“戎、狄”，甚至摒弃秦于盟会之外，这一切使孝公深感不安和屈辱，于是毅然颁布求贤令，广泛招揽贤才，振兴秦国。求贤令回顾秦穆公的赫赫霸业，对历史上的内乱衰弱深感痛心，决心复兴穆公之业。提出宾客和群臣中，如果有谁能出奇计使秦国迅速富强昌盛，就封以高官，赏以土地。求贤令发布后，商鞅从魏国来到秦国，不久即受到孝公重用，实行变法图强。

前 350 年 迁都咸阳

公元前 350 年，正值商鞅第二次变法时，秦国将国都迁到咸阳，并兴建宫殿和冀阙（古代宫廷外的左右两座高层建筑，用以悬示教令）。秦都原在雍（今陕西凤翔南），秦献公于公元前 383 年一度迁至栎阳（今陕西临潼栎阳镇附近），以便与魏抗衡。前 361 年，魏由于军事上失利，将国都迁至大梁，河西之地已经部分被秦夺回，斗争中心开始转移至函谷关以东。栎阳位置偏北，雍又偏南，都不利于日后的发展。咸阳北依高原，南临渭水，物产丰富，交通便利，又处于秦国之中心，因此迁都咸阳具有重大的战略意义。

▲秦咸阳宫壁画

前 272 年 秦灭义渠

义渠为西戎中较强的一支，以游牧经济为主。秦穆公打败西戎后，义渠附属于秦。战国初，秦弱，义渠又成为秦之劲敌，活动于秦之北部广大地区，形成很大威胁，双方多次发生战争。公元前 445 年，秦伐义渠，并俘获义渠王，义渠势力稍退，其后时服时叛，双方时战时和。秦没有外来威胁时，即对义渠进行烧杀掠夺，有外来威胁时，又进行拉拢结盟，义渠亦针锋相对。公元前 335 年，义渠曾败秦师于洛水。前 331 年，义渠发生内乱，秦率军前往平定。四年后，义渠王向秦屈服称臣。前 320 年，秦又伐义渠，攻取郁郅（今甘肃庆阳县东）。前 318 年，东方五国合纵攻秦，义渠乘机袭秦，大败秦师于李帛。四年后，秦反攻，取义渠二十五城。至前 272 年，秦灭义渠，尽占其地。

▲秦长城遗址

前268年 范雎倡“远交近攻”

▲范雎像

公元前268年，范雎入秦，通过谒者王稽进见昭王。范雎以为，以秦之强，士卒之勇，统一天下易于反掌，然何其所以迟迟不能统一，原因在于：大权旁落，穰侯为秦谋而不忠，军事上舍近攻远，造成“少出师则不足以伤齐，多出师则害于秦”，连年征战，劳师伤众，故所获甚少。主张“远交而近攻”，即暂时与齐修好，而专攻与秦接壤的魏、韩。魏、韩被蚕食兼并，赵、楚必依附于秦，齐亦无法自立，如此则“得寸则王之寸，得尺亦王之尺”，秦国定能很快消灭六国。同时范雎还提出“毋独攻其地，而攻其人”的策略。秦王采用其计，封范雎为客卿，共谋兵事。不久，秦王废太后，逐穰侯，亲掌国政，并任范雎为相，加快统一战争的步伐。“远交近攻”后来成为秦统一战争中的重要策略之一，在统一大业中发挥了巨大作用。

前250年 吕不韦相秦

▲吕不韦与异人

吕不韦是战国末年卫国濮阳（今河南泊阳西南）人，原为阳翟（今河南禹县）家累千金的大商人。在赵都邯郸遇见入质于赵的秦公子异人，认为“奇货可居”，决定在异人身上搞一次政治投机。异人是即将登位的太子柱（后继位为孝文王）之子，本无继位之可能，吕不韦游说太子柱的宠姬华阳夫人，认异人为子并立为嫡嗣。公元前250年，孝文王继位，仅三天就病死，异人继王位，是为秦庄襄王。吕不韦被任为相国，封以河南洛阳十万户，为文信侯。三年后庄襄王死，秦王政年幼继位，吕不韦仍任相国，称为“仲父”，权倾朝野。他执政时大力推进统一战争的进程，攻取周、赵、魏的土地，建三川郡、太原郡、东郡，进一步削弱六国，为秦王政统一全国奠定了基础。公元前237年因嫪毐叛乱，受牵连被免职，不久迁往西郡，忧惧自杀。

前 237 年 李斯谏逐客

李斯(前 280~ 前 208 年),楚上蔡(今河南上禁西南)人,出身于“闾巷布衣”,初为郡小吏,入秦后初为吕不韦舍人,后被秦王政任为客卿。秦王政十年(前 237 年),韩国以修渠为名,疲劳秦国的阴谋暴露,宗室贵族借机建议秦王驱逐宾客。秦王遂下令逐客,李斯亦在被逐之列。李斯上书劝阻。他以秦国的历史为例,从秦穆公任用百里奚、蹇叔、由余、丕豹、公孙支而霸西戎,一直讲到商鞅、张仪、范雎变法图强,蚕食诸侯等,说明外来客卿对秦国发展的重要作用,如今不问青红皂白,“非秦者去,为客者逐”,无异于资助敌国,孤立自己,势必导致国家的危亡,情词恳切,很有说服力。秦王政采纳了李斯的建议,撤销逐客令,恢复李斯官位。不久,李斯即升任廷尉。

▲李斯谏秦王

前 227 年 荆轲刺秦王

公元前 227 年,燕太子丹为挽救燕国灭亡的命运,派荆轲刺杀秦王。荆轲带着秦悬赏捉拿的樊於期的头颅和假意要献给秦国的督亢地图,以降秦献礼为名,企图行刺秦王。献图时,“图穷而匕见”,荆轲抓起藏在地图里的匕首,意图胁迫秦王。可惜事未成,荆轲被秦王砍断左腿,后被乱剑处死。次年,秦大举攻燕,攻占燕都蓟。后五年掳燕王喜,灭燕。秦始皇统一天下后,高渐离借击筑之机,扑击始皇,也失败被杀。秦始皇因此“终生不再接近诸侯各国的人”。

▲荆轲刺秦王

秦朝

（公元前221年~前206年）

从公元前230年到公元前221年，秦国用了10年的时间，相继灭掉了北方的燕、赵，中原的韩、魏，东方的齐和南方的楚六个国家，结束了春秋以来长达500余年的诸侯割据纷争的战乱局面，建立了中国历史上第一个中央集权统一国家。在秦始皇统一中国以前，虽然也存在过夏商周等名义上统一的国家，但是不论从民族形态、政治结构还是社会经济形式来看，都不是真正意义上的统一的专制主义中央集权的大帝国。中华帝国的形成，是从千古一帝的秦始皇开始的。而且从秦始皇开始，中国长达两千年的封建帝制也确立下来，一直被沿用到清代。他采取了一系列调整、完善和加强中央集权统治的措施。使军政大权独揽于皇帝一人手中。除了在政治上建立皇帝制度、建立专制主义中央集权以外，秦始皇在经济、文化等方面也做了一些工作。如实行重农抑商政策；统一货币、度量衡和文字；修筑万里长城；修驰道壁垒，构成了以咸阳为中心的四通八达的道路网。秦统一后采取的以上措施，对于消除封建割据、加强中央集权、巩固多民族国家的统一、发展封建经济和文化，具有重大而深远的影响。秦始皇是中国历史上第一个皇帝，对中国历史的走向，起到了不可估量的作用。

秦帝王世系表

昭襄王嬴则(前306~前251)——孝文王嬴柱(前250)——庄襄王嬴子楚(前249~前247)——秦王嬴政(前246~前221)——始皇帝嬴政(前221~前210)——二世皇帝胡亥(前209~前207)——嬴子婴(前207~前206)

大事年表

前221年	秦灭齐,统一中国。
前220年	修驰道,秦始皇北巡。
前219年	秦始皇泰山封禅。
前215年	秦始皇令蒙恬发兵30万北伐匈奴。
前214年	秦始皇修筑长城。
前213年	秦始皇采纳李斯建议,焚《诗》、《书》。
前212年	筑直道,发刑徒70万人造阿房宫和骊山墓。坑儒460余人于咸阳。
前210年	秦始皇出巡,崩于沙丘(今河北平乡东北)。赵高、李斯合谋更改遗诏,立胡亥为太子,令扶苏、蒙恬自杀。至咸阳发丧,胡亥即位,是为秦二世。
前209年	陈胜、吴广在大泽乡起义。不久,项梁、项羽在吴(今江苏苏州)起义,刘邦在沛县起义。
前208年	赵高杀李斯。项羽、刘邦等拥立楚怀王孙心为王,也号称“楚怀王”。
前207年	项羽在巨鹿大破秦军,章邯投降。赵高杀秦二世,立子婴。子婴杀赵高。

秦朝的建立和灭亡

秦朝是中国历史上第一个统一的多民族的中央集权的王朝。秦王嬴政二十六年(前221年)以武力吞并六国，结束了长期以来混战不休的状况，实现了中国历史上第一次大一统的政治局面。秦始皇的事业是在残酷地剥削压迫人民的条件下，在短短的十几年中完成的，这使秦的统治具有急政暴虐的特征，农民起义一爆发就势不可挡地让秦朝走向灭亡。从公元前221年统一全国到公元前206年秦朝灭亡，可以说是昙花一现的十五年。

▶秦始皇像

▲秦·阳陵虎符

前221年　秦灭六国

秦国自秦孝公用商鞅实行变法图强以来，经过六代君王的不懈努力，自长期的兼并战争中不断发展，其势力由西部进入东方。至秦王政亲政时，秦国不论在军事实力还是战争潜力，以及部队战斗力等方面，都已超过了六国中的任何一国。公元前237年，秦王嬴政罢黜吕不韦，亲自执政，开始谋划吞并六国的战争。其作战的总谋略是由近及远，先取赵国、魏国、韩国，再取燕国、楚国、齐国。公元前236年派王翦率军攻赵，公元前229年灭赵。在秦国攻打赵国时，邻近的韩国惧怕秦军声威，于公元前231年向秦军请降。秦国受降后，把韩地划为川郡，韩国亡。公元前225年，秦王任王贲为将率兵攻魏，三个月后魏国亡。公元前224年，派王翦率军六十万进攻楚国，终于在公元前222年灭楚。公元前222年，王贲又率军攻燕，将燕国灭掉。公元前221年，秦将王贲又率军灭齐。经过二十多年的战争，秦国最终灭掉六国，统一了天下。秦灭六国，结束了中国历史上长达数百年的诸侯割据的分裂局面，建立了第一个高度中央集权的封建国家，具有十分深远的历史意义。

前220年~前210年　始皇出巡

为了显示皇帝的威严，加强对全国的控制，秦始皇多次出巡。他的足迹西到鸡头山，东到泰山，北到碣石，南到会稽。每次出巡都有隆重的仪仗和庞大的车队。第一次出巡在公元前220年，主要是巡视陇西（今甘肃东南部）、北地（今宁夏回族自治区境内），过鸡头山（六盘山）、回中（今陕西陇县西北）然后返回咸阳。第二次出巡在公元前219年，他东行到山东邹县的峄山刻石记功，登泰山祭记封禅，到烟台芝罘岛，沿渤海向东到成山头，向南到琅琊郡（治所在今山东胶南县西南夏河城），又南到彭城（今江苏徐州），在泗水寻觅周朝九鼎，后南行过淮河到衡山，由汉水经南阳返回。第三次出巡在公元前218年，由咸阳出发，东经阳武（今河南原阳东南），再登芝罘，至琅琊，然后经临淄、平原津过黄河至巨鹿（今河北平乡西南）、邯郸、上党（今山西长治西）、安邑（今山西夏县），经蒲坂（今山西永济西）过黄河，返回咸阳。第四次出巡在公元前215年，东北至碣石，然后巡视北部边疆右北平（郡治在今河北蓟县）、渔阳（郡治今北京密云西）、上谷（郡治在今河北怀来东南）、代郡（郡治在今河北蔚县东北）、雁门（郡治在今山西右玉县东南）、云中（治今内蒙古托克托县），取道上郡（郡治在今陕西榆林县南）回咸阳。第五次出巡在公元前210年，南行至云

▲秦始皇出巡雕像

▲位于山东省成山的始皇庙

◀位于河北省广宗县平台村南的沙丘宫平台遗址

梦，沿江直下，经丹阳(今江苏镇江)，至钱塘，临浙江，上会稽山(今浙江绍兴境内)，还过吴(今江苏苏州)，从江乘(今江苏句容北)渡江，取海道至琅琊、芝罘，然后过黄河，至平原津(今山东平原)得病，死于沙丘平台(今河北广宗县境)。

始皇出巡的地区集中在东方，特别是燕、齐、楚旧地。这表明，出巡的目的之一是镇服六国贵族，巩固统治，而不是简单的游观。几次东巡，都有石刻。虽然刻石充满了歌功颂德之词，但也宣扬教化，具有从社会秩序上巩固统治的重大政治意义。

前 219 年 始皇封禅

▲泰山的五大夫松

战国时齐鲁儒生以泰山为五岳之首，认为帝王即位之后，应到泰山举行封禅大典，以示受命于天。所谓“封”，是在泰山极顶聚土为坛以祭天。所谓“禅”，是在泰山脚下找一座小山，扫出一片净土来祭地。秦始皇二十八年（前 219 年），始皇东巡至泰山，于是征集齐鲁儒生共议封禅之事。而这班儒生谁也没有见过所谓封禅，只是根据各自的想象和传闻，胡说一通。秦始皇因儒生们的议论不符合实际，难以实施，于是就斥退诸生，从山南登至泰山之巅，举行了祭天的封礼，并刻石颂功德，然后沿北路下山。途中突然遇到暴风雨，避于一棵树下，雨过天晴后秦始皇封这棵树为“五大夫”。下山后，秦始皇在泰山脚下之梁父山行祭地之禅礼，完成了封禅大典。此举对后世帝王产生了很大影响，祭祀泰山成为历代君王的心中梦想。

徐福求仙

秦始皇想要长生不老，公元前 219 年方士徐福上书说海中有蓬莱、方丈、瀛洲三座仙山，有神仙居住。于是秦始皇派徐福率领童男童女数千人，以及已经预备的三年粮食、衣履、药品和耕具入海求仙，耗资巨大。但徐福率众出海数年，并未找到神山。公元前210年，秦始皇东巡至琅琊，徐福推托说出海后碰到巨大的鲛鱼阻碍，无法远航，要求增派射手对付鲛鱼。秦始皇应允，派遣射手射杀了一头大鱼。秦始皇认为以后再也没有什么担心了，又命徐福入海求仙药。这次，秦始皇再也等不到徐福了。原来徐福等没有给始皇求得不死药，害怕始皇加罪，遂逃之夭夭了。有文献记载，徐福带着大量珍宝、三千童男童女和工匠、武士们止于瀛洲，就在那里繁衍、生息。

▲徐福东渡群雕

前212年　扶苏监军

扶苏乃秦始皇长子，为人忠信宽厚、刚毅武勇，他曾多次上书，直言进谏。公元前212年，始皇坑儒，扶苏上书劝谏，认为天下刚刚统一，远方之民尚未归化，儒生们都是读孔子之书、效孔子之行的人，都遭到重刑制裁，将会引起天下不安，希望始皇三思。不料，竟激怒了始皇。当时大将蒙恬正奉命率领30万将士北伐匈奴，修筑长城。于是，始皇遂命扶苏为监军，驻于上郡（治今陕西杨林东南），将他从自己身边赶走。始皇临终曾赐书扶苏，令其“与丧会咸阳而葬”，二世伪造始皇遗诏谴责扶苏，赐剑令其自杀，扶苏自杀而死。

▲扶苏墓

前210年　沙丘之变

公元前210年，秦始皇第五次巡游东方，宠子胡亥、丞相李斯和中车府令赵高等陪同前往。秦始皇在出巡途中病重，行至沙丘（今河北广宗县），病势转危。嬴政自知大限

▲秦二世胡亥墓

将至，命令李斯和赵高起草诏书，召长子扶苏速返咸阳，主持丧礼，实际上是要传位于扶苏。秦始皇死后，赵高既未将始皇给扶苏之诏书发出，又鼓动胡亥、拉拢李斯，合谋篡改始皇之遗诏，赐扶苏自尽，立胡亥为太子。到嬴政的尸体运回咸阳后，赵高等人才将死讯宣告天下，并拥立胡亥为帝，是为秦二世。

二世行诛

胡亥即位后，他怕诸公子和大臣不服，于是与赵高密谋。赵高建议他采取严酷的刑法，让有罪者互相牵连，最终灭其全族。把先帝的大臣和骨肉都除掉，重新安插自己的亲信，企图通过血腥的屠杀除去政敌，树立威信。于是，胡亥诛杀诸公子、公主20余人和秦始皇亲信大臣蒙恬、蒙毅等，株连者不可胜数。胡亥屠杀自己兄弟，最残忍的是在咸阳市，将十二个兄弟处死。另一次在杜邮，又将六个兄弟和十个姐妹碾死，刑场惨不忍睹。在胡亥的众兄弟当中，死得名声好一点的是公子高。他眼看着兄弟姐妹们一个接一个被胡亥迫害致死，知道自己也难逃厄运。但逃走又会连累家人，于是下决心用自己的一死来保全家人的安全。他上书给胡亥，说愿意在骊山为父亲殉葬。胡亥很高兴，又赐给他十万钱。其后，诛罚“日益深刻，群臣人人自危”。

▲秦二世胡亥像

▲赵高像

前208年 李斯被灭族

▲李斯像

李斯是秦始皇身边的重要谋臣，在制定秦国的治国方针中起着重要作用，因而深得秦始皇信用，官至丞相。秦始皇死于沙丘平台，胡亥与赵高阴谋篡改始皇遗诏，立胡亥为帝，但必须征得李斯同意，方能成功。赵高于是就劝说李斯参与其阴谋，李斯先以为不可，但赵高向他说明若使公子扶苏即位，其政见与你不合，将不利丞相行事后，李斯终于参与了立胡亥为帝的阴谋活动。在秦二世即位后，赵高开始专权，李斯因多次规劝秦二世而被疏远。陈胜、吴广起义爆发后，李斯之子李由为三川郡守，赵高诬陷李斯、李由父子与陈胜、吴广勾结，妄图谋反。于是，秦二世就把李斯下到狱中，使赵高审问。赵高对李斯严刑拷打，刑讯逼供。李斯被迫承认谋反。李斯自以为功高又实无反心，遂上书自陈，希望得到秦二世的赦免，可是所上之书都被赵高扣压。赵高又派人伪装成御史、谒中、侍中，轮番审讯李斯，李斯一说实话就被严刑拷打。后来秦二世派人验问，李斯以为还是赵高派人装扮的，始终不敢翻案。秦二世二年(前208年)七月，李斯被腰斩于咸阳市并夷其三族。

▲李斯墓

前206年 秦朝灭亡

前206年，楚怀王命项羽带兵救赵的同时，命刘邦带兵西攻关中。由于巨鹿之战中项羽军牵制并消灭了秦军主力，所以刘邦的军队向西进展较快。刘邦带领的起义军攻破武关，逼近咸阳(今陕西咸阳)。这时的秦王朝内部已矛盾重重，赵高逼迫秦二世自杀，立子婴为秦王。子婴在杀死赵高之后，向刘邦率领的起义军投降。秦朝灭亡。

▶秦朝疆域图

秦·服饰

秦朝的统治制度

秦在统一全国之后，从中央到地方建立一套完整的、崭新的政治制度，开创我国专制主义中央集权制的封建统治，为我国两千多年的封建政治制度奠定了基础。在中央，建立三公九卿制，完善统治机构；在地方，实行郡县制，保证中央集权。其政权组织形式为皇帝总揽全国行政、军事、经济、司法、外交等一切事务，设博士若干人，以备咨询。全国行政区划分为郡、县两级，其官员的任免权在中央。

▲秦·长城排水陶瓦

▲秦始皇陵外观

至高无上的皇权

战国时期，各国最高统治者都加尊号称王。秦王政功成业就，首先令群臣议帝号。臣僚们诚惶诚恐，选择三皇中最尊贵"泰皇"为帝号，然而秦王政自以为功业盖世，前无古人，便兼取三皇五帝的尊称，定帝号为"皇帝"。从此以后，"皇帝"一词，便成为封建地主阶级最高政治代表的称号。皇帝是封建国家的最高统治者，拥有至高无上的权利。又规定皇帝的命称"制"，令称"诏"，天子自称"朕"，等等。皇帝的一言一行都有特殊的名号，并且独一无二，以此来显示皇权。从此皇帝所拥有的独断的权制，不仅成为定制，而且在形式上也更为完备。这是秦王政为强化君权，由皇帝独自运用权柄、推行法度的重要步骤。与此同时，他命令废除古谥法，避免"子议父，臣议君"，以维护皇帝的权威。秦王政在实现专制集权的道路上，终于迈出重要的一步。他自称"始皇帝"，希望把他所开创的帝业世代传下去。

三公九卿制

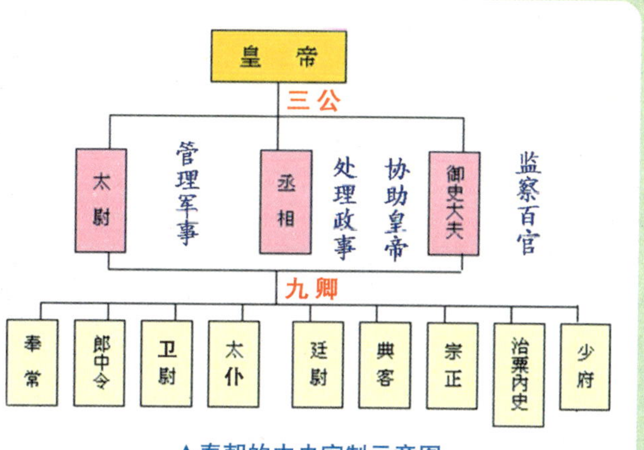

▲秦朝的中央官制示意图

秦朝的中央机构以皇帝为首，实行“三公九卿制”。三公为丞相、太尉、御史大夫。丞相为百官之长，协助皇帝处理全国行政事务；太尉协助皇帝掌管全国军事；御史大夫负责监察百官，并协助丞相处理军国事务。三公互相制约，集权于皇帝一人。三公以下有九卿，九卿有奉常，掌宗庙祭祀礼仪；郎中令，负责皇帝警卫；卫尉，掌宫廷守卫；太仆，掌御用车马；廷尉，掌司法刑狱；典客，掌少数民族事务；宗正，掌宗室事务；治粟内史，掌全国财政；少府，掌湖海税收及手工制作，以供皇室生活需要。九卿虽是地位很高的官职，却有半数以上管理皇帝的生活起居和家族事务，实际上是皇帝的奴仆。三公九卿都由皇帝直接任命，概不世袭。三公九卿等各官都有自己的办事机构，处理日常工作，大事总汇于丞相，最后由皇帝裁决。

郡县制

郡县制起源于春秋战国，到秦统一全国后，在地方上全面废除分封制，实行郡县制。秦始皇二十六年(前 221 年)，分全国为三十六郡，后又在今河套地区建九原郡，在两广地区设南海、桂

◀秦·铜鼎

▶秦·云纹高足玉杯

林、象三郡，共四十郡。郡的最高长官是郡守，总管一郡政务；另有郡尉，辅佐郡守，并掌军事；还有监御史，为中央派遣的监察官吏。郡以下设若干县，万户以上的县设令，万户以下的县设长。县令、县长之下有丞、尉，是令、长的助理，掌文书、刑法。县以下为乡，乡设三老掌教化；啬夫听诉等；尉掌一县的军事诉讼，收赋税；游徼，掌治安，擒盗贼。乡以下还设有亭，大体上一乡有十亭，置亭长，协助地方治安和巡捕"盗贼"。亭以下有里，大体上一亭十里，里有里正。城乡居民都用什伍编制起来，五家为伍，十家为什。伍有伍长，什有什长，什伍连保，一家犯法，什伍要同罪连坐。通过这套严密的地方统治机构，把农民牢固地控制起来。

▲秦·彩绘兽首凤形漆勺

官吏选任

在官吏选任方面，秦朝沿袭商鞅变法以来的制度，废除世卿世禄制，实行"以功授官"的封建官僚制。然而，随着国家的统一，频繁的战争减少了，以军功选官的办法已不能完全适应新形势的要求。尤其秦朝加强中央集权的各项措施相继推行，全国政事日益增多，封建国家各级机构需要各种人才，因此其它的选官途径也同时并行，如征聘士人从政，或从低级吏员中征举人才等。秦朝的官秩，即官阶等级和俸禄，实行的是秩石制。这就是以"石"的数字表示官阶，依照不同的官阶等级授禄，如秦统一前夕，因吕不韦事件的牵连，一些官吏被迁往房陵，其中就有"六百石"、"五百石"之官。全国统一之后，大约仍沿袭此制。

▲秦·鹿纹瓦当

秦朝的赐爵制

秦朝的赐爵制，源自秦国的赐爵制。它在全国统一后，也发生某些变化。秦推行赐爵制，本意在于奖励军功。但全国统一之后，赐爵出现了明显变化，即修驰道及徙边也可以授爵。

巩固统一的措施

为了巩固秦朝的统治，秦始皇在全国范围内统一了度、量、衡；修筑了驰道、直道、五尺道、新道，建立了以都城咸阳为中心的全国陆路交通网；开凿了灵渠，沟通了长江与珠江两大水系。为改变言语异声、文字异形的状况，秦在全国范围内统一了文字。秦所创建的一系列制度，对后世产生了极其巨大而深远的影响。

▲秦·半两钱

▲秦·两诏铜方升

统一文字、货币、度量衡

战国时期，由于政治上的割据和各地经济发展水平不一，造成了许多差异。文字方面，由于各地用途不同，字形和笔划繁简不一，这对于秦统一后政令的下达和文化的传播，是一个很大的障碍。统一后，秦始皇令丞相李斯等人对现行文字进行整理，以秦国文字为基础，以小篆体为标准，作为全国通用的文字，罢六国文字，这就改变了战国时期"文字异形"的状况。货币方面，各国的形式、大小、轻重、单位均不同，国家统一以后，使用很不方便，秦始皇下令以黄金为上币，以镒为单位；铜制方孔钱为下币，以半两为单位，只准流通这两种货币。货币统一后，便利了商品的交换。战国时期各国的度量衡制度相当混乱，单位、标准不一。秦统一后，赋税征收遇到很大困难，秦始皇下令在全国范围内统一度量衡，并制造标准器颁发各地。这样，不仅便利了国家赋税的征收，同时也有利于工商业的发展。

程邈创隶书

中国文字经商代的甲骨文、周代的金文到秦代的小篆，已经四变其形，其发展演变的总趋势是由繁变简，然尚未脱出象形的窠臼，书写仍很不便。秦统一后，事务繁多，公文往来频繁，书写正规的小篆颇费时日，很不适应形势的需要，亟待改革。相传，秦狱吏程邈在民间草篆的基础上将小篆圆转的笔画变成方折，改象形为笔画，大大方便了书写，从而创造了一种新字体。又因此体创于狱吏，流行于狱吏之间，而职吏又称隶人，故称隶书。它摆脱了象形的窠臼，奠定了楷书的基础，成为汉字演进史上的一个转折点。

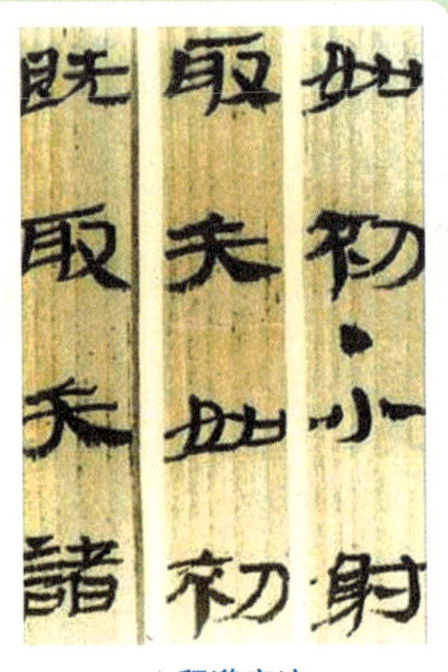
▲程邈字迹

前221年 迁豪富、收兵器

秦始皇早在统一六国的过程中，为了削弱异国势力，就已把一些六国贵族迁至边远地区；统一之后，又于秦始皇二十六年（前221年）“徙天下豪富于咸阳十二万户”，让他们在新地定居，发展地主经济。这样做，一方面是为了使六国贵族远离本土，失去其反秦的基础，便于秦王朝的控制。另一方面，是企图使六国贵族转变成秦王朝的拥护者，扩大秦王朝的统治基础，以尽快地建立稳定的社会秩序。

▲秦·铜戈

▲秦·弩机

秦灭六国时，六国的许多兵器流散于民间，有些还被六国贵族隐藏起来。秦统一后，为了防止反对者用这些武器反秦和表示天下太平，于是在秦始皇二十六年（前221年）下令各郡县收集流散民间的兵器，集中到咸阳，统一销毁，并铸成十二个大铜人，每个铜人重达二十四万斤，陈列宫廷之中，作为装饰。同时，还禁止民间练习武艺。

毁城防、修驰道

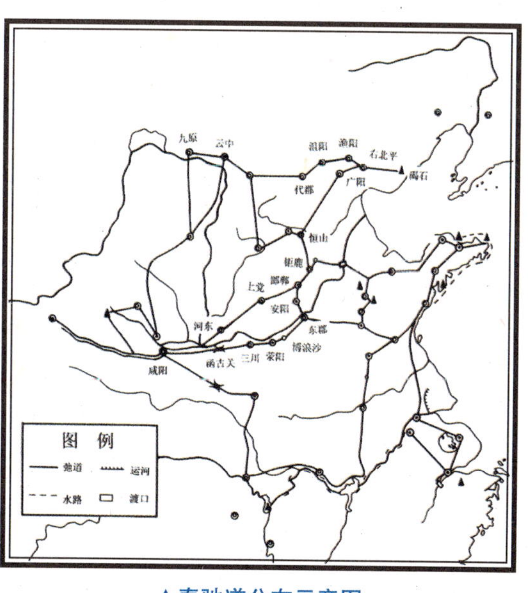

▲秦驰道分布示意图

战国时期各国都城都筑有城郭，一些险要地带也设立关塞。秦统一六国的过程中，为了防止反秦势力可能利用这些城郭关塞，下令“堕坏城郭，决通川防，夷去险阻”，军事要塞被拆除。这样，既去掉了割据势力可能凭借的据点，也便利了交通。秦始皇为了加强对全国的控制和便于调兵运粮，于统一后的第二年，以咸阳为中心，修建两条贯穿全国的驰道。一条向东通往齐、燕地区，即今河北、辽宁、山东一带；一条向东南通往吴、楚之地，即今湖北、湖南、江苏、浙江一带。驰道宽五十步，每隔三丈植松树一株，路身的修筑采取了加固的措施。公元前213年，为了加强西北边防，又令蒙恬修筑“直道”。此外，还在今四川宜宾以南崇山峻岭的云贵地区开“五尺道”，在用兵百越时，又修建了穿越南岭的“新道”。这些驰道，除服务于政治、军事外，也为各地经济文化的交流提供了方便。

前215年　蒙恬击匈奴

秦统一后对北方匈奴族发动了大规模战争。秦初，匈奴分布于阴山南北至河南(今内蒙古伊克昭盟)地区。秦始皇以图书中有“亡秦者胡也”(匈奴亦属“胡”)的谶语，遂于始皇帝三十二年(前215年)命大将蒙恬率兵30万人北击匈奴。次年，秦军夺取河南地(今内蒙古乌加河以南及伊克昭盟地)，却匈奴700余里，沿河置44县，移民垦守。因匈奴不断来攻，次年秋，秦始皇复命蒙恬军又北渡黄河，取高阙(今内蒙古狼山中部计兰山口)，攻占阳山(今内蒙古乌加河北的狼山、阴山)、北假(今乌加河以南夹山带河地区)。匈奴不敌，向北迁徙。为巩固河南地区，秦置九原郡(郡治九原，今内蒙古包头市西北)。为防匈奴南下，蒙恬奉命征发大量民工在燕、赵、秦长城基础上，修筑了西起临洮(今甘肃岷县)，东到辽东的万里长城，对巩固秦北部边地发挥了重要作用。

▲秦长城分布示意图

前 214 年 始修灵渠

秦统一六国后，为了进一步完成对岭南的统一，公元前 214 年秦始皇对南方的百越发动了大规模的军事征服活动。为了解决秦军的供应问题，秦始皇命史禄劈山凿渠。史禄通过精确计算在兴安开凿灵渠，历 3 年艰辛，这条体现我国古代劳动人民智慧和科学技术伟大成就的人工运河终于凿成通航。灵渠把长江水系和珠江水系连接了起来，对秦的统一、南北经济和文化交流，起了重要作用。秦统一岭南百越地区之后，于公元前 214 年在岭南设置南海、桂林、象郡。灵渠历代都发挥了漕运和灌溉的效益，并成为古代中原到岭南的最便捷的通道。自此之后，一直到湘桂铁路、京广铁路通车以前的 2100 多年间，灵渠始终是南北交往的要道。

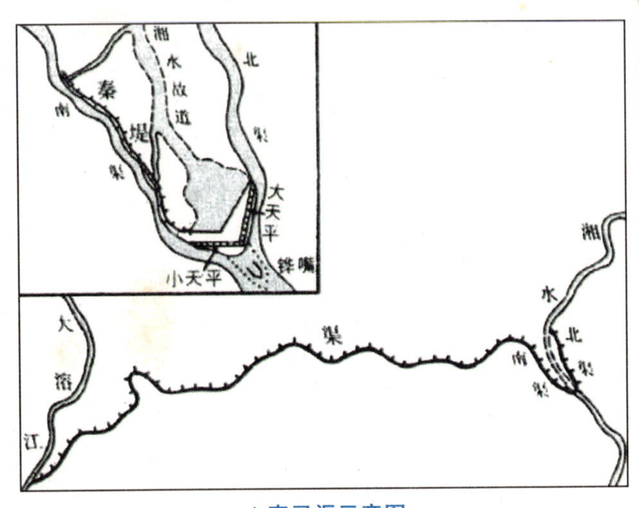

▲秦灵渠示意图

前 214 年 始修万里长城

匈奴是我国北方一个古老的游牧民族，秦始皇末年，匈奴形成强大国家。秦统一以后，将军蒙恬率领军队，收复河套地区。为巩固这一地区，秦始皇三十三年(前 214 年)始，大将蒙恬收复原被匈奴占领的河套南北的广大地区，为巩固边防，迁徙内地人民到那里耕田戍守。又征发农民，用十余年时间，把战国时秦、赵、燕的长城连接起来，西起临洮，东到辽东，用来抵御匈奴。这就是举世闻名的万里长城。秦始皇在修筑长城时，在长城内外都辟有宽大的直道和驰道，与首都咸阳相通，沿着长城的十二郡也有大道相通，无论传递文书，还是商旅往来，都很方便，这对发展中原与边远地区的经济有着重要的作用。

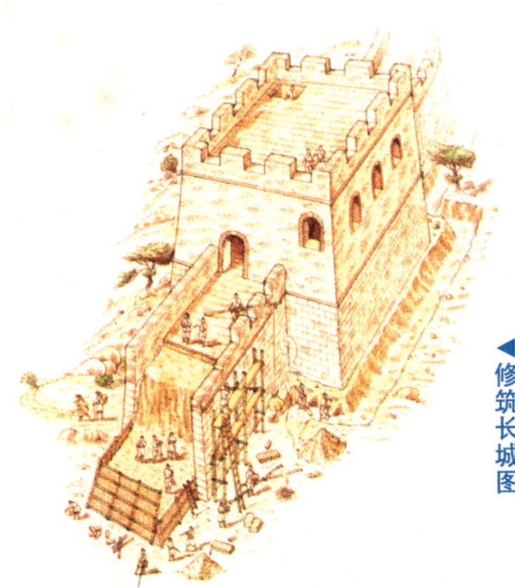
◀修筑长城图

秦始皇陵全景

秦朝的暴政

由于秦的统治者继续奉行统一前的法家治国方针，更由于他们不顾人民的死活急征暴敛，破坏了社会正常的生产秩序，以致迅速激化了阶级矛盾。秦始皇在位仅12年，却征发了70万人筑骊山陵墓、造阿房宫，55万人戍五岭，30万人伐匈奴、筑长城，加上修筑驰道等其他徭役兵役，使全国男劳力的一半以上被役。秦又收天下大半之赋以奉其政，如此横征暴敛，再加上刑苛法严，令民摇手触禁，以致赭衣塞路，囹圄成市，社会危机一触即发。

▲秦始皇陵墓碑

前221年　修筑秦始皇陵

按秦国习惯，君王即位即开始营造陵墓。嬴政13岁即位，22岁亲政后，此项工程与兼并六国之战争同时进行。至公元前221年统一全国，秦始皇更是竭全国人力、物力、财力，命丞相李斯主持其事。直至秦始皇50岁死时，陵墓才勉强竣工。陵墓修了三十余年之久，是中国历史上第一个规模庞大、设计完善的帝王陵寝。陵园建制仿都邑，陵墓周围呈回字型，筑有内、外两重城垣。在他陵墓的周围环绕着那些著名的陶俑。结构复杂的秦始皇陵是仿照其生前的都城——咸阳的格局而设计建造的。秦始皇陵兵马俑充分表现了2000多年前中国人民巧夺天工的艺术才能，是中华民族的骄傲和宝贵财富。秦始皇陵是世界上规模最大、结构最奇特、内涵最丰富的帝王陵墓之一，实际上它是一座豪华的地下宫殿。秦王朝是中国历史上辉煌的一页，秦始皇陵更集中了秦代文明的最高成就。

前 213 年～前 212 年　焚书坑儒

秦始皇统一全国后，为加强思想控制，接受李斯的建议，于公元前 213 年发布焚书令，规定除政府外，民间只能收藏医药、占卜和种植等书，其余一律集中焚毁。次年，因方士求仙药不得又诽谤始皇事件，牵连儒生四百余人，全部坑杀。秦建立之初，分邦建国的旧的传统思想仍具有巨大的历史惯性，加强思想控制以维护秦的专制集权统治，势在必行。但秦始皇采用焚书坑儒这种及其粗暴野蛮的破坏文化的手段，来维护他至高无上的权威，给我国古代的文化造成了莫大的损失。

▲焚书坑儒

前 212 年　建造阿房宫

秦始皇建立了庞大的秦帝国，为了树立皇帝的至高权威，于是穷奢极欲，大兴土木，建造了很多宫殿。在秦始皇兴修的宫殿中，规模最大的宫殿是秦始皇三十五年（前 212 年）开始修建的阿房宫。阿房宫究竟有多大是难以确估的。据载，阿房宫殿堂东西宽 500 步（秦制 6 尺为一步），南北长 50 丈，殿内可以容纳一万人。殿前建立 5 丈高的旗杆，宫前立有 12 尊铜人，各重 24 万斤。以磁石为门，藏有武器的人入内，即被吸止。周围建阁道连通各宫室，其阁道又依地势广达南山（今陕西西安南）。在南山顶，建一宫阙，作为阿房宫的大门，又造复道，从阿房宫通达渭水北岸，连接咸阳。阿房宫建制占地的范围，从咸阳以东到临潼，以西至于雍（今陕西凤翔南），以南抵于终南山，以北达于咸阳，纵横 300 余里。此外，从咸阳到函谷关（今河南灵宝东南）以西，有朝宫 300 余所，

▲阿房宫复原图

▲阿房宫想象图

▲火烧阿房宫想象图

函谷关以东有400余所。众多的宫殿一律施以雕刻，涂以丹青，五光十色，五彩斑斓，极其富丽堂皇，气势也很雄伟。阿房宫耗资极大，劳民伤财。到秦始皇死时，宫殿仍尚未落成，秦二世继续营建。总之，阿房宫为秦都咸阳宫殿建筑之最精美、最宏大者，充分体现了统一国家首府的气魄及皇帝至高无上的威严。历始皇、二世两代，征发无数人力、物力，历时五年，尚未完成，最后连同秦王朝一起，被起义的烈火所焚毁。

前208年　赵高专权

赵高，秦朝的宦官，因精于狱律法令而被秦始皇所用，官至中车府令。沙丘之变，赵高起了重要作用，秦二世即位后被任命为中书令，成为朝中的实权人物。他指使胡亥更改法律，诛戮宗室、大臣，专擅朝政。此时朝廷统治腐败，百姓的赋敛、徭役相当沉重，加上阿房宫之类庞大工程的修建更使民穷财尽，陈胜、吴广起义随之爆发。赵高一再对秦二世隐瞒国内的情况。李斯不满，赵高便设计杀害李斯，之后取代了丞相一职。他为了巩固权位，故意在二世面前指鹿为马，对不随声附和的大臣，捏造罪名加以迫害。当刘邦的军队攻破了武关，直逼咸阳时，赵高与其女婿阎乐等人密谋，乘二世在望夷宫斋戒之机，诈诏发兵围宫，逼二世自杀，企图篡位自立。因左右百官不从，只好立二世兄子子婴为秦王。前207年，赵高被子婴用计杀于斋宫，夷三族。

◀赵高指鹿为马

秦末农民大起义

秦始皇三十七年（前210年），始皇死于出巡途中，其子胡亥与中车府令赵高、丞相李斯相勾结，篡改始皇遗诏，立胡亥为二世皇帝，继续奉行始皇的苛政。以陈胜、吴广为首的农民大起义终于爆发。在农民起义的沉重打击下，秦王朝统治阶级内部分崩离析，二世、赵高诛李斯于前，继之赵高杀二世而立子婴，最后，子婴于当年八月又诛赵高。秦王朝虽然镇压了陈胜、吴广领导的农民起义军，但以项羽和刘邦领导的两支反秦武装，终于推翻了秦王朝。秦二世三年十月（前206年），刘邦军攻入咸阳，子婴降，秦亡。

前209年　陈胜吴广起义

秦王朝建立后，不顾广大人民在长期战争中遭受的创伤，大征徭役、兵役、赋税，筑长城，造宫殿，修坟墓，无限制地加重人民的负担。公元前210年，秦始皇去世，秦二世胡亥继位，对广大人民实行更加残酷的剥削和压迫。处于水深火热之中的人民终于揭竿而起，反抗秦王朝的反动统治。秦二世元年（前209年）七月，一队被征发到渔阳（今北京密云）戍守的贫苦农民，行进到蕲县大泽乡（今安徽宿县），因连日大雨，道路不通，无法按期到达。按照秦法规定，误期当斩。“今亡亦死，举大计亦死，等死，死国可乎？”于是，他们利用“鱼腹丹书”、“篝火狐鸣”等计策发动戍卒起义，杀死监押将尉，提出“大楚兴，陈胜王”的口号。陈胜自立为将军，以吴广为都尉，以秦始皇长子扶苏和楚将项燕的名义号召群众起义。起义军迅速攻占蕲县（今安徽宿县南），接着向西挺进，又攻占了秦朝重镇陈（今河南淮阳）。起义军在陈建立了“张楚”政权，陈胜

▲陈胜吴广起义

被推举为王。张楚政权的建立，促进了全国范围内反秦斗争的高潮，各地农民纷纷响应。随着反秦战争的发展，起义军内部的弱点和矛盾也逐步暴露出来，发生分裂，陈胜、吴广分别被部下谋杀。

项梁吴中起兵

▲项梁起义

项梁，下相（今江苏宿迁）人，父项燕为楚国大将，曾打败秦将李信军。后秦将王翦以60万大军攻楚，项燕战败，楚王被掳。项燕又立昌平君为楚王反秦，为王翦所败而自杀。项氏累世为楚将，封于项（今河南沈丘），遂以为姓。秦统一全国后，项梁曾杀人，与侄项羽避仇于吴中（今江苏苏州一带）。项梁在吴中威信颇高，贤士大夫皆出其下，当地的大事全由他出面主办。项梁利用这种条件暗中招兵买马，训练子弟。陈胜吴广起义爆发后，项梁叔侄杀会稽太守殷通响应，自任为张楚政权上柱国（上柱国，原楚国置，是统领军队的最高将领），率8000人渡江，沿途收编义军至数万人。后来项梁得知陈胜已死，遂听从谋士范增建议，立故楚怀王之孙为楚怀王，定都盱眙。怀王封项梁为武信君，项梁遂成为当时反秦的主将。项梁曾率军击败秦将章邯，在雍丘斩秦将李由，后因轻敌，在定陶被章邯打败，战死。

刘邦沛县起义

▲刘邦像

刘邦，沛（今江苏沛县）人，小地主家庭出身，曾任秦的泗水亭长。在一次押送民夫往骊山墓服役时，途中民夫逃亡很多，刘邦畏罪，乃和民夫一起“隐于芒、砀山泽岩石之间”。陈胜起义后，各地农民蜂起响应，刘邦也聚集二千余人。这时，沛县的县令也想响应来继续掌握沛县的政权，萧何和曹参当时都是县令手下的主要官吏，他们劝县令将本县流亡在外的人召集回来，一来可以增加力量，二来也可以杜绝后患。县令觉得有理，便让刘邦的挚友樊哙把刘邦找回来，刘邦便带人往回赶。这边的县令却又后悔了，害怕刘邦回来不好控制，弄不好还会被刘邦所杀，等于是引狼入室。所以，他命令将城门关闭，还准备捉拿萧何和曹参，萧何和曹参闻讯赶忙逃到了刘邦那里。刘邦知道县令反悔，便写了一封信射到城上，号召城里群众杀掉沛令，自己起义。城里群众很快杀了沛令，开门迎接刘邦。刘邦进城之后，群众都想推刘邦做县令，经过再三推辞，刘邦被大家拥立为沛公。接着，刘邦便在县府大院里，设坛祭礼，树起赤色大旗，正式宣布起义。

前 207 年　巨鹿之战

秦二世二年（公元前208 年），秦将章邯镇压陈胜、吴广起义之后，继败楚地反秦武装，杀项梁，破邯郸，反秦武装赵王歇及张耳退保巨鹿（今河北平乡西南），被秦将王离率 20 万人围困。章邯率军屯于巨鹿南数里的棘原，供王离军粮秣。赵将陈余率军数万屯于巨鹿北，因兵少不敢往救。楚怀王派宋玉为上将军，项羽、范增为将，率主力 5 万救赵，同时派刘邦西进攻秦。宋军至安阳，不进，坐观秦、赵相斗，以收渔人之利。项羽愤杀宋义，率领全部楚军渡河水，并下令全军破釜沉舟，每人携带三日口粮，以示决一死战之心。楚军以一当十，奋勇死战，九战九捷，大败章邯军，齐、燕等各路援军亦冲出营垒助战，俘王离，杀其副将，解巨鹿之围。自此，各路反秦将领皆服项羽。章邯进退无路，率军 20 万请降，秦军主力遂告覆灭，对最后推翻暴秦统治起了决定性作用。

▲项羽像

前 207 年　章邯降楚

章邯，字少荣，是秦朝末年的著名将军。在公元前 207 年，秦二世命令他带领释放的犯人们阻击陈胜起义军，几次战役都取得了胜利。但是，在和项羽交战时，他失败了。经巨鹿决战，项羽大破秦军，章邯退军棘原(今河北大名附近)，项羽进军漳河以南，两军相持未战。秦军多次退却，二世派人谴责章邯，章邯恐惧，使长史司马欣入咸阳请示，赵高不接见，有不信任之意。长史司马欣心里害怕，急忙逃回军中。他怕有人来追杀，没有敢走原路。赵高果然派人追赶他，没有追上。司马欣到了军中，向章邯报告了赵高专权的情况，并分析说现在战败了会被杀死，战胜了也会被赵高嫉妒，招来杀身之祸。这时，陈余也送给章邯一封信，劝说他仔细考虑。章邯犹豫不决，暗中派军候始成到项羽营中，想要签署和约。和约没有商妥，项羽率军日夜进攻，又一次打败了秦军。于是，章邯使人见项羽约降，项羽遂与章邯约在今河南安阳市受降。项羽就立章邯为雍王，安置在楚军营中，使长史司马欣为上将军，率领秦军为先行部队。至此，秦军彻底瓦解。

霸王别姬雕像
汉高祖曾祖刘清墓

楚汉相争

在现在的中国象棋棋盘上，有楚河、汉界的标识，这源于项羽、刘邦的楚汉之争，这是秦灭亡之后统一国家的王位之争，是秦向西汉的过渡时期。秦末农民战争推翻秦王朝后，刘邦、项羽等农民领袖逐渐蜕变为封建地主阶级的政治代表，他们为了争夺农民起义的胜利果实，展开了四年多的战争，史称“楚汉之争”。刘邦能为了实现远大目标，舍弃眼前小利；善于集中部下智慧，借助他人力量，达到自己目的。他了解百姓疾苦，尽量去争得民心，使各阶层的人集于汉军旗帜下，为其所用。而项羽终因不学无术，逆潮流而动，独断专行，恃力而亡，以武而害身，使千难万险中得来的胜利果实，轻而易举拱手让人。

前206年 约法三章

公元前206年，刘邦进入咸阳后，就宣布自己应为关中王。为了赢得民心，他改变了贪财好色的作风，并接受了群臣的建议，封闭秦朝府库，还军霸上，召集各地的地主代表，约法三章，规定：“杀人者死，伤人及盗抵罪。”即禁止农民军镇压地主官僚，保护地主的土地所有权和私有财产，对秦朝原有的下级官吏继续留职。约法三章，标志着刘邦已从农民起义领袖转化为地主阶级的政治代表。刘邦的谋士萧何也把秦朝的法令图籍、文书档案接收过来，掌握了全国的户口赋税情况，为恢复封建秩序作了充分准备。

▲刘邦驻汉中宫廷遗址——古汉台

前 206 年　鸿门宴

▲鸿门宴

当初楚怀王与诸侯相约，"先入关中者王之"，刘邦于前 206 年率先破关入秦。项羽在巨鹿之战后，引军入关，行至函谷关时，有刘邦军队把守，项羽的军队不能入关。项羽大怒，攻破函谷关，40 万大军屯兵鸿门（今陕西临潼东），而当时刘邦只有 10 万人，驻军霸上。谋士范增劝说项羽立即进攻刘邦，项羽叔父项伯连夜将情况告诉刘邦，刘邦让项伯从中调解。第二天，刘邦亲赴鸿门，项羽设宴。刘邦向项羽请罪，卑辞言好，以缓项羽怒气。席间，范增多次示意项羽杀掉刘邦，并让项庄舞剑以击杀刘邦。此时，樊哙带剑拥盾闯入帐中，指责项羽"欲诛有功之人"。后刘邦借口如厕至小道返霸上。随后，项羽入咸阳杀子婴，自称"西楚霸王"，都彭城（今江苏徐州），分封诸王，三分关中。

前207 年　火烧咸阳

鸿门宴后，项羽认为刘邦已经归服，自己理所当然地成为反秦力量的主宰。于是，刘邦进入咸阳后没有敢干的事，他毫无顾忌地去办了。他带领自己的大军，以胜利者的姿态进入咸阳，放纵士兵进行烧杀抢掠。他杀了秦降王子婴和秦的全部宗室家族，对秦统治者进行了报复。公元前 207 年冬，他把秦宫室里的珠宝和后宫的美女据为己有，然后放了一把大火，全部烧了秦的宫室。大火烧了 3 个月才熄灭。除了珍宝和美女外，他对秦的一切都很反感，都存在报复的心理，都想将它们毁掉。经过他的这一番烧杀，繁华壮丽的秦都咸阳，就变成了一片废墟。

▲秦咸阳宫一号遗址复原图

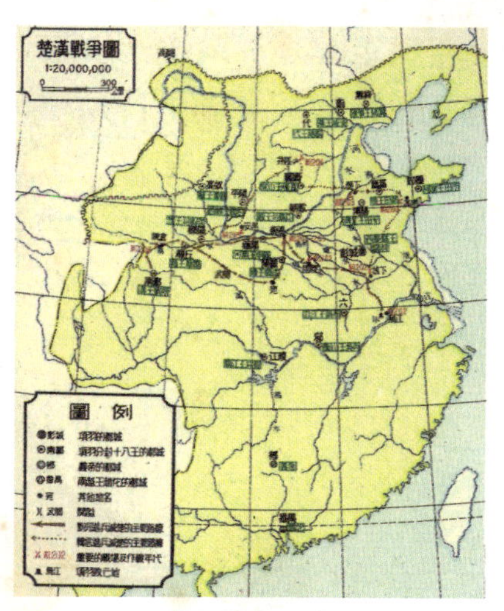

▲楚汉战争示意图

前 207 年　项羽分封诸侯

项羽屠咸阳后，自封为西楚霸王，王九郡，都彭城（今江苏徐州）。又背怀王盟约不封刘邦为关中王，而改封刘邦为汉王，王巴蜀、汉中，都南郑（今陕西汉中）。为了阻挠刘邦入关，三分关中以封秦降将：章邯为雍王，王咸阳以西，都废丘（今陕西兴平）；司马欣为塞王，王咸阳以东至黄河，都栎阳（今陕西富平东南）；董翳为翟王，王上郡，都高奴（今陕西延安）。封魏王豹为西魏王，王河东，都平阳（今山西临汾西）。封申阳为河南王，都洛阳。封韩成为韩王，都阳翟（今河南禹县）。封司马卬为殷王，王河内，都朝歌（今河南淇县）。封赵王歇为代王，都代（今河北蔚县）。封张耳为常山王，王赵地，都襄国（今河北邢台）。封英布为九江王，都六（今安徽六安市）。封吴芮为衡山王，都株（今湖北黄冈县）。封共敖为临江王，都江陵（今湖北江陵县）。徒封燕王韩广为辽东王。封臧荼为燕王，都蓟（今北京市）。封齐王田市为胶东王。封田都为齐王，都临淄（今山东淄博市东）。封田安为济北王，都博阳（今山东泰安东南）。由于分封不平，各诸侯王就国后，即开战端。历史又进入楚汉相争时期。

烧绝栈道

▲张良像

鸿门宴后，刘邦率众前往汉中，张良一路相送，到了褒中，刘邦一再请张良不要再远送，张良只得与刘邦告别。临别前他向刘邦建议，把所过的栈道都烧绝，一方面可以防止项羽或其他人的军队再进入汉中；另一方面也可以示意项羽，没有再返回来的打算，使项羽不再有所警惕。刘邦接受了张良的意见，把所经过的栈道都烧毁了。消息传到项羽那里，他就开始放松了对刘邦的戒心，刘邦因而得以安心在汉中、巴、蜀一带蓄积力量。

栈道是秦岭山脉中一些险要的地方，人们难以通行，就在旁边凿山崖，铺以木头板梁，人工修筑的通道。刘邦把栈道的木制板梁烧毁，就可以断绝入汉中的通路。所以烧绝栈道，只是暂时迷惑项羽的缓兵之计。项羽分封之后，一些不满分封的诸侯王，不去就国而反叛项羽，使项羽一开始就处在被动之中。而项羽的主要对手刘邦，却老老实实地去封地就国，还按照张良的意见，边走边烧绝栈道，以转移项羽的视线。这是刘邦的高明之处。

前 205 年　彭越归汉

▲戏剧中的项羽形象

彭越少年时代在巨野泽（在今山东巨野县北）以捕鱼为生。他很有号召力，许多少年追随于他，也曾集聚一伙人为强盗。当陈胜、项梁起义反秦后，彭越带领一些青年人揭竿而起。秦朝灭亡后，项羽进入关中，封立诸侯，却对彭越视而不见。彭越的部队无所归属。

公元前 206 年秋，齐王田荣叛楚，刘邦使人赐彭越将军印，令其击楚。项羽命部下率领军队击彭越，彭越大破楚军。公元前 205 年，彭越带领三万余人归汉于外黄（今河南兰考县东南），汉王立彭越为魏相国。公元前 203 年冬，楚汉相持于荥阳，彭越攻下睢阳、外黄等十七城。项羽乃使曹咎守成皋，亲自率军东击彭越。刘邦乘项羽击彭越，大败曹咎，收复成皋。项羽又回军击刘邦。这时，彭越居梁地，经常攻击楚兵，绝其粮运，调动项羽东征西战，疲于奔命。公元前 202 年秋，彭越率军队攻下了昌邑四周二十几个城邑，项羽败退到阳夏。彭越得十余万斛谷物，供给刘邦做军粮。最后又率军合围项羽于垓下，对刘邦战胜项羽起了重大作用。

英布背楚

▲项羽自刎

英布，六（今安徽六安县）人，年轻时因为犯法而受黥刑（刺面），所以又称黥布。英布曾服役于骊山，为秦始皇建造陵墓。后率服役刑徒逃亡，为群盗于江中。陈胜、吴广起义后，加入起义部队，转属项梁、项羽。每次作战，英布常为先锋，多次以少胜多。项羽入关，封英布为九江王，都六，又为项羽杀义帝，为楚之主要战将。楚汉战争开始后，前 205 年，项羽在齐用兵时，要求英布派兵支援，但英布只派了数千人，后来英布又没有派兵帮助项羽对抗汉王刘邦，自此项羽开始对英布不满，碍于尚有其他敌人未灭，所以没有发兵攻英布。刘邦在彭城大败后，派人成功游说英布反叛项羽，项羽派兵打败英布，英布逃到刘邦那里。后来英布派人到九江招揽了旧部数千人，加上汉王拨了一些军队给他，他的势力又回复了一些。前 203 年，汉王封英布为淮南王。前 202 年，英布率军到垓下会合其他汉军打败项羽，项羽不久自杀。

韩信拜将

韩信是秦末汉初的一位名将，他自幼刻苦读书，又练得一身好武艺，但是一直得不到楚霸王项羽的重用。后来，刘邦的谋士萧何劝韩信投奔刘邦。韩信投奔刘邦后，仍得不到重用，于是愤然离开汉营。萧何认为，这样的良才走了十分可惜，连夜策马将韩信追回来，又极力向刘邦保举。刘邦接受萧何推荐，拜韩信为大将，委以军事指挥大权。韩信得刘邦信任，成为战必胜、攻必取的良将；刘邦得韩信的辅佐，为打败项羽、扫平诸侯、当上皇帝，准备了条件。

▲韩信像

韩信接受拜将后，立即向刘邦提出攻打项羽、吞并三秦的策略。刘邦言听计从，立即部署诸将，出兵攻取三秦。首先打败雍王章邯，夺取了雍地。随后塞王司马欣、翟王董翳皆向汉军投降，关中遂被刘邦占据，使其势力大增，站稳了脚跟，可以与项羽公开对抗了。此后，刘邦与项羽的争霸，由退让转入进攻。

楚汉战争

▲垓下遗址

鸿门宴之后，刘邦迁入巴蜀，积蓄力量。前 206 年，未得封王的田荣起兵自立为齐王。其它军事力量也纷纷起兵，五月，刘邦趁项羽攻田荣之时，尽占关中之地，攻取都城彭城。项羽回头夺回彭城。此后，项羽连败刘邦。前 205 年的成皋一战，项羽腹背受敌，丧失了主动，遂以鸿沟为界，中分天下，尔后引兵东归。刘邦把握时机，采纳张良建议，于前 203 年十月，乘项羽引兵东撤之际，实施战略追击。十二月，项羽被围于垓下（今安徽灵璧东南），项羽乘黑夜率领壮士八百余人乘马突围，至乌江（今安徽和县东北）。乌江亭长备船岸边要送他过江。项羽笑道："我与江东八千子弟渡江而西，今无一人能生还，我有何面目见江东父老！"遂下马步战，杀数百汉军，身多处负伤，遂自刎身亡。至此，历时四年的楚汉战争结束。

开篇语

西汉

（公元前202年~25年）

汉朝（公元前202~公元220）包括西汉（公元前202年~公元25年）和东汉（公元25年~公元220年）。两汉时期我国是一个统一强盛的帝国，是中国历史上的一个黄金时代。西汉时期的统治者历代实行“与民休息”的政策，人民丰衣足食，安居乐业。西汉时期，社会经济稳步发展，农业、手工业及商业领域均取得明显进步。在征讨匈奴的同时，张骞出使西域，扩大了对外交往，丝绸之路随之产生。而以“昭君出塞”为标志，汉中央与周边民族的关系也在继续得到发展。西汉时期，儒学获得了独尊地位；司马迁在史学上做出杰出贡献；文学、艺术和科学技术领域成就辉煌灿烂，影响深远。此时，佛教开始传入中国。西汉后期，豪强地主和官僚贵族疯狂兼并土地，阶级矛盾十分尖锐，社会危机日益加深。公元8年，外戚王莽代汉称帝，国号“新”。西汉王朝结束。地皇四年（23年），新朝来亡。

西汉帝王世系表

高祖刘邦（前 206~前 195）——惠帝刘盈（前 194~前 188）——高后吕雉（前 187~前 180）——文帝刘恒（前 179~前 157）——景帝刘启（前 156~前 141）——武帝刘彻（前 140~前 87）——昭帝刘弗陵（前 86~前 74）——宣帝刘询（前 73~前 49）——元帝刘奭（前 48~前 33）——成帝刘骜（前 32~前 7）——哀帝刘欣（前 6~前 1）——平帝刘衎（1~5）——孺子婴（王莽摄政）（6~9）——（新）王莽（9~23）——更始帝刘玄（23~25）

大事年表

前 202 年	刘邦称帝，定都洛阳，不久，迁都长安。
前 195 年	汉高祖死，太子刘盈即位，是为汉惠帝。
前 188 年	惠帝死，吕后临朝执政。
前 180 年	吕后死，周勃、陈平、刘章灭诸吕，迎立刘恒为汉文帝。
前 157 年	汉文帝死，刘启即位，是为汉景帝。
前 154 年	景帝“削藩”，吴、楚等七国叛乱，周亚夫平定叛乱。
前 150 年	景帝废太子刘荣，立王夫人所生胶东王刘彻为太子。
前 141 年	汉景帝死，刘彻即位，是为汉武帝。
前 139 年	张骞首次出使西域，达十三年之久。
前 136 年	汉武帝采纳董仲舒建议，罢黜百家，独尊儒术。
前 129 年	汉武帝命卫青等四将分道出击匈奴。
前 123 年	大将军卫青出定襄击匈奴，汉武帝置武功爵。
前 119 年	实行盐铁官营。卫青、霍去病大败匈奴。
前 115 年	张骞二次出使西域从乌孙还，遍行西域各国，丝绸之路从此开通。
前 91 年	汉武帝命江充治巫蛊狱，卫太子杀江充。
前 87 年	武帝死，汉昭帝即位。
前 74 年	昭帝死，宣帝即位。
前 49 年	宣帝死，元帝即位。
前 1 年	哀帝死，平帝即位。王莽为大司马、领尚书事，执掌大权。
5 年	王莽毒死汉平帝。
8 年	王莽即位，做真皇帝，国号新。
17 年	王匡、王凤率饥民在绿林山起义，史称绿林起义。琅邪吕母起义。
18 年	樊崇起义于莒，史称赤眉起义。
23 年	绿林军诸将立刘玄为帝，年号更始。
24 年	更始政权从洛阳迁移至长安。

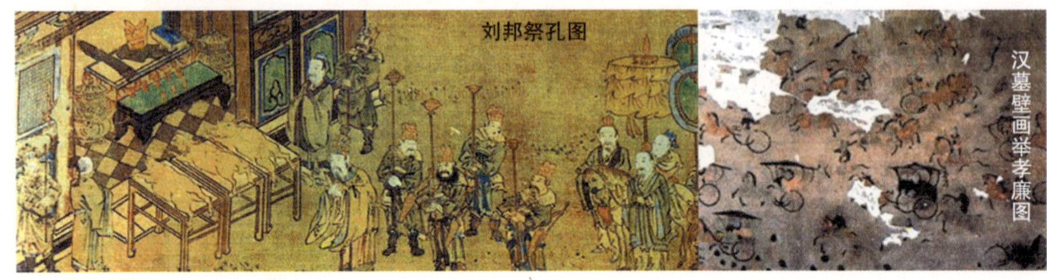
刘邦祭孔图
汉墓壁画举孝廉图

西汉初建

前202年的二月初三，刘邦在山东定陶举行登基大典，定国号为汉。定都洛阳，不久迁都长安。“汉承秦制”汉初统治者，在中央设三公九卿，地方实行郡县制。经济上，采取了一系列措施恢复和发展生产：让士兵复员，从事生产；让战时逃亡在外的人回乡，恢复原有田宅；释放一些奴婢为平民；减轻赋税。汉高祖以后的几代皇帝继续实行休养生息政策，使社会经济得以恢复。在法律方面的继承，主要是维护君主专制和中央集权方面的内容，其他针对百姓日常生活的酷法基本上废除。

▲汉高祖刘邦长陵

前202年　定都长安

刘邦打败项羽后，仓促称帝，尚无周密计划和长远策略，即位于汜水之阳。随后西行，决定都于洛阳。因为当时诸大臣们多是关东人，不愿远离故土，皆主张定都关外。唯戍卒齐人娄敬，在前往陇西服役途中，路过洛阳时，面见刘邦，提出都于洛阳多有不便，容易养成骄奢腐败、不图进取风气，力主定都关中。一则关中被山带河，四塞以固，据险可守；二则关中多膏腴之地，资源丰富，号称天府。虽娄敬主张有理有据，但刘邦仍狐疑不决，乃问计张良，张良也同意。结果，刘邦采纳了娄、张两人意见，当即起驾西行，都于长安。历代开国之初，多有定都之争。最终选择，总是以利多弊少为决定条件，以期有利于政权的巩固与发展。西汉历史发展证明，刘邦定都长安是符合长远利益的。

前 200 年　叔孙通定朝仪

叔孙通，汉初薛县（今山东滕县南）人，曾为秦博士。秦末，先从项羽，后来跟随刘邦。汉初，每当朝会时，群臣不知礼让进退，常常在殿上“饮酒争功，醉或妄呼，拔剑击柱”，令刘邦大为头疼。叔孙通自告奋勇，请求刘邦允许他“征鲁诸生，与臣弟子共起朝仪”。刘邦准奏。叔孙通遍采古礼与秦制，制订了一套完整的朝仪。公元前 200 年，经过一番严格的训练，再上朝时，群臣毕恭毕敬，诚惶诚恐，再也不敢呼喝喧哗，殿中一片肃然。刘邦大喜，叔孙通因其立仪有功，被拜为太常，成为朝廷重臣。

萧何定汉律

萧何，沛县（今江苏沛县）人，曾为沛县吏，与刘邦交情很好，后来跟随刘邦起义。刘邦率领起义军攻进了秦朝首都以后，许多部下都争抢美女、金银财宝。萧何却收集了秦朝的法令、规章图书，掌握了全国山川险要、郡县户口和各种资料，当作宝贝一样收起来。汉王朝建立以后，刘邦当了皇帝，拜萧何为相。因为萧何搜集了大量关于秦朝的资料，对天下的地形、民情、风俗等非常热悉，于是很快为汉朝制定了一整套法规、典章和制度。萧何选择秦法中可用的条款，除参夷、连坐之罪，增《事律》、《兴厩》、《户》等篇，作《九章律》。汉代律令由此初具规模。

▲萧何雕像

前 193 年　萧规曹随

汉惠帝二年（前 193 年），相国萧何去世，齐相曹参被召入朝继任。曹参上任，除将原相国府中属官言文深刻、追求声名者更换以质朴厚道、不善言辞者之外，凡事无所变更，一遵萧何成规，自己则终日饮酒不问政事。有人前往规劝，至相府就使其同饮，大醉方休，始终没有说话的机会。惠帝对此深感奇怪，暗遣曹参之子试问其意。曹参打了其子二百下，责怪其多管闲事，并于朝中向惠帝明言：“陛下圣明英武比不上高帝，为臣贤德才能比不上萧何。当初高帝与萧何平定天下、制定法令，如今君当垂衣拱手，臣当谨守职责，而不能随便改变。”惠帝听后，恍然大悟。曹参为汉相国三年，国中无事，百姓安居。就这样，曹参所倡导的无为而治的统治方法成为汉初治国的指导思想。

石寨山型铜鼓

玉角形杯

彩绘三鱼耳杯

翦除诸侯和七国之乱

西汉王朝建立后，刘邦为了使刘氏江山能长期统治下去，先后翦灭了几个异姓诸侯王后，又相继分封刘氏子弟为王，这些同姓王国势力强大后，必然会与中央集权发生矛盾，甚至不听中央的命令，时刻想举兵夺取皇位。景帝时，中央和王国之间的矛盾更加尖锐，并爆发了七国之乱。景帝急令太尉周亚夫率军前去平叛，经过三个月的时间，就把“七国之乱”平定了下去。接着景帝就把王国官吏的任免权收归中央，由中央派地方官到王国境内治民。至此，王国虽存，其他方面与一般的郡完全一样了。

◀汉景帝刘启像

▲汉景帝阳陵

前202年～前196年
翦除异姓王

西汉初年为加强中央权力，分封了七个功臣战将为异姓诸侯王，即梁王彭越、楚王韩信、淮南王英布、韩王信、长沙王吴芮、赵王张敖、燕王臧荼。这七个王所辖的领土几乎占了全国之半，对于中央政府的稳定和巩固造成很大的障碍和威胁，故而铲除异姓诸侯王势在必行。从高帝五年（前202年）到十二年（前196年）止，高祖先后翦灭了六国异姓王，只保留少数民族地区的长沙王、闽粤王、南越王、南海王等，一是他们对朝廷构不成威胁，二是朝廷需要他们治理所属各族，故得以安然无恙。

前201年 分封同姓王

▲西汉·马蹄金

刘邦主观的认为，秦朝的迅速灭亡是没有分封子弟为王的缘故，因此，在消除异姓王的同时，刘邦又封了九个同姓王，并与群臣刑白马共誓：非刘氏而王者，天下共击之。辅佐诸侯王的相国和太傅都要由中央政府来任命。诸侯王有权自置御史大夫以下官吏，自征租赋，自铸货币，自建军队。在分封之初，诸王大多是幼童，王国的重要官吏也是中央政府派去的，所以干弱枝强的矛盾并不突出。到景帝时，诸王或已成长或已更迭，与皇帝的血缘关系逐渐疏远，终于造成了吴楚七国之乱。七国之乱平定后，汉室继续削藩，加强中央集权，地方诸侯不复威胁中央。

前187年 吕后临朝称制

汉高祖刘邦死后，其子刘盈即位，是为惠帝，吕后专政。惠帝死后，少帝年幼，吕后临朝称制，开始了汉朝的高后时代。吕后称制伊始，就独揽朝政大权；她一面破坏刘邦确立的“非刘氏不王”的原则，一面又加强和扩大刘氏和吕氏的联姻关系，以加强和扩张吕氏的权势，并进而控制刘氏诸侯王。但吕后在内政上，以曹参为相，继续推行休养生息政策。在外交上，与匈奴修好，避免战争，使社会有一个宽松的政治氛围，经济得以恢复发展，为“文景之治”奠定了基础。公元前180年吕后病死，陈平、周勃与朱虚侯刘章等设计清除吕氏势力。经大臣商议，拥立刘邦庶子、代王刘恒为帝，是为汉文帝。

▲曹参像

▲吕后的“皇后之玺”

周勃安刘

吕后死，赵王吕禄为上将军，吕王吕产为相国，想要发动叛乱。作为汉室老臣，太尉周勃和丞相陈平做了周密策划。令郦商劝说吕禄交出兵权，同时做通符节令(专掌皇帝印玺的官员)纪通的工作，取得玉玺。然后，周勃假借朝廷名义，责令吕禄交出将军印，速回封地。接着，周勃进入北军，发布军令:“为吕氏尽力的袒右臂，为刘氏尽力的袒左臂。”全军都袒露左臂，表示愿为刘氏效力。正在此时，陈平派朱虚侯刘章来帮助周勃。周勃便派刘章带兵把守未央宫门，不许吕产入宫。刘章入未央官掖门，恰巧遇见吕产已在廷中，便率兵杀了吕产。至此，周勃等已控制了大局。于是下令分兵捕杀诸吕，无论男女老少，一律杀死。

▲周勃像

前 154 年 七国之乱

七国之乱，就是汉景帝时吴、楚等七国的叛乱。汉初大封同姓诸侯王后，逐渐形成割据势力。他们反对中央推行的法家路线，并网罗反动儒生在自己周围。当时法家晁错向景帝建议“削藩”，即夺回诸侯王的权力，取消分封。景帝采纳了晁错的建议，但遭到各地诸侯王的反对。公元前 154 年，吴王刘濞联合楚、赵、胶东、胶西、济南、淄川等七国以诛晁错为借口，发动叛乱。景帝听了袁盎的话杀了晁错，但叛军继续西进，这就暴露了他们篡夺帝位的野心。不久，景帝便下定决心平定叛乱，派太尉周亚夫率兵于三个月内平定了叛乱，诸侯王都自杀或被杀了。随后，景帝下令把诸侯王官吏任免权完全收归中央，大加裁减他们的数目和压低他们的职权，并规定“诸侯王不复治国”，王国行政由中央任命官吏处理。平定七国之乱，是西汉封建中央政权同诸侯王地方割据势力之间的生死斗争。七国之乱平定后，国家统一显著加强，中央集权走向巩固。

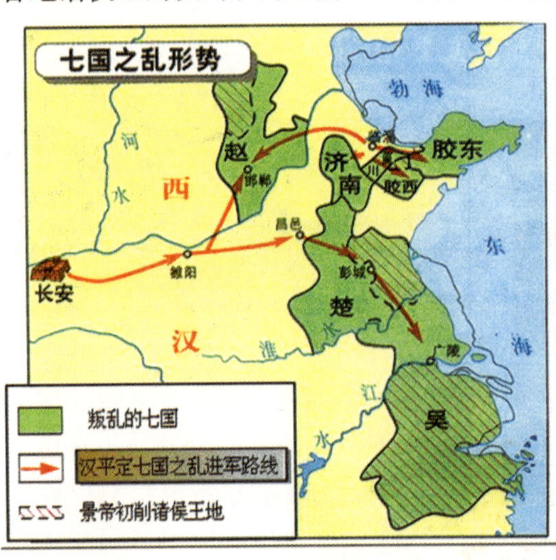

▲七国之乱示意图

周亚夫平乱

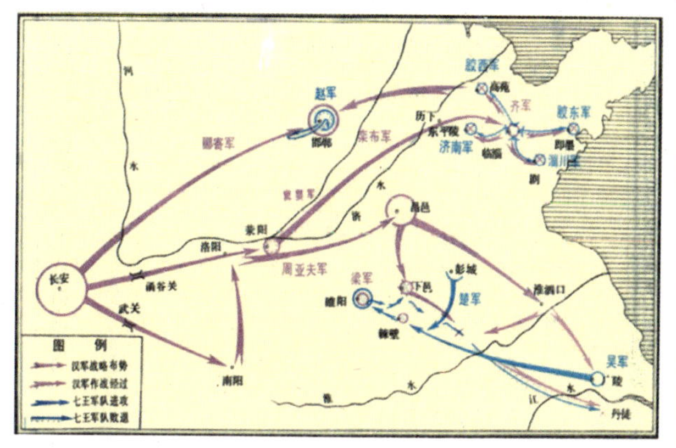

▲平定七国之乱示意图

面对七国的叛乱，景帝派周亚夫为太尉，率领 36 万大军平乱。周亚夫是西汉名臣周勃的儿子，文帝时曾在西北防守匈奴，景帝时升为太尉。周亚夫长期领兵，有作战经验，他采用重兵据险固守，坚壁不出，以轻兵断其粮道的策略，消耗叛军的人力物力，使其不能持久作战。叛军进入河南后，初阻于梁国城下(今河南商丘)，后又在下邑(今安徽砀山东)为周亚夫所败。叛军粮食奇缺，“士卒多饥死”，周亚夫乘胜派精兵追击，吴王仅率千余人南逃，奔入东越，被东越所杀，献首级于朝廷，其他各王也相继自杀，七国之乱仅用了三个月就平定了。平乱中，太尉周亚夫知己知彼，敢作敢为，是朝廷军队取胜的关键人物。为了取得全局性的胜利，置景帝救援梁国的诏命而不顾，大胆牺牲梁国局部利益，不奉诏命，终于集中兵力打败吴军，赢得全局胜利，表现出大将才能。

前 179 年 ~ 前 141 年　文景之治

文帝与景帝在位时，西汉统治者继续实行汉初“与民休息”、“轻徭薄赋”的社会政策，积极劝民务农，兴修水利，重农抑商。在税收上实行十五税一、三十税一，甚至还免收田租达 13 年之久，尽力减轻农民的口赋、徭役，规定入粟者秤爵，集中部分富有者的财富。财政支出上提倡节俭，压缩开支。废除苛法，削弱诸侯王势力，巩固中央集权。还征民徙边，入粟塞下，增强北方的防御力量。到武帝初年，出现人足家给，廪庾尽满，财力大增的繁华的景象。但在社会安定、民生富足的同时，也掩盖着许多新的矛盾和亟待解决的社会问题。如诸侯王实力强大；官场因循苟安，官吏结构老化；商贾使假，金融秩序混乱等。

◀汉文帝刘恒像

汉武帝的统治

公元前141年，汉景帝之子刘彻继位，是为汉武帝，他在位五十四年。汉武帝是雄才大略的封建政治家，在他统治期间，以汉族为主体的统一的多民族的封建国家得到了巩固。汉武帝在位时做了许多对以后历史发展有重大影响的事情，首先是加强中央集权的政治制度，巩固汉帝国的统一和发展：削弱相权；实行“推恩令”解决藩国问题；加强察举制度，建立刺史制度；设立太学，选拔官吏；建立了一套系统完整的政治制度，成为此后两千年间封建社会的基本制度。经济上，实行盐铁官营，“算缗告缗”，打击富商大贾，增加了国家的经济实力。汉武帝时打退匈奴对中原的入侵，出使西域，促进与西域各民族的经济文化交流。为适应专制中央集权政治的需要，在思想领域采纳董仲舒“罢黜百家，独尊儒术”的建议，使儒家思想逐渐成为封建社会的统治思想，对后世中国政治、社会、文化产生了深远的影响。公元前87年，武帝病重，在立了刘弗陵为太子后第二天去世。汉武帝的统治，为后来的“昭宣中兴”奠定了基础。

◀汉武帝刘彻像

前141年　建立内朝

西汉前期，丞相一职多由功臣担任，位高权重，总摄一切，甚至专横跋扈。汉武帝即位后，为了加强君权，开始任用一些出身低微、资历较浅的人担任丞相之职。同时，加强尚书令的权力。尚书令原为九卿之一少府的属官，负责保管奏章文书，武帝提高其地位，百官奏章不再送丞相，而改为送尚书台，由尚书令转呈皇帝。汉武帝还对那些侍从近臣、贤良文学加以侍中、给事中、中常侍等头衔，出入宫廷，参与处理国家大事，这样，便逐渐形成了内朝。内朝又称中朝，在宫内办公，以尚书令为首，由侍中、中常侍、给事中等组成，实际上是决策机关。外朝由丞相为首的三公九卿组成，在宫外办公，成为执行机关。中朝依仗皇帝凌驾于外朝之上，皇帝凭借中朝加强统治。内朝外朝的划分是中央官制变化的突出表现，内朝的形成说明皇权的集中。

前127年 颁行“推恩令”

▲汉武帝颁行“推恩令”

汉初，对宗室和有功之臣，实行封王、封侯制度，这样便出现了一大批宗室贵族和功勋世家，在当时被称为“封君”，他们拥有很大的势力。七国之乱后，诸侯王势力虽遭到削弱，但仍有相当势力。元朔二年(前127年)正月，汉武帝采纳中大夫主父偃建议，颁行“推恩令”，在诸侯王死后，除嫡长子继承王位外，允许其他子弟分割王国的土地成为列侯。列侯归郡统辖，这样就使王国势力日益削弱，处境愈益困难，中央集权进一步加强。公元前122年，淮南王、衡山王被告谋反，事件发生后，武帝又颁布了“左官律”和“阿党附益之法”，规定凡在王国任官者，不得再到中央任官，且地位低于中央任官，同时限制朝臣与诸侯王之间的往来，不许诸侯王结纳宾客。武帝又借口列侯所献“酎金”的分量和成色不足，夺去一些人的爵位，王侯和侯国所剩寥寥无几，而且领地狭小，势力微薄。通过这些措施，使地方割据势力大大削弱，失去了对抗中央的能力，从而加强了中央集权。

前124年 建立新的选官制度

▲董仲舒像

汉武帝以前，官僚富豪垄断仕途，把持国家政权，贫穷子弟没有做官的资格，一般中小地主子弟的出路也很窄。面对这种情况，汉武帝从维护地主阶级统治的利益出发，确立了新的选官制度。令各郡国每年举孝子、廉吏各一人，供朝廷选用，从而使大批人才充实中央。公元前124年，汉武帝采纳董仲舒的建议，在长安设立太学，太学置五经博士，从地方官僚子弟中选拔人才到太学中学习五经，经考试合格，即可授官。为了更多更好地选用人才，汉武帝还常常让中央和郡国的各级官吏推荐人才，皇帝亲自用书面提出问题，让被推荐的人回答，叫“对策”。对策合格的人，可以很快担任要职，这就是“举贤良文学”。有才干的人可自己上书皇帝就某些军政大事发表自己的意见，皇帝认为满意，即可授官。通过上述办法，武帝一朝，文武并举，人才济济，为汉武帝的文治武功创造了条件。

前117年 盐铁官营

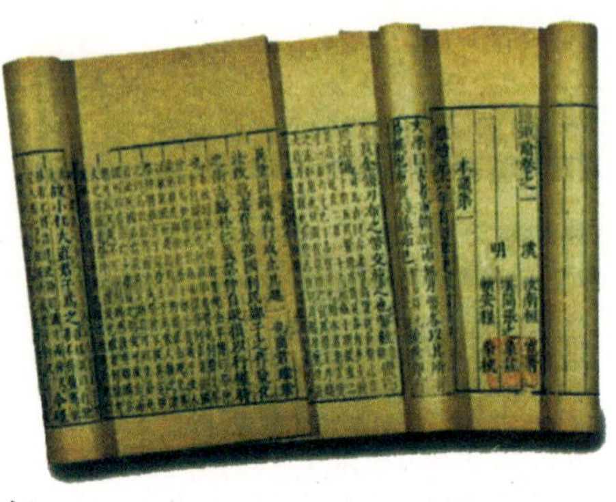
▲《盐铁论》书影

汉武帝以前，盐铁自由经营，虽有国营、官营、民营等三种形式，但民营占主导地位。在秦汉之际，以冶铁起家、煮盐致富者不乏其人。元狩六年（公元前117年），为了解决财政困难，汉武帝下令把盐、铁业收归国家专管。最早提出盐铁官营的是东郭咸阳和孔仅，二人分别是大盐商和大铁商，他们被汉武帝同时任命为盐铁丞，主管盐铁专卖。后又在各地设盐官、铁官，管理盐铁的生产和销售，从此盐铁业遂完全隶属于国家。盐铁官营打击了富商大贾的势力，增加了政府的财政收入。

前115年 平准均输

平准均输法由桑弘羊于公元前115年创行。桑弘羊，商人出身，武帝时任治粟都尉，领大农事。所谓平准，即由国家平抑物价，在都城长安及其他主要城市中设置平准官，根据市场价格，贱则买，贵则卖，从事官营商业活动，以调剂市场有无，平衡物价，以打击大商人囤积居奇、操纵物价的活动。所谓均输，即由国家在各地统一征购、运输货物。公元前110年，在各郡国设立均输官，最初专营盐铁的运输销售，后来负责管理郡国货物的调度征发，运到长安供国家之用或运到外地牟利，从而增加政府的财政收入。

▲桑弘羊像

前111年 加强中央警卫力量

汉初，实行征兵制，丁男一生服兵役二年，一年守京师，称正卒；一年戍边疆，称戍卒。正卒又分为南军、北军两支，分别由卫尉和中尉率领，守卫宫廷和京师。这种轮番守卫制度，使中央一直没有长期驻守的固定军队，这对保卫皇帝和京师都是很不利的。武帝即位后，为了加强中央警卫力量，乃建侍从军三支，即期门军、羽林军和羽林

▲西汉·彩绘女陶俑

孤儿，隶属于南军。又于公元前111年(元鼎六年)设八校尉，分别率领八支军队，这些军队都是召募而来的职业兵，隶属于北军，这是我国古代募兵制的开始。这样，就使中央有了常备的警卫部队，中央军事力量加强，从而加强了中央集权。

前106年 设置刺史

▲西汉·彩绘漆鸟纹耳杯

早在秦朝就于每郡置监御史一人，隶属于御史大夫之下，掌监察其所属一郡之事，汉初省废。至汉武帝时，为了强化中央集权，加强对地方官员的考核和对地方豪强的控制，于公元前106年分全国为十三个州郡，每州郡设刺史一人。刺史所行使的监察职权，主要是针对地主、地方长官和受封的诸侯王而设。公元前89年，又设司隶校尉，纠察三公之外的京师百官和三辅(京兆、冯翊、扶风)、三河(河东、河西、河南)、弘农七郡，进一步加强了皇帝对百官的控制。

◀西汉·金缕玉衣

▲汉武帝刘彻陵墓——茂陵

独尊儒术

汉初，外有匈奴之患，内有王国之忧，且经济凋敝，生产残破。西汉统治者针对当时的情况，采取休养生息政策，轻徭薄赋，发展生产，以清静无为的黄老思想作为统治思想。到汉武帝时，社会经济已得到全面恢复和发展，国力强盛，对匈奴由守势转为攻势，王国势力也日益削弱，雄才大略的汉武帝要实现他的文治武功，清静无为的黄老思想便不能适应形势的需要了。在这种情况下，主张加强君权，实现大一统的儒家思想便被汉武帝所采纳，并取得了独尊的地位，成为封建的正统思想。

铜扁壶

双凤系璧

镶嵌神兽博山炉

西汉与匈奴

匈奴在秦汉之际，已成为强大的奴隶制军事政权，冒顿单于乘着楚汉战争之机，重新南下占领河套地区。西汉初年，由于内部统治不够巩固，经济尚未恢复，无力对匈奴进行军事反击，只得采取屈辱的“和亲”政策，以缓和匈奴的侵扰。汉武帝即位后，由于国家“财力有余，士马强盛”，对匈奴发动了几次大的战争，从此，匈奴贵族不敢再带兵到蒙古大沙漠以南进行侵扰。汉宣帝时，匈奴统治集团发生分裂，南匈奴呼韩邪单于投降汉朝，另一部分匈奴人西迁西亚。竟宁元年（公元前33年），汉元帝以宫女王昭君嫁与呼韩邪单于，汉、匈从此友好相处。

◀冒顿单于像

前209年　冒顿弑父即位

匈奴，又称“胡”，是我国古代北方的一个游牧民族。它于战国中后期开始崛起，活跃于当时燕、赵、秦三国以北地区，秦汉之际强盛起来，并逐渐统一大漠南北广大地区，成为统治我国北方大草原地区的第一个强大民族。公元前209年，年轻的冒顿射杀其父头曼单于，自立为单于。从此，匈奴在这位英明果敢的首领的领导下走上了辉煌发展的新时期。初登权力颠峰的冒顿单于为了赢得匈奴各部贵族的支持和信任，先后向东击破强大的东胡，西向击走月氏，占领河西走廊，又南并楼烦、白羊河南王，北服浑庾、屈射、丁令、坚昆、薪犁等族。在一连串军事胜利面前，匈奴各部贵族全被震服，他们盛赞冒顿的贤明，不敢再存二心。冒顿单于同时还整顿内政，使匈奴国家组织更趋完善。

前 200 年 白登之围

▲白登遗址

楚汉战争之际，北方的匈奴强盛起来。公元前 200 年，冒顿单于攻占晋阳，汉高祖刘邦亲率 30 万大军迎击，收复晋阳，乘胜追击。刘邦闻知匈奴冒顿单于将军队驻扎在代谷（今山西代县西北），就派人前往侦察。冒顿单于故意将精锐隐藏，以老弱诱汉军北进。刘邦中计，亲率 32 万大军北上，并且他不听属下劝阻，率部分精锐冒进白登山，被匈奴 40 万大军包围。刘邦与主力部队失去联系，断绝粮草。被围七日后，刘邦用陈平秘计，厚赂冒顿单于阏氏（匈奴单于妻之称号），才得以突围，与汉军主力会合。刘邦突围后令樊哙守代（今河北蔚县东北代王城），引军南归。匈奴亦撤军。此战，刘邦轻敌冒进，以致被重兵包围。脱险后，接受刘敬建议，对匈奴和亲，每年送去大批丝绸、粮食、酒等，与匈奴约为兄弟，以缓和匈奴的袭扰。

前 119 年 汉匈决战

▲汉武帝与匈奴战争示意图

汉武帝时期，对匈奴大规模的战争主要有三次。第一次在元朔二年（公元前 127 年），匈奴入侵，杀汉辽西太守，掠二千余人。武帝派大将军卫青以三万骑击匈奴，出云中至陇西，收复了河南之地，设朔方郡和五原郡，并移民十余万，屯田戍边，取得了反击匈奴的胜利。第二次在元狩二年（公元前 121 年），汉武帝派骠骑将军霍去病率军数万，“出陇西、北地二千里，过延居，攻祁连山”，大败匈奴，俘三万余人，进占河西之地，后设置武威、酒泉、张掖、敦煌四郡，打开了通往西域的通道。第三次在元狩四年（公元前 119 年），匈奴数万入侵，杀掠惨重，武帝以大将军卫青、骠骑将军霍去病各率骑兵五万、步兵数十万，分兵两路出击匈奴。卫青出定襄，深入漠北，直抵燕然山（今杭爱山），霍去病出代郡二千里，达狼居胥山。匈奴大败，元气大伤，失去了进攻汉朝的力量。匈奴对西汉的威胁基本解除了。

前 60 年 设置西域都护府

张骞通西域后，西域各国虽然与汉朝建立联系，但仍受着匈奴的控制。为了供应往来的使者，汉武帝、昭帝时期便在渠梨、轮台等地驻兵屯田，积聚粮食，置使者校尉领护。经过几十年的经营，汉宣帝神爵二年（前 60 年），匈奴右部兼管西域僮仆都尉的日逐王与单于失和归汉，汉朝便设置西域都护，并任命郑吉为首任都护，开府乌垒城（今新疆轮台东），统领大宛及其以东城郭诸国，兼督察乌孙、康居等游牧诸国 36 国，颁行朝廷号令；诸国有乱，得发兵征讨。从此，西域正式纳入中国的版图。

▲敦煌壁画《张骞出使西域辞别汉武帝图》

前 33 年 呼韩邪单于与汉和亲

汉朝与匈奴的战争，双方损失都很重。匈奴战败后，无力再对汉发动进攻，匈奴贵族内部矛盾重重，互相攻杀，力量更加衰弱。昭帝时，匈奴内部又发生分裂：五单于争立，后又分为南、北两部。公元前 51 年，南匈奴呼韩邪单于降汉，北匈奴则西迁，郅支单于为汉西域都护甘延寿所杀，呼韩邪单于重新统一匈奴。公元前 33 年，呼韩邪单于至长安，要求“和亲”，汉元帝以宫人王昭君（王嫱）嫁呼韩邪单于。昭君到了匈奴，深得匈奴首领的宠爱。她在那里生儿育女，又为传播汉族经济、文化做了许多工作，为增进汉朝和匈奴之间的友好关系做出了贡献。从那以后，汉朝与匈奴之间 40 年没有战争。

▲王昭君画像

前 90 年 李广利投降匈奴

征和三年（前 90 年）春，匈奴入侵五原、酒泉郡，杀汉两都尉。于是，汉武帝遣将军李广利等人，共率 13 万大军，分出五原、河西、酒泉，深入匈奴境内激战，多有杀获。匈奴抵不住汉军猛烈攻击，立即北逃，避开同汉军交战。正当李广利在前方大获全胜，准

▲汉与匈奴的战争

备班师还朝之际，闻知妻子遭巫蛊事件牵连，被捕入狱。李广利方寸大乱，忧惧不敢立即回师，欲继续深入敌后，立功自赎。遂率师北进，渡匈奴郅居水(今蒙古色楞格河)，展开激战。匈奴死伤惨重，左大将阵亡，形势对匈奴十分不利。但是，李广利帐下的长史与都尉，不想舍死再战，声言李广利怀有异心，欲危众求功，合谋绑架李广利，引起汉军内乱，李广利杀长史，削弱了对敌战斗力。匈奴单于乘汉军久战劳倦，人心动摇，亲率5万骑拦击李广利，汉军大败。李广利内惧朝廷诛戮，外临匈奴攻杀，不顾名节而投降了匈奴。后因匈奴权贵们忌妒李广利得宠单于，设计将其杀害，终于未能逃脱可悲下场。

前81年 苏武归汉

▲苏武像

天汉元年(前100年)，汉武帝为答谢刚嗣位的匈奴且侯单于对汉朝所表现的善意，遣苏武以中郎将持节出使匈奴，厚结单于。当苏武完成使命准备回朝时，副使张胜与匈奴内部谋反降汉事件有牵连，苏武遂被单于扣留，并命其投降匈奴。苏武誓死不从，举刀自刺，以死抗争，幸被匈奴丁灵王卫律抱住，经医生救治，死里生还。伤愈后，单于继续威逼苏武投降，举剑刺向苏武，苏武岿然不动，单于只好住手。随后卫律又以荣华富贵诱降，苏武仍不为所动。单于又将苏武关入地牢，断绝饮食，用饥寒交迫办法逼其投降。苏武在地牢中饮雨雪，吃旃毛，不屈不挠，一连坚持数日。单于无奈，将苏武流放到北海(今贝加尔湖)牧羊。苏武在荒无人烟的北海牧羊，无人供给饮食，只好掘开鼠洞，用洞中贮藏的草籽充饥。每天手持汉节，坐卧不离，节毛渐渐脱光，节杖发射出耀眼光芒。得到汉武帝死讯后，苏武旦夕向南号哭拜祭，归汉决心有增无减。至汉昭帝始元六年(前81年)，匈奴与汉重修和亲，苏武在匈奴已历尽19年磨难，须发尽白，经汉使百般营救，终于南归还朝，官拜典属国，执掌蕃臣礼仪。至今，2000余年过去了，苏武的动人事迹仍受到世人仰慕。

西汉边疆政策

自秦统一以后，我国就形成一个统一的多民族国家。西汉时期，我国境内除汉族外，在周边地区还居住着许多少数民族，北方有匈奴，西部有西域各族、羌族，西南地区、东北地区及南方，也有许多少数民族。周边各少数民族的经济、文化在西汉时期都得到了发展，他们与汉族人民之间的联系也更加密切了。

◀赵佗雕像

前 179 年　南越称臣

赵佗原是秦朝的官吏，负责管理南越，即现在的广东、广西两省的区域。后来，由于秦国灭亡了，他便自立为王，号称南越武王。刘邦战败项羽后，对广大的中原地域已经满足，不愿再劳民伤财。于是对赵佗采取安抚怀柔政策。这种安抚政策使得汉朝偏远地区得到了安宁。吕后当权时，长沙王由于和赵佗有矛盾，在吕后面前讲了许多赵佗的坏话。吕后听信了这些谗言，称南越为蛮族，并对南越实施了许多歧视性的禁令。南越王赵佗一气之下派军队进攻中原，并连破数县。吕后见赵佗胆敢冒犯天朝大国，便决定派兵前去讨伐。但由于汉军不服南方水土，越过阳山岭以后就无法继续前进了。而赵佗则将其周围的邻国和汉朝的一些郡县一一蚕食，以天子自居，不把汉朝放在眼里。公元前 179 年，吕后死后，文帝继位。文帝本是聪明人，他见吕后的镇压并未收到成效，决定采用安抚政策。他派人为赵佗修了祖坟，并按时祭礼，又任命其亲属为高官，给予许多土地及房屋。赵佗知道这些事后，非常感动，连忙派出一个使团，带上贡品前往中原谢罪，愿意去除帝号向汉朝称臣。南越与汉朝间的藩属关系适得恢复。

前 139 年　张骞出使西域

▲张骞第一次出使西域 13 年后回归长安城的情景

汉朝时，西域指今甘肃玉门关和阳关以西和更远的地方。西汉初年，匈奴强盛起来，对西域各国进行残酷的掠夺和剥削。汉武帝为了解除匈奴的威胁，想联合西域的大月氏共同抵御匈奴，便于前 139 年派遣张骞出使大月氏。张骞一行一百人出陇西，经南山北麓时，被匈奴所俘，被扣留十年之久。到大月氏时，大月氏已重新建立王国，新国王认为，大月氏土地肥美，人民安居乐业，而且离汉朝太远，已没有必要报复匈奴。张骞这次出使虽没有达到目的，但他了解了西域的许多情况，获得了西域各国的地理知识，沟通了汉朝与西域各国之间的联系，同时也激发了汉武帝“拓边”的雄心。公元前 119 年，汉武帝为了进一步联络乌孙，共同抵御匈奴，再次派张骞出使西域，但乌孙国不愿东迁归汉，前 115 年，张骞返抵长安。张骞两次出使西域，目的都没有达到，但是开辟了通往西域的道路，加强了汉与西域的联系，西域成为中外经济文化交流的桥梁。随着西域道路的畅通，“丝绸之路”开通，“丝绸之路”把西汉同中亚许多国家联系起来，促进了它们之间的经济和文化的交流。

丝绸之路

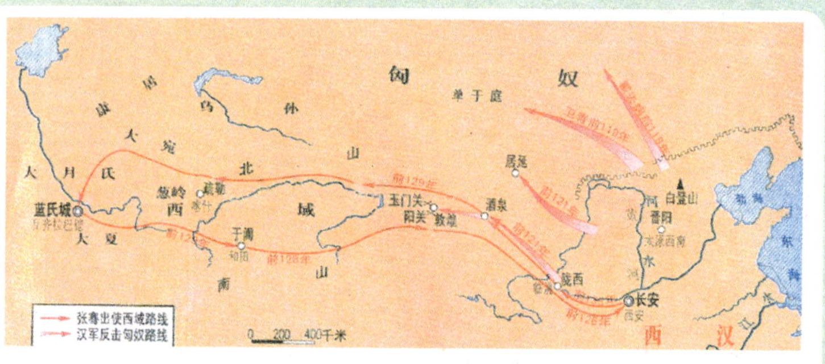

▲西汉同匈奴的战争和张骞出使西域示意图

丝绸之路是历史上横贯欧亚大陆的贸易交通线。丝绸之路有陆上丝绸之路和海上丝绸之路，都形成于汉武帝时期。陆上丝绸之路自张骞两次通西域后正式开通，从长安经河西走廊，分为南北两道，南道是出阳关（今甘肃敦煌西南）西行，经鄯善（今罗布卓尔附近），沿昆仑山的北麓，经过于阗（今和田）、萨车、蒲犁（今塔什库尔干），逾葱岭，至大月氏，再西行到安息和地中海的大秦（今罗马共和国），或由大月氏向南入身毒（今印度）；北道是自玉门关（今敦煌西北）西行，经车师前国（今吐鲁番附近），沿天山南麓西行，经焉耆、疏勒，逾葱岭，至大宛。再往南北方向到康居、奄蔡；向西南方向到大月氏、安息。"丝绸之路"全长约7000公里,汉代多走南路,至唐朝时多走北路。在经由这条路线进行的贸易中,中国输出的商品以丝绸最具代表性,故名"丝绸之路"。通过丝绸之路,中国的丝绸、铁器、打井技术等传到西域,西域的土特产、乐器,印度的佛教等也传入中国。丝绸之路是汉唐千余年间中外经济、文化交流的重要通道。

前112年 设置南越九郡

▲南越王博物馆

武帝建元四年(前137),赵佗死,其孙赵胡为南越王,遣太子婴齐到汉都长安宿卫。赵胡死,婴齐代立。赵婴齐死,太子兴继位,其母摎氏是婴齐在长安时所娶邯郸人。元鼎四年(前113),赵兴以摎氏意上书汉朝,请许与内地诸侯一样,三年一朝,废除边关。武帝允所请,颁赐南越丞相和内史、中尉、太傅印,其余官署许由南越自行设置;并废除南越旧有的黥、劓刑,采用汉朝法律。但是丞相吕嘉反对内属,杀摎氏和南越王兴及汉使,另立婴齐的越妻之子建德为王,与汉对抗。元鼎五年(前112年)秋,武帝遣伏波将军路博德、楼船将军杨仆等以楼船(水兵)十万人,分四路进攻南越。第二年,破番禺(今广州),俘吕嘉、建德等,以南越地置儋耳、珠崖、南海、苍梧、郁林、合浦、交趾、九真、日南九郡。

前109年 开通西南夷

围绕着内地巴郡和蜀郡的外圈,即在今天的四川县西部南部,贵州、云南分布着数以百计的少数民族和大大小小的部落,秦汉时称为西南夷。公元前135年,汉武帝派唐蒙至广州,发现蜀商经夜郎(今贵州安顺地区)、柯江(今贵州北盘江)运至广州的枸酱。汉武帝命唐蒙招降夜郎,出兵柯江以攻南越,并使夜郎周围的部落归汉。汉王廷又发巴蜀数万民众修南夷道,直通柯江和滇池区域。汉武帝还命蜀

▲西汉·错金青铜剑

人司马相如入川，抚谕民众，招抚邛、筰、冉等西南夷部落，并在其地置县，归蜀郡统辖。汉武帝为打通由四川经云南到身毒(印度)的道路，发兵攻占且兰(今贵州贵平、黄平一带)及夜郎，置柯郡。公元前109年，汉兵至滇，滇王降，汉于其地置益州。从此，西南地区大部纳于汉王朝统治之下，促进了西南民族与汉族的联系和交往，加速了西南民族地区的经济发展。

前105年　结好乌孙

乌孙是西域一个重要国家，当时居住在今伊犁河和伊塞克湖一带，建都赤谷城，以游牧为主，民性强悍，国王称为“昆莫”。前115年，昆莫猎骄靡派了几十名使者带上良马，跟随张骞到长安，一表答谢，二探虚实。后来匈奴听说乌孙跟汉朝友好，便派兵攻打乌孙。乌孙求汉朝援助，于前105年秋跟汉朝结为兄弟，送来几千匹好马作聘礼，娶了汉朝公主刘细君为昆莫的妻子。不久细君病逝，汉武帝立即以解忧公主续嫁军须靡，以巩固与乌孙的关系，牵制匈奴。宣帝即位后，解忧公主和乌孙王上书诉说匈奴接连出兵攻占乌孙土地，劫掠人口，请求帮助。于是在公元前72年，汉朝发兵15万，与乌孙东西夹击匈奴，匈奴大败。从此，乌孙彻底摆脱了匈奴的控制，并与汉朝结盟。

前11年　设护羌校尉

▲赵充国像

羌是氐羌族系中重要的一支，远古以来一直活跃在汉族的西方，约相当于今陕西西部至甘肃和青海的河湟流域一带。为了削弱匈奴的势力，西汉王朝开始积极经营羌人之地。汉景帝时，居住在湟水流域的一部羌民请求入守陇西塞，获得汉朝政府同意。这是汉王朝第一次有组织地迁羌入塞。汉武帝时，霍去病出陇西击败匈奴，打通通往西域的河西走廊，阻断了匈奴与羌人的联系。但几年之后，河湟羌人反汉，并与匈奴沟通。汉朝派李息等征讨羌人，一举攻入河湟地区，迫使部分羌人西徙西海的盐池一带。公元前11年，汉朝在青海设护羌校尉，河湟地区从此置于中央王朝的统治之下。汉宣帝时期，先零羌等部落重返湟水一带游牧，并与汉朝势力发生冲突。汉将赵充国击败先零羌，并将大量降羌安置于今青海的乐都、平安、湟中和湟源一带。接着，汉王朝在这里设置郡县，大兴屯田，中央王朝对河湟地区的统治进一步巩固，汉族移民也开始进驻今青海地区。

陶车马

龙凤纹重环玉佩

朱雀衔环杯

西汉的衰败

汉武帝统治的后期，农民破产流亡的情况严重，阶级矛盾尖锐，到处爆发农民起义。在民怨沸腾的情况下，汉武帝不得不下诏罪己。昭、宣时期，继续实行汉武帝晚年的“与民休息”政策，社会比较安定。元、成、哀、平四代，社会矛盾日趋激烈，其主要原因是官僚、地主、商人共同兼并小农，大量失去土地的农民成为流民、奴婢、依附民，他们不堪忍受痛苦，武装反抗不断。西汉的统治集团明知症结所在却无力挽救危机。

▲西汉·彩绘神人纹龟盾

前 92 年　巫蛊之祸

汉初，迷信盛行，认为用巫术及把木偶埋于地下，可加祸于人，称为“巫蛊”。武帝即位以来，迷信神仙道术，方士、巫师多聚京师，女巫出入宫中，教宫人埋木偶祭祀以消灾祈福。早在元光五年（前 130 年），武帝陈皇后因无子而失宠，在女巫教唆下作巫蛊，被下狱，株连而死者三百余人。武帝晚年多病，怀疑为左右行巫蛊所致。赵人江充深得武帝信任，却与太子刘据有隙。征和元年（公元前 92 年）十一月，武帝因病至甘泉宫（今陕西淳化西北）避暑，江充上言武帝病根在于巫蛊作祟，带领胡巫到处挖掘偶人。江充据胡巫指点，随便捕人，施以酷刑，民转相诬告，死者数万。后至太子宫，掘得桐木偶人。太子不能辩白，十分恐惧，乃举兵捕杀江充及胡巫。武帝以为太子反，发兵追捕，太子兵败，最后自杀。

前89年 轮台罪己

武帝即位之初，即开始对外征战，三四十年中，东征西讨，穷奢极欲，文景时积累下的财富被消耗殆尽。由于天下虚耗，百姓流离，以至农民暴动四处兴起。至武帝晚年，又发生了巫蛊之祸，太子冤死，李广利降匈奴，社会矛盾十分尖锐，西汉统治岌岌可危。武帝不得不开始反省自己的作为，决定改弦更张，改变政策。征和四年（前89年），搜粟都尉桑弘羊与丞相田千秋、御史大夫商丘成联名上奏，要求在轮台（今新疆轮台东南）地区广开屯田，并加派军队戍守，募民定居，修筑亭障，以把轮台建成进兵西域的基地。武帝不但没有接受，反而就此联系几十年用兵西域的往事，下了一道深含悔恨的诏书，公开承认罪过，此即有名的《轮台之诏》（或曰《轮台罪己诏》）。武帝于诏中指出：现在如果屯田轮台，必将扰劳天下，民不得安；目前当务之急在于禁苛暴，止擅赋，力本农，鼓励民众养马，勿使武备松懈而已。从此，武帝不再向西用兵。武帝下诏罪己，纠正失误，改变政策，意义十分深远。虽然两年后他即去世，但社会却迅速安定下来，人民得以休养生息，西汉统治也转危为安。其后昭、宣之世继续推行与民休息政策，迎来了西汉中兴时期。

▲新疆轮台西汉烽隧遗址

前86年～前49年 昭宣中兴

昭帝于公元前86~前74年在位。即位时，昭帝年仅8岁，大司马、大将军霍光受遗诏辅昭帝，掌握朝中大权。由于汉武帝穷兵黩武，使海内虚耗，户口减半。昭帝即位后，多次下诏，实行轻徭薄赋、与民休息政策，积极发展生产。始元、元凤年间（前86~前76年）多次派兵北击匈奴，暂时消除了匈奴的侵扰。始元六年（前81年）诏有司问郡国所举贤良文学民间疾苦，召开了著名的盐铁会议，与会者对汉武帝时所实行的内外政策进行全面检

▲汉昭帝像

讨，一部分被昭帝所采纳，社会生产得以恢复和发展。公元前74年，昭帝死，宣帝即位，继续奉行与民休息政策：慎择地方官吏，平理刑狱，假民公田，多次因灾异下诏免除百姓租赋；重用法吏，赏罚分明。因而连年丰收，粮食充裕，手工业在此时也大有发展。宣帝也常派兵袭击匈奴，匈奴大败，呼韩邪单于归顺汉朝。汉朝声威震于海内，出现了武帝以后的"中兴"局面。

◀汉宣帝像

前14年 铁官徒起义

▲铁官徒起义

土地兼并，使大批农民破产流亡，激化了阶级矛盾，许多农民"起为盗贼"，不断发动武装起义。公元前22年，颍川（今河南禹县）铁官徒申屠圣起义，杀长吏，取库兵，势力发展到九郡之地。公元前14年，山阳（今山东金乡）铁官徒苏令等起义，杀东郡太守和汝南郡都尉，影响很大。农民和铁官徒的起义，沉重打击了西汉统治者，他们虽然调兵遣将前往镇压，可斗争的烈火却越烧越旺，西汉王朝已到了日暮途穷的境地。

前5年 哀帝更受命

随着西汉统治的危机，"易姓受命"之说应运而生。早在成帝时，方士甘可忠编《天官历包元太平经》，说汉运将终，欲要太平，须"更受命于天"，汉成帝对此置之不理。哀帝即位后，"更受命"的呼声越来越高，哀帝见盗贼并起，危机四伏，也就把希望寄托在"更受命"上。建平二年（公元前5年），哀帝接受甘可忠的弟子夏良贺的建议，大赦天下，改元易号，改建平二年为"太初元年"，自称"陈圣刘太平皇帝"。但是，这种自欺欺人的鬼把戏，非但未能挽救西汉王朝的危机，反而加速了西汉统治崩溃的步伐。

▲汉哀帝像

赤眉古寨遗址

金兽

骑士猎鹿扣饰

新朝与各地起义

西汉末年，外戚王莽乘机收买人心，为其夺权制造舆论。他在毒杀平帝后，立孺子婴，自己为摄皇帝。在镇压了西汉宗室刘崇和东郡太守翟义的武装反抗后，公元8年，王莽终于自立为帝，改国号为新，西汉灭亡。王莽为了缓和尖锐的阶级矛盾，稳定自己的统治，宣布实行“改制”。王莽的改制，不仅没有解决当时的社会问题，反而给人民带来更大的痛苦，促使阶级矛盾更加尖锐，终于形成了席卷全国的绿林、赤眉大起义。

▲王莽像

公元8年 王莽篡汉

西汉自中叶以来，外戚专权现象严重。王莽为元帝皇后王氏之侄，成帝时封为新都侯，平帝时总揽朝政。之后他诛灭异己，大封汉宗室、功臣子孙和在朝大官为侯，广植党羽，以此获得了许多人的拥护。元始五年(公元5年)王莽毒死平帝，改立2岁的孺子婴为帝，自己以摄政名义据天子之位，称“假皇帝”。初始元年(公元8年)废孺子婴，自称皇帝，改号为新，建年号为“始建国”。王莽托古改制，下令变法：将全国土地改为“王田”，限制个人占有数量；奴婢改称“私属”，均禁止买卖；设五均，颁六筦令，以控制和垄断工商业，增加国家税收；屡次改变币制，造成经济混乱，农商失业，食货俱废；恢复五等爵，经常改变官制和行政区划等等。由于贵族、豪强破坏，改制没有缓和社会矛盾，反使阶级矛盾激化；又对边境少数民族政权发动战争，赋役繁重，横征暴敛。王莽的改制，由于违背经济规律，脱离社会实际，以及商人、地主、官吏的联合破坏等原因而彻底失败。

王氏攫政

▲汉平帝像

汉元帝皇后王政君，以太后之尊，历成、哀、平帝及孺子婴四代，外戚王氏权倾内外。成帝时，王政君兄弟五人同日封爵，时人谓之“五侯”，显赫一时。自元帝以来，王氏几十人封侯，五人任大司马大将军。王凤居中枢要位，公卿均“侧目而视，郡国守相刺史皆出其门”。王莽是元帝皇后之侄，父亲早卒，其伯父大将军王凤病重，王莽精心侍奉，尝侍汤药，“不解衣带连月”。王凤死前，将王莽举荐与成帝及王太后。当时王氏家族势力十分显赫，子弟骄横，王莽却折节向学，疏散家财，笼络人心，很得朝野人士赞誉，也得到皇帝的重用，成帝任命他为大司马大将军，辅政一年多。哀帝时他一度失势，哀帝亡后，他又复任大司马，录尚书事，操纵了西汉政权。在此期间，他继续实行一系列善举，如公元 2 年郑国发生灾害时，他一次献田 30 顷、钱百万以赈济灾民；又如他不受新野田地，为之上书颂德的竟有近 5 万人。

绿林、赤眉军起义

新末民众起义首先发生在北方边郡地区，接着在黄河流域、长江流域也爆发了农民暴动。天凤年间，王匡、王凤在湖北绿林山中聚众起义，称绿林军，很快发展至数万人。南阳大地主刘秀也组成舂陵军，参加起义。绿林军拥立刘玄为帝。这时另一支起义军赤眉军也在山东与王莽军作战。绿林、赤眉两支起义军分别在当地引起了很大的震动。在他们的鼓舞下，全国其他各地区的农民也纷纷组织起来，反抗王莽的黑暗统治。王莽发兵十万与绿林军战于昆阳，起义军以少胜多，刘秀在战斗中立了大功。绿林军乘胜直指长安。地皇四年（23 年）长安发生暴动，王莽被杀，新朝亡。

▲赤眉军无盐大捷

公元 23 年 昆阳之战

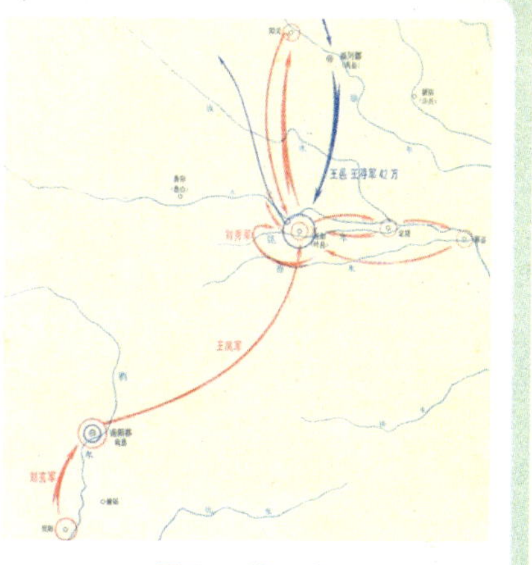

▲昆阳之战示意图

王莽闻知绿林军立刘玄为帝，建立了农民政权，大为惊慌。公元 23 年三月，急忙派大司徒王寻、大司空王邑率兵四十二万，号称百万，围攻起义军。五月，王莽军气势汹汹，直逼农民军占领的军事重镇昆阳。昆阳是一小城，城内守兵只有王匡、王凤率领的八、九千人，形势十分危急。但是，起义军临危不惧，齐心协力，苦战坚守，并派刘秀等十三人乘隙突围出城，调集外地援军，以便夹击敌人。王莽军将领王邑自恃兵众，在昆阳城外扎营百余座，并用楼车和挖地道攻城，但由于城内守军的奋力坚守，却始终未能攻下。六月，刘秀带领援军来到，从外围向王莽军发起猛攻，王莽军顿时乱成一团，城内守军也乘胜杀出，内外夹击，杀声震天，王莽军大败，王寻为乱军所杀，王邑率少数残兵逃回洛阳，起义军取得了重大胜利，这就是历史上有名的“昆阳之战”。

更始政权

随着农民军的节节胜利，建立农民革命政权便成为迫切需要解决的问题。大地主刘縯企图利用农民的天命皇权思想，宣扬刘氏复兴，以便夺取皇帝宝座。新市、平林两支起义军的首领看到刘縯有野心，曾极力反对，但是，他们毕竟未能从封建正统观念思想中解放出来，结果还是拥立刘玄为帝，建元“更始”，刘玄依靠姓刘当上了皇帝。刘玄即位后，起义军在昆阳大战中大败王莽主力军队，然后直捣长安，推翻新朝，恢复汉室。刘玄入都长安之后，便露出了纨绔子弟的本性，终日沉迷于寻欢作乐，不理朝政，还纵容绿林军在城内烧杀抢掠，大失民心。此时由山东贫苦农民组织的赤眉军又开始起义，并在王匡军的帮助下很快进军长安，刘玄投降，更始政权也随之灭亡。

▲王莽篡汉

镂空龙螭纹玉环

青铜镂空双鹿饰

玉璧

西汉的思想文化

西汉时期，经学成为显学，在朝廷里设置学官。我国第一部目录学著作《七略》、第一部纪传体的史学巨著《史记》均产生于西汉。西汉的文学作品主要有赋、散文、乐府诗三种形式，出现了一些不朽的作家与作品。此外，绘画、雕刻、音乐、舞蹈亦有很高成就。

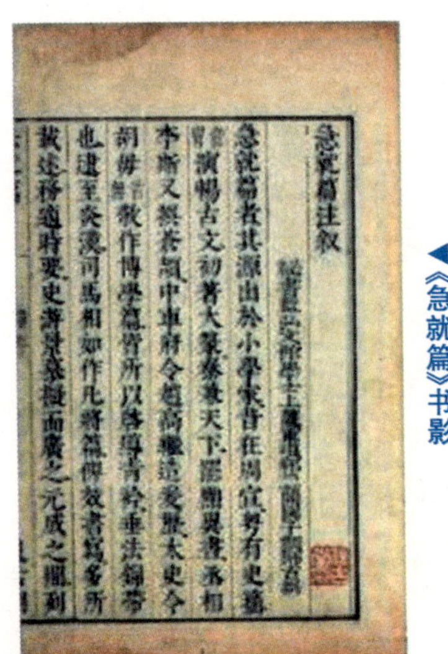

急就篇注叙

急就篇者其源出於小學家昔在周宣籀有史篇
演暢古文初著大篆秦兼天下罷黜異書丞相
李斯又撰蒼頡中車府令趙高繼述爰歷太史令
胡毋敬作博學篇皆所以啓導青衿垂法錦帶
也建至炎漢司馬相如作凡將篇俾效書寫多所
載述務適時要史游景慕擬而廣之元成之間列

◀《急就篇》书影

学校教育

西汉的学校教育，分为官学教育与私学教育两大类。在官学教育中，又有朝廷兴办的太学、地方郡国办的学校，以及“宦学事师”制度。考试是太学督促、检查学生学习的重要手段，也是太学生谋求官职的最好机会。西汉时，太学每年举行一次考试，分为“射策”和“对策”两种。在地方各郡国中，最先兴办学校的是蜀郡太守文翁，而且很有成绩和影响，后来在全国推广。“宦学事师”制度就是求学须入仕途，就教于官府，边仕边学，学习为官之术。这种宦学事师制度，由于“长大成吏”，“学童”出路明确，官府也愿意录用他们为官吏。

在私学中，经学的私家传授居于首位，许多未被朝廷立为博士学官的经学大师，皆以私下在民间传授经学为业。特别是未被立于学官的古文经学，就是在私学中传授和研讨。其他学派如道家等，其学术主张都是靠私家传授才得以延续和发展下去，一些天文历法知识，更是靠的私人传授。西汉的民间教育，除了由经师传授经学外，还有民间对儿童的启蒙教育，主要是认字、习字，有专门的启蒙读物，如《史籀篇》、《苍颉篇》以及流传至今的《急就篇》等。

言志之类的小赋。如董仲舒的《士不遇赋》、司马迁的《悲士不遇赋》、司马相如的《长门赋》、扬雄的《逐贫赋》等，皆为抒发自己际遇和世道不公之作，渐渐成赋体的主流。

俗乐的兴盛

▲西汉·彩绘陶乐舞杂技俑

西汉时期，朝廷管理音乐的机构有两个，一是隶属于太常的太乐署，二是隶属于少府的乐府。太乐署的主要职能是负责表演先秦时代的古乐，属于雅乐系统；乐府的职能主要是监造乐器，司掌郊庙祭祀及古代军队的武乐，兼管民间舞乐。汉武帝元鼎五年(前112年)，任命出身于音乐世家的著名音乐家李延年为“协律都尉”，主持音乐的改编和创作工作。汉代同先秦时一样，音乐也分为雅乐和俗乐。但就两者发展情况而言，汉代是俗乐兴盛时期，来自民间的楚歌，颇受世人喜欢，在上层社会中也能广泛流行。刘邦的《大风歌》、《鸿鹄歌》都属于楚歌，具有浓郁的感情色彩，是抒情性很强的民间曲调，代表了俗乐的特点。

舞蹈的融合

▲西汉·拂袖女舞俑

西汉的舞蹈艺术，首先是继承了古代中原舞蹈传统，随后，吸收了楚舞、西域舞及其他少数民族的舞蹈精华，融为一体，出现了我国舞蹈史上的第一个丰富多彩的发展高潮。在这个大发展的高潮中，俗乐舞、雅乐舞、西域舞、四方乐舞、乐舞伎人、舞蹈技艺等诸多方面异彩纷呈，蒸蒸日上。俗乐舞的发展，同经济的繁荣密切相关。人们的物质生活有了基本保障之后，有精力去追求文化娱乐，使民间的俗乐舞很快兴盛起来，并流进宫廷，成为统治者了解民情的一项内容。

▲西汉·绕襟衣陶舞俑

绘画艺术

▲西汉·仕女宴乐图

统一而辽阔的汉帝国为绘画艺术提供了描摹大千世界万象的广阔天地。从绘画题材上看，西汉的绘画主要反映了现实社会生活，宣扬伦理道德情操，以及对神怪的种种幻想等方面的内容。从门类上区分，有壁画、帛画、木板画、木简画、工艺装饰画，以及融绘画与雕刻为一体的画像石艺术等。而且各有千秋，争奇斗艳，使艺术上的美达到前所未有的高度。随着绘画艺术的发展，几乎在各个生活领域和各种器物上，都有绘画作品出现。有的施于铜器装饰物上，有的绘画在陶器上，都不同程度地反映了西汉绘画艺术水平的发展和提高。

西汉的雕塑

西汉的雕塑在艺术成就上达到了前所未有的水平，凡石雕、陶塑、木雕、青铜铸像及工艺装饰类的雕塑等，均有辉煌的上乘建树。值得指出的是霍去病陵墓旁的石雕群像，共有大型石刻件，其中有马、牛、虎、象、猪、羊、鱼，以及人与熊斗等石雕。马中有卧马、跃马、“马踏匈奴”，昭示出霍去病北击匈奴的英雄气概和辉煌业绩，成为这组群雕的核心作品。在艺术手法上，因是巨型石雕，形大体重，采取因石制宜，重点放在头部，其余轮廓近似而已，使作品显得简洁明快，质朴古拙，庄严肃穆。

▲西汉·石刻野猪

◀西汉·马踏匈奴

西汉的经济

西汉是中国历史上一个强盛的时代。其国力的强大，与经济的发展息息相关。农业技术方面，西汉初年，铁制农具已推广到中原以外的很多地区；武帝时冶铁铸造业发达，铁制农具的传播更为迅速。马耕和牛耕，在中原地区已很普遍。西汉时期，水利事业也很发达，开凿了许多渠道，形成一个水利灌溉网。在西汉的手工业中，冶铁业占有重要地位。西汉冶铁的技术、铁器的种类、数量和质量，都比战国时有了重大的进步。丝绸业是西汉的重要手工业之一，精美织物通过馈赠、互市或贩卖，大批输往边陲各地，远至中亚各国和大秦（罗马帝国）。此外，煮盐（包括海盐、池盐、井盐等）、制陶、造船、造车、酿造等业，在西汉时都有发展，生产规模和技术都超过前代。随着农业、手工业的发展，商业也繁荣起来了，全国已形成了若干经济区域，每个区域都有大的都会，对外贸易更加发达。

农业

西汉时期，农业生产有了很大的发展，突出表现为生产工具的改进和生产技术的提高。汉初，为了恢复生产力，奖励牲畜繁殖，严禁杀盗牛马。到武帝时，牛马耕已普遍使用，并在生产中发挥着巨大作用。西汉时期，铁农具也已相当普及。从考古发掘看，黄河、长江、珠江三大流域的省份，都有西汉时期的铁制农具发现。西汉时期，耕作技术比以前有所提高，“代田法”和“区田法”反映了当时生产技术发展的水平。水利的兴修也较战国时期有很大的发展。生产技术的提高和水利工程的兴修，提高了农田产量，人口也大幅度增加。

▲西汉·大铁铧和装有犁壁的铁铧

纺织业

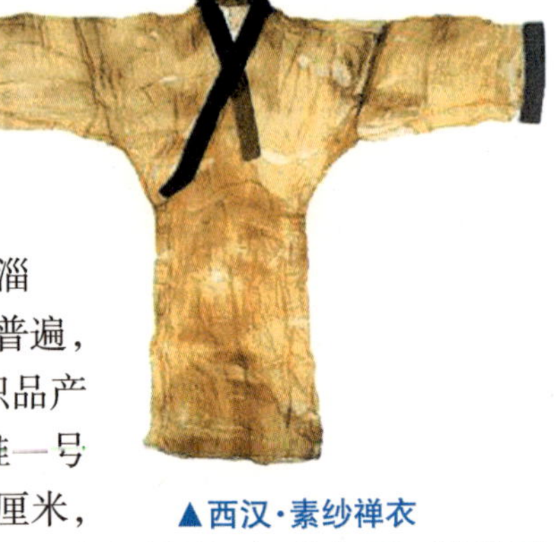
▲西汉·素纱禅衣

西汉官、私纺织业都很发达。为了满足皇室对纺织品的需要，政府在京师长安设有东、西两织室，属少府，并有专门负责管理的官员，在齐郡临淄设“三服官”，都有织工千名以上。民间纺织业也相当普遍，并且出现了独立的私家经营的纺织手工业。汉代纺织品产量大，花色品种丰富，而且质量高。1972年长沙马王堆一号汉墓出土的一件素纱禅衣，衣长128厘米，袖长190厘米，重仅49克，薄如蝉翼，轻若烟雾，精美无比，如果没有高超的纺织技术，这样的制品是不会出现的。当时，纺织工具已有了很大的改进，已由竖机开始向平机过渡，这是纺织工具的一大改进。西汉纺织品的产地，主要是齐、蜀两地，齐绣、蜀锦在当时都享有盛名。

▲西汉·纺车图

冶炼业

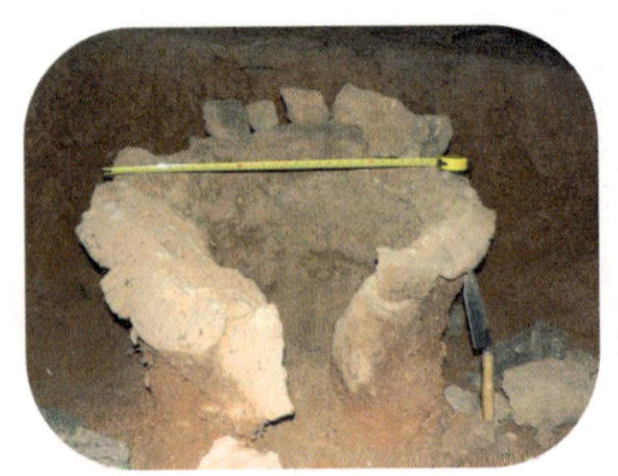
▲西汉·冶铁炉

西汉时冶铁场的分布不平衡，北方生产发达，铁农具需求量大，冶铁场也就多，南方火耕水耨，自然就会少些。就全国而言，冶铁业最发达的地方是临邛（今四川邛崃）、宛（今河南南阳）、鲁（今山东的临淄）、邯郸（今河北邯郸）等地。西汉时期的冶铁技术比战国时期大大提高，大致在西汉中期以后，出现了炒炼法炼钢技术，即把生铁加热至液体或半液体状态，然后加入矿石粉不断搅拌，用以降低生铁的含炭量，使之接近于钢，用这种方法炼出的钢叫炒钢。当时，冶炼工人还发明了焠火技术，在铸造刀剑时“清水焠其锋”，使之锐利，在当时世界上居领先地位。

煮盐、造纸

西汉时期，在山东、江苏、浙江等沿海地区都有海盐生产，在今山西一带有池盐，四川地区有井盐，生产量都很大。武帝以后，煮盐官营，政府控制的煮盐场有三十多处，可见其规模之大。在西汉中期，还出现了一种丝质纸，叫做赫蹄，因造价贵，只能用于宫廷。到武帝、宣帝时期，我国劳动人民还发明了麻纸。1957年，在西汉灞桥出土的麻纸不晚于汉武帝时期。1978年又在陕西扶风县中颜村发现了西汉的麻纸，而且还有用植物纤维制造的纸。这些考古发现充分说明，我国造纸术出现于东汉以前。从此，造纸业成为一个重要的手工业部门。

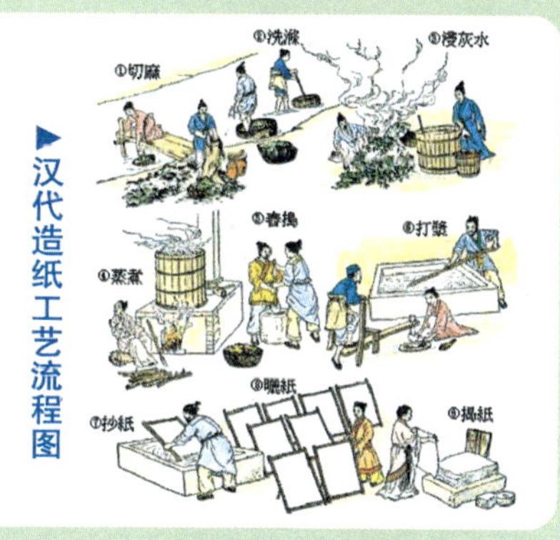

▶汉代造纸工艺流程图

商业

西汉建立后，袭用了商鞅变法时的“重农抑商”政策。高祖时，不许商人佩剑、乘车、骑马、置地和做官。到惠帝、高后时，“复驰商贾之律”，商人的身份地位依然很低。商人及其子孙不准做官为吏，而且要纳重税，后来武帝时的算缗、告缗，主要是向商人征税，可以说西汉一代始终实行重农抑商政策。但是，由于社会经济的恢复和发展，也由于经商易于获利，所以商业仍然十分繁荣。当时，商品交流十分畅通，而且有的商人还勾结诸侯王，成为王国的官吏，一些王国也利用大商人的经济力量扩充势力。他们往往结成势力集团，对抗中央，直到七国之乱平定后，这个问题才得到了解决。以商致富是行之有效的方法，以致出现了农民“弃本逐末”的现象。

▲西汉·玻璃谷纹璧

城市的繁荣

商业的发展促进了城市的繁荣，当时的京师长安，不仅是西汉的政治中心，而且也是经济中心。长安城内街市整齐，交通发达。长安有九个较大的市场，其中六市在道西，统称为“西市”；三市在道东，统称为“东市”。各市都有许多商人，店铺林立，货物殷盛，一派繁荣景象。此外，还有“直市”，市内所卖的东西，不言二价，故名。又有“槐市”，每逢朔（初一）、望（十五）在太学附近的槐树下进行，商品多是各地土产及经书、笙磬乐器等，主要是为便利太学生而设。由于长安销售市场大，所以四方商人争赴长安。除都市长安外，还有许多商业城市。洛阳是河南地区的商业中心，水陆交通发达，商业十分活跃。临淄是齐鲁地区的商业中心，丝织业特别发达，号为“冠带衣履天下”。邯郸是河北的商业中心，成都是四川地区的商业中心。南方的会稽（苏州）、番禺（广州）等地也是重要的商业城市。

开篇语

东汉

（公元25年~公元220年）

公元25年刘秀称帝，都洛阳，恢复刘氏统治，史称东汉。在前代的基础上，东汉继续实行加强中央集权的各项措施。社会经济继续发展，大地主庄园式生产在农业中占有突出的地位。手工业在纺织、冶炼铸造、煮盐、漆器及造纸等方面有较大进步。东汉王朝进一步保持与包括西域在内的周边地区和民族的密切交流。思想领域虽谶纬迷信盛行，但也产生了王充等思想家、班固等史学家和文学家、张衡等科学家、张仲景等医学家，将当时的文化推向领先世界的水平。东汉中叶以后，外戚与宦官长期把持朝政，社会矛盾激化，最终导致黄巾大起义爆发。此后，军阀割据，统一王朝名存实亡。公元220年，曹丕逼献帝让位，东汉灭亡。

帝王世系表

光武帝刘秀（25~57）——明帝刘庄（58~75）——章帝刘炟（76~88）——和帝刘肇（89~105）——殇帝刘隆（106）——安帝刘祜（107~125）——顺帝刘保（126~144）——冲帝刘炳（145）——质帝刘缵（146）——桓帝刘志（147~167）——灵帝刘宏（168~189）——献帝刘协（190~220）

大事年表

25 年　赤眉立刘盆子为帝。刘秀称帝，是为光武帝，东汉建立。
27 年　赤眉军为刘秀所破。
30 年　恢复西汉田租三十税一制。
31 年　罢郡国轻车、骑士、材官、楼船士等，使还民伍。
35 年　诏令不得虐待奴婢。以后又多次下令释放奴婢。
39 年　诏令州郡度田。
40 年　河南尹张伋及郡守十余人，因度田不实，下狱死。
56 年　宣布图谶于天下。
60 年　汉明帝命令画工在南宫云台画功臣 28 将面像，史称“云台二十八将”。
73 年　班超出使西域。
88 年　汉和帝即位，窦太后临朝，外戚专权开始。
97 年　窦太后死，追尊梁贵人为太后，梁氏始盛。
105 年　殇帝继位，邓太后临朝。
121 年　邓太后死，安帝亲政。
125 年　安帝死。
144 年　顺帝死，年仅 2 岁的冲帝继位，梁太后临朝。
145 年　冲帝死，梁冀立质帝，年 8 岁。
146 年　质帝称梁冀为“跋扈将军”，被梁毒死，桓帝立，梁太后仍临朝。
159 年　梁氏被诛。单超等五人同日封侯，朝廷大权尽归宦官。
167 年　第一次党锢之祸。
169 年　第二次党锢之祸。
184 年　黄巾起义。
189 年　董卓进京，立汉献帝。
190 年　关东各路诸侯公推袁绍为盟主，讨伐董卓，董卓胁迫献帝迁都。
192 年　司徒王允使吕布杀董卓。
196 年　曹操迁献帝于许昌，在许昌屯田。
200 年　官渡之战，孙权据有江东。
206 年　曹操基本统一北方。
208 年　赤壁之战。
214 年　刘备据有巴蜀。
219 年　东吴取有荆州，关羽败死。

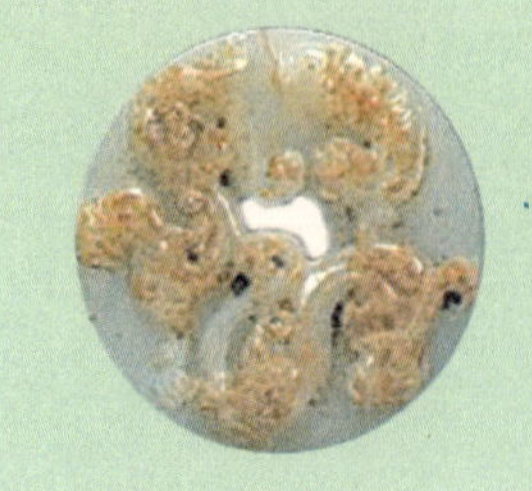
白玉螭虎纹玉璧

猫头鹰陶瓷罐

熊形玉砚滴

东汉的建立和巩固

光武帝接受西汉的历史教训，不给功臣以实权，不让外戚干预政事，限制诸侯王发展势力，削弱三公职权，加强尚书台机构，故东汉的三公形同虚设。他还加强了对全国吏民的监察，裁撤了地方兵。这些措施的推行，使得东汉前期的专制主义制度得到进一步加强，西汉后期的功臣擅权、外戚专政、诸侯王难治的弊病在这一时期内均未出现。

▲光武帝刘秀像

公元 25 年　刘秀建东汉

绿林、赤眉军起义后，地方上的地主豪强也参加反对新朝的起义，其中以加入绿林军的刘秀势力最强。昆阳之战后，刘秀到河北谋求发展，镇压河北的农民军，吞并了北方各地的豪强武装，势力渐大。公元 25 年 6 月，刘秀在河北即皇帝位，即光武帝。他沿用汉为国号，史称东汉，定都洛阳。东汉政权建立以后，当时在全国各地的武装割据势力依然存在。公元 27 年，刘秀杀死赤眉军首领樊崇，赤眉军宣告灭亡。随后，他又陆续消灭了其他武装势力。自此，东汉政权才真正意义上地统一了全国。

▲光武帝陵

改革军制

▲东汉·铜牵马俑

刘秀在军事方面，也进行了改革，主要是削弱大将和地方的军权。东汉建立之初，就以高官厚禄换取大将交出兵权，让他们“阖门养威”，教养子孙，做富田翁。功臣邓通等，投刘秀之所好，主动削减家兵，转习儒术，表示偃武修文，与世无争，才得以参预政事。不久，又“罢轻车、骑士、材官、楼船士及军假吏，令还复民伍”，裁去郡国都尉，以太守兼典郡兵，郡国军队大大减少。同时，扩大禁卫军的编制，加强了中央的军事力量。

▲东汉·陶亭堂

公元 30 年 取消都试

都试亦称大试，原为秦汉时期，由地方军政长官太守、都尉、令长、丞尉等主持，考核军士技能、检阅武备的军事演习。都试通常在每年八月或九月举行。由于地域的情况不同，地方军队有材官、骑士、楼船等兵种。地方军队的指挥权主要掌握在都尉手中。都尉初置于秦，称尉或郡尉，西汉景帝时更名都尉。其职权是“典兵禁，备盗贼”，战时可领兵作战，平时则维持治安。但是，都试有时也被某些政治家用作起事用兵的手段。光武帝在建立政权之后，为了防范郡国军政长官和地方势力借都试为名起兵谋叛夺权，于建武六年(30 年)罢郡国都尉官，并职太守，随之取消都试。又罢轻车、骑士、材官、楼船士及军假吏，还复民伍。但是，建武六年都尉废罢之后，东汉政府根据军事上的需要，还在某些边郡建置过都尉。到了东汉末年和三国之际，都试又以新的名目重新出现，称为“乘之”、“治兵”。但是，它的社会作用已发生变化，成为当时大军阀穷兵黩武的手段之一。

▲东汉·文吏俑

▲东汉·乐舞百戏图

不以功臣任职

在官吏的任用上，刘秀十分重视年轻化和知识化。当时，一些功臣多是戎马出身，南征北战是良才，对如何治理国家却懂得很少，他们又自恃功高，目空一切，常有违法现象。刘秀给他们以极尊崇的政治地位，封三百六十余人为列侯，却不让他们掌握实权，有的王侯留位京师，不去就国，名为奉朝请，实际上被架空。另一方面，对于那些有真才实学、能治国安邦的人，则让其担任重要职务，有效地强化了政权机构。

严查官吏

为了加强皇权，东汉王朝还进一步加强了中央和地方的监察工作。中央的监察机构是御史台。东汉初年，把御史大夫改称司空，主管工程，原属御史大夫的御史中丞成为御史台的最高长官，负责察举百官“非法违失之事”，其权力仅次于尚书令。御史中丞下设治书侍御史二人，负责解释法律条文；侍御史十五人，具体察举百官违法事宜。在京师所属之州，还设司隶校尉，掌纠察京师百官和所辖各郡事务，既是京官，又是地方官，权力很大。东汉时在地方上的监察官是州刺史。州刺史始置于汉武帝时，以六条问事，察地方。东汉建立后，分全国为十二州，每州设刺史一人，周行郡国，刺探政情，年终奏于皇帝，作为中央进退官吏时的参考，权力比西汉时有所扩大。

▲东汉·辟邪插座
◀东汉·木轺车

陶水田附船模型　陶楼

东汉时期的经济

刘秀利用农民战争造成的有利形势，连续六次颁布释放奴婢的诏令，以利于经济的恢复。刘秀又下诏州郡检核垦田数额和户口人数，称为度田。但因豪强地主的反抗、官吏的舞弊而酿成公开的武装斗争，度田遂不了了之，东汉政权从一开始就无力控制豪强。东汉时期政府还注意水利工程的兴修，各地方官亦在其辖区内兴修了不少水利工程，铁农具得到改进，牛耕亦比西汉更加普遍，桑蚕业在不少的落后地区得以推广，粮食亩产量亦比西汉有所提高。手工业也得到了较快的恢复和发展，冶铁和铁器制造业更为突出。南阳太守杜诗推广水排铸造农具是冶铁技术的重大改革。民间纺织业比西汉有大幅度的发展，商业虽从总体上看远不及西汉发达，但北方的通都大邑，特别是都城洛阳，仍很繁荣。

公元 39 年　度田事件

东汉初年，一些豪族地主仍占有大量土地，并且同时占有一些依附农民，依然影响着国家的收入。为了增加收入和征派徭役，东汉政府于建武十五年(39 年)颁布度田令，对各州、郡的土地和户口进行清查核实。当时，大官僚、大地主大量隐瞒土地人口，所以极力反对度田，有的则勾结度田官吏，弄虚作假，继续隐瞒田产人口。而一般农民和中小地主在度田中则深受其害，度田官吏不仅丈量他们的全部土地，就连房基、院落也被当作耕地丈量，还把大地主大官僚隐瞒的部分转嫁到他们身上。度田推行不久，一部分官僚豪强发动了反对度

▲东汉·弦纹圈底玻璃杯

▲东汉·规矩鸟兽纹镜

▶东汉·陶羊

田的暴乱，一些受害农民也参加了反度田斗争，形势一度紧张，刘秀虽然也发兵镇压追讨，却收效不大。后来，刘秀以“度田不实”罪诛杀了十多个郡太守，用来收买民心，欺骗群众。又规定，反抗者可以互相揭发，用镇压与分化相结合的手段才把反度田斗争平息下去，度田也只好停止了。

庄园经济

豪族地主不仅占有大量土地，还占有附近的山林川泽，他们往往以庄园的形式压迫剥削农民。每个庄园，实际上就是一个自给自足的经济体，庄园内不仅从事农业生产，还有手工业作坊和其他副业生产。庄园上的主要劳动者是宾客、徒附和奴婢。宾客是庄园主的依附人口，大多是失去土地的农民，他们为生活所迫投奔世家豪族。也有少数宾客地位稍高，他们是庄园主的上客或幕僚，多数还是从事农业劳动；徒附则是典型的农奴。徒附、宾客要纳很重的地租，还要服各种杂役，他们不能随便离开庄园，甚至连婚丧嫁娶都由庄园主决定。庄园内还有大量的奴婢，他们主要从事家内劳动和手工业生产，也有少数从事农业生产。庄园主为了加强对农民的统治，保护自己的财产，还强迫一部分依附农民充当家兵，建立私人武装，称为部曲，他们主要的任务是守卫庄园。当时每个大庄园都有自己的部曲，这些拥有私人武装的豪族往往形成地方割据势力，特别是在中央集权遭到破坏时，更易于形成分裂割据状态，东汉以后几百年的分裂割据，与豪族地主庄园势力的存在和发展是有密切联系的。

▲青铜人推磨，展示了东汉地主庄园内侍仆的劳动场面

农业的发展

东汉时期，牛耕和铁制农具已普遍推行和使用，从出土的画像石、砖所绘的牛耕图中可以看出：犁架有单长辕与双长辕，犁铧有小铧、大铧和开沟修渠用的巨型犁铧，刃部加宽，头部角度缩小，便于深耕，坚固耐用。新式农具还有曲柄锄和大镰刀等。在畜力牵引方面，多是一牛挽犁或二牛挽犁，一人扶犁。秦汉时的“耦耕”已不多见。由于生产工具和生产技术的改进，东汉农产品的亩产量有显著提高。当时每亩的收获量比西汉时高出一倍以上。

▲东汉·牛耕图

兴修水利

▲马臻雕像

东汉时期的水利事业也比以前进步。政府大规模地修治黄河和兴建陂塘堤堰。王莽时，黄河缺口，河道南徙，侵入汴渠，泛滥数十县，一直未能整治。公元69年，汉明帝派王景率民夫数十万修治黄河。王景等根据地形变化和工程需要，凿山破砥，截沟筑坝，疏壅除积，每十里建造一座水门，加大流水的压力和速度，冲洗淤积，从而消除了水患。此后，约有八百余年黄河没有发生过大的改道，这是东汉人民向自然界作斗争的一次大胜利。至于各地所兴修的水利工程，为数众多，著名的有汝市太守邓晨修复鸿却陂、南阳太守杜诗修治境内陂池、渔阳太守张堪在狐奴（北京顺义县）引水灌田、庐江太守王景修复芍陂（安徽寿县）、会稽太守马臻修建镜湖，这些水利工程对农田灌溉和亩产量的提高都起了较好的作用。如会稽镜湖周围三百里，能灌溉民田达九千余顷之多，就是著名的一例。

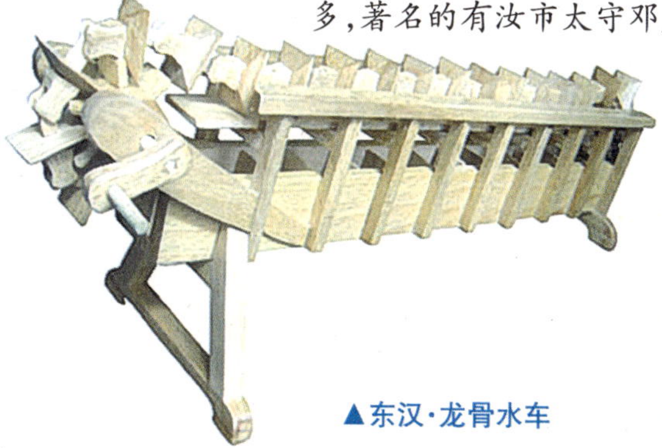
▲东汉·龙骨水车

冶铸技术

▲东汉·马踏飞燕

东汉时期，铁制农具的需要越来越大，从而推动了冶铸技术的改进。东汉初，南阳地区发明用水力鼓风炼铁。这种水力鼓风机，利用河水冲力转动木制机械，使鼓风的皮囊张缩，向炼炉加氧。水力鼓风炼铁，在欧洲直到十二世纪才开始利用。在炼钢方面，技术也有提高。工人将熔化的铁水反复加热、锻打，除去杂质，加以碳粉，可以制成“百炼钢”。东汉后期，又发明了固体生铁脱碳炼钢法，把工具冶铸成型，再脱碳成钢。这是炼钢技术的一项重大成就。东汉时期的铸铜业也有发展。当时的铸铜遍及全国，最著名的地区有广汉（今四川广汉）、蜀郡（今四川成都）、丹阳（今安徽宣城）等地。常见的铜器主要是生活用具，制作精致，花纹工巧。甘肃武威雷台出土的铜奔马，栩栩如生，显示了当时的铸铜业工艺水平十分高超。

手工业

东汉时期，手工业生产也在向前发展。东汉时期的纺织业也有进步。桑、麻种植面积范围比西汉扩大了，养蚕和丝织业、麻织业都有很大的发展，蜀锦、越布、齐的冰纨是当时著名的精美丝、麻织品。在“丝绸之路”上，出土许多色彩缤纷的丝织物，显示出东汉时期丝织业的高超绝技。东汉的漆器业和陶瓷业也有进一步的发展，当时的漆器以蜀郡和广汉郡最为有名，漆器的纹饰十分精美。在乐浪郡汉墓出土的漆彩奁的外缘四周，用彩色画有宫廷生活和人物故事，人物各具情态，栩栩如生。瓷器火候很高，吸水性更弱，它已接近后来的青瓷。

▲东汉·藤奁

▲东汉·彩绘漆簋

越窑青釉绳索纹罐

浮雕石砚台

二龙抢宝青瓷罐

外戚和宦官专权

东汉自章帝以后，皇帝多是年幼即位。皇帝年幼无知，其母后往往临朝称制，而东汉外戚又多出于豪门，拥有很大权力，所以能无视年幼的皇帝，形成专权。可是随着皇帝年龄的增长和亲政，他们又不愿长期作傀儡，便依靠身边的宦官对外戚进行斗争。因此可以说，宦官与外戚的斗争，实质上就是皇权与豪族的斗争。

◀汉和帝刘肇像

公元 89 年～公元 93 年
窦氏专权

汉章帝死后，年仅十岁的和帝即位，其母窦太后临朝听政。太后兄窦宪以大将军当政，他的弟弟、儿子、女婿等，虽无尺寸之功，却享有高官厚禄，掌握枢要。窦氏权倾朝廷内外，朝中的一些大臣也仰其鼻息行事，这是东汉外戚专权的开始。窦氏兄弟自恃亲贵，骄横擅权，无视幼主，甚至想杀害和帝。汉和帝为了巩固自己的地位，便利用自己身边的宦官以铲除外戚。当时，宦官郑众很得和帝宠信，和帝便和他密谋除掉窦宪。永和三年(91 年)，窦宪北征匈奴，大胜还朝，和帝和郑众一面派大臣隆重迎接凯旋归来的窦宪，同时也秘密调兵遣将，控制了京师，一举将窦氏党羽擒获。窦宪自杀，汉和帝夺回了政权，郑众因功封为侯，宦官开始参与政事，此后，逐渐形成专权。

▲窦宪自杀

公元121年 诛戮邓氏

和帝死后，邓太后立出生百日的皇子即皇位，是为殇帝。数日后殇帝死去，邓太后和其兄邓骘迎立和帝侄刘祜即位，是为安帝。安帝年仅十三岁，由邓太后及邓骘掌权。邓太后鉴于窦氏覆灭的教训，她兼用外戚和宦官，和帝时的宦官郑众因而也与其合作共事。邓太后还尊礼三公，表彰儒学，使邓骘荐举杨震等人，取得了一些大官僚地主的支持，一时人才济济，政治清明。但是安帝自认为不是大宗出身，心中不安，同时对握有大权的邓骘也十分害怕。建光元年(公元121年)，邓太后死，权力之争又激烈起来，宦官李闰、小黄门江京等诬造邓氏有“废立”之谋，邓氏宗族皆被免官，邓骘与儿子被迫自杀。宦官李闰、江京都升任中常侍，参与朝政，宦官又取得了与外戚斗争的胜利。

▲汉安帝像

▲邓太后像

公元125年 孙程灭阎氏

安帝在宦官的协助下诛戮邓氏后，其皇后阎氏又逐渐专权。阎氏骄奢横暴，贪婪权势，她杀太子保的生母李宫人，又陷害太子保，将其废为济阴王。安帝死后，阎太后与其兄阎显立北乡侯刘懿为少帝，阎氏独掌大权。阎显和三个兄弟并列为卿校，

▲阎太后像

▲汉少帝像

典掌禁兵。事隔不到一年,阎显又被加封为长社侯,食邑一万三千五百户,追封早死的母亲为荥阳君。阎显兄弟家的孩子都在七八岁之间,也全被拜为黄门侍郎。他们骄奢横暴,政治更加腐败。汉延光四年(125年)十月,少帝病死,宦官孙程等十九人杀阎显及其同党,迎立被废的济阴王保,是为顺帝,阎太后被迁于离宫,孙程等十九人皆封为侯。

◀汉顺帝像

公元 159 年　宦官五侯

▲汉桓帝像

延熹二年(公元 159),梁皇后死,桓帝与心腹宦官唐衡商议铲除梁氏之事,并暗中与宦臣单超、徐璜、具瑗、左悺、唐衡等五人合谋,率皇宫警卫千余人包围了梁府。梁冀及妻孙寿自杀,梁氏及孙氏宗亲全部被杀,朝野党羽也全被免除,梁氏家产被没收,合三十多亿钱。外戚梁家的势力倒了,汉桓帝就把单超这五个宦官在同一天都封了侯,就是所谓"宦官五侯"。宦官侯览虽然没有参与诛灭梁冀,但因为他给汉桓帝献了五千匹绢,也被封为高乡侯。还有赵忠、刘普等八个宦官,因为平常跟汉桓帝亲近,也一块儿被封了侯。汉桓帝不信任大臣,就让这些宦官负责传达诏命和各种公文,处理朝廷上的日常事务。宦官掌权以后,跟梁冀一样胡作非为。他们把持朝政,卖官卖爵,从朝廷到全国郡县,都有他们的亲信,搞得社会黑暗不堪。

▲东汉·男式手镯

梁冀跋扈

顺帝死后,皇后梁氏及其兄梁冀立两岁的冲帝即位,次年冲帝死去,梁冀又立八岁的质帝。质帝年少聪敏,对梁冀专权十分忿恨。一次,梁冀上朝,质帝望着梁冀说:"此跋扈将军也",梁冀怀恨在心,便用毒药放在食物里把质帝毒死,另立十五岁的刘志为帝，是为桓帝。桓帝即位后，娶梁冀的另一个妹妹为皇后，梁氏家族更为显赫，梁冀凭借裙带关系得以控制东汉政权。梁冀亲属党羽布满朝廷内外，大小官吏的升迁，都需先到梁家谢恩，然后才敢报到任职。地方官进献贡品，要把上品送给梁冀，次品才送给皇帝。梁冀一门前后七人封侯，出了三个皇后，六个贵人，两个大将军，娶公主三人，其余任卿、将、尹、校者五十七人，在朝中专权二十多年，其党羽横行朝廷上下，桓帝对他无可奈何。

▲汉质帝与梁翼

公元 169 年~公元 184 年 党锢之祸

▲李膺像

东汉中叶以后，外戚与宦官的争权夺利愈演愈烈。桓帝时期，以李膺、陈蕃为首的官僚集团，与以郭泰为首的太学生联合起来，结成朋党，猛烈抨击宦官的黑暗统治。宦官依靠皇权，两次向党人发动大规模和残酷迫害活动，史称“党锢之祸”。延熹九年（166 年），朋党被诬“诽讪朝廷”，于是李膺等二百多名“党人”被捕，后虽释放，但终身罢黜。这是第一次“党锢之祸”。汉灵帝建宁二年（169 年），灵帝在宦官侯览、曹节支使下，逮捕李膺、杜密等百余人，并下狱处死，后又牵连六七百人，这是第二次“党锢之祸”。党锢之祸是擅政宦官假借皇帝名义而对朝野反对士人及年轻学生的全面打击，但这种倒行逆施，并不能挽救其行将灭亡的统治。当士人、学生的“文争”被镇压下去以后，接下来的黄巾大起义，给封建统治者以沉重打击，使汉灵帝意识到如不解决党锢问题，党人与起义军结合则后果不堪设想，于是，中平元年（184 年）宣布大赦党人，流放者准许返回故里。至此，党锢问题才算最后解决。

▲郭泰像

文姬归汉图

边疆外交关系

东汉时期匈奴族分为南、北两部，南匈奴内附，助汉守边；北匈奴受丁零、鲜卑、南匈奴西域诸国的攻击，腹背受敌。东汉乘机发动对北匈奴的进攻，均获全胜，迫使其离开蒙古高原，向西远徙，多年来北方匈奴族对汉族入侵的威胁不复存在。但鲜卑族逐步西进，占据匈奴故地，成为北方最强大的一股军事力量。另外，东汉时期，随着我国社会经济的进一步发展与邻国联系的加强，中外经济文化交流有了显著的发展。

◀汉元帝像

公元 48 年　匈奴分裂

公元前 57 年匈奴分裂，郅支单于获胜据漠北，呼韩邪单于前 51 年南下投靠汉朝。后来郅支单于则率部众退至中亚康居，呼韩邪单于占据漠北王庭。前 36 年，为了清除匈奴在西域的影响，汉元帝派甘延寿、陈汤远征康居的匈奴，击杀郅支单于。前 33 年呼韩邪单于娶王昭君与汉修好。东汉初年，匈奴汗国一连几年大旱，赤地千里，寸草不生。东方新兴的强敌乌桓部落又不断侵袭，匈奴势力范围萎缩至蒙古哈尔和林及以南地区，大批人畜死亡，国力大衰。公元 48 年，南部八个大部落另行推举一位亲王当单于，也称呼韩邪二世单于。呼韩邪单于，率四万多人降附汉朝，被汉政府安置在河套地区，后又徙于云中、朔方、雁门一带。这部分匈奴被称为南匈奴，留在漠北的被称为北匈奴。公元 89 年到 91 年南匈奴与汉联合夹击北匈奴，先后败之于漠北和阿尔泰山，迫使其西迁，北匈奴的西迁直接导致了欧洲大陆的多数部族战争及其民族大迁移。北匈奴汗国西迁后，只剩下南匈奴汗国，永远成为中国的臣属。

公元73年 班超通西域

▲班超像

王莽时期，西域都护李崇军队被焉耆国消灭，西域与中原又断绝了联系。东汉初年，西域诸国不堪匈奴敛税重剥，欲归复汉王朝。至明帝时，东汉国力渐复，为断匈奴右臂，明帝永平十六年(73年)，班超奉窦固之命，率领属吏三十六人，出使西域，争取他们与汉一起抗击匈奴。班超先到鄯善，夜袭匈奴使者，控制鄯善。班超在于阗攻杀匈奴监国，击退龟兹，助疏勒复国，汉之声威大振，乃复置西域都护。章帝建初五年(80年)，提升班超为将兵长史，并派一千多名汉军援助他。班超以此为基本力量，联合西域亲附汉朝的诸国，征讨反叛、不服的地方势力，使“西域五十余国悉皆纳质内附焉”。西域完全归汉加强了西域和中原地区的联系，为维护祖国统一起了积极作用。经班超出使，打通西域的南北二道，丝绸之路又通行无阻。班超曾遣其副使甘英出使大秦，虽仅至条支而返，没有达到目的，但已打通西域至波斯湾之陆路通道，进一步发展与西亚的交通。班超出使西域后，西方艺术、杂技传入中国，佛教僧侣往来日多，促进佛教在中国之传播，丝织品贸易更为西方重视。

南蛮起义

南蛮分布在长江中上游地区，因地区和血缘、习俗的不同，分为武陵蛮、廪君蛮、板楯蛮三大部分。南方诸蛮族大多数还保留部落组织，由君长统率，从事农业生产。他们和汉人交错杂处，受东汉封建国家的管辖和汉族地主的剥削压迫，负担着轻重不等的封建义务。他们不断地举行武装起义。建武二十三年(47年)，武陵蛮首先起兵，攻击郡县。刘秀派刘尚率军前往镇压，结果全军覆没。次年又派李高、马成督军进剿，仍不能获胜。第三年派马援率大军全力围剿，武陵蛮的起义才被镇压下去。以后，武陵蛮诸部在元初二年(115年)、永和八年(136年)、永寿三年(157年)先后发动多次起义。历次起义虽遭东汉政府镇压，但他们前仆后继的反抗斗争一直延续到黄

▲马援雕像

巾起义的爆发。廪君蛮、板楯蛮诸部，也由于同样的原因，多次掀起反抗东汉统治者的斗争。他们后来又与巴郡的黄巾起义军相呼应，共同展开了反抗东汉王朝的斗争。

羌人反抗

东汉初，大将马援在陇西一带击败羌人。此后羌人陆续内附，迁至陇西、扶风、天水三郡，长安以西成为羌汉杂居的地带。羌人大部分过着游牧生活，一部分则与汉族一样过着农耕生活，但内部各不统属。羌族人民为了反对官僚、地主的奴役和剥削，曾与汉族人民联合举行了三次大规模的反抗斗争，使东汉王朝受到沉重的打击。总之，东汉王朝与羌族的战争先后持续近四十年，所耗军费达数百亿，使西北地区遭到极大破坏，经济萧条，人口减少。东汉王朝也因长期战争而财政困难，日益走向衰落。

▲羌族的碉楼

交好西南夷

东汉时期，西南夷与东汉王朝的政治关系进一步发展，经济、文化关系也日益密切。东汉前期，已在今云南保山设置永昌郡。永昌郡的西南是掸族聚居区。永元九年(97年)，掸族首领雍由调与附近各族派遣使者到都城洛阳，接受东汉王朝的封号和印绶。永宁元年(120年)，雍由调又派遣使者带领上千的乐师和魔术师到都城洛阳。这些魔术师能吐火、解肢、调换牛马头，汉安帝让这些乐师和魔术师在宫里表演，并封雍由调为“汉大都尉”。

▲大理(西南夷)发现的大布

▲西南夷四人舞俑扣饰

公元 166 年 东汉与古罗马建交

▲大秦王安敦雕像

自张骞出使西域之后，通过丝绸之路，汉朝与中亚、欧洲建立了经常的贸易关系。永元九年（公元 97 年），班超曾派副使甘英出使大秦国（罗马），一直到达条支海（波斯湾）。甘英这次出使，虽然没有直接开辟与大秦通商的道路，但也反映出东汉要与欧洲建立关系的愿望，间接的商业联系也已发生。《后汉书》载，大秦“与安息、天竺交市于海中”。“至桓帝延熹九年，大秦王安敦遣使自日南徼外献象牙、犀角、瑇瑁，始乃一通焉。”即公元 166 年，大秦商人来到中国，以大秦王安敦的名义，赠送汉桓帝一些礼物。这是中国与罗马帝国的首次接触。这说明东汉时与西方的海上联系也开始了。此后汉与罗马的贸易关系更为频繁，主要通过海上丝绸之路和陆上丝绸之路进行。大秦与中国海陆直接间接交往，在汉代亘三百余年。

公元 208 年 蔡文姬归汉

蔡文姬（162~239 年），是陈留圉人（今河南省杞南县）。自幼聪明好学，精通音乐，弹得一手好琴。她的父亲蔡邕（133~192 年），字伯喈，是东汉大文学家，既懂天文，又知历法，好书法，善诗辞，爱音律，长诗《饮马长城窟行》是他的杰作。兴平二年（195 年），蔡文姬被匈奴兵掠走，被迫做了南匈奴左贤王的妻子。曹操统一北方后，为了更好地治理、建设国家，十分重视收罗各方面的人才。对于蔡文姬的博学，曹操早有耳闻，再加上他和蔡邕是很好的朋友，决定派遣使臣带着黄金、玉器、锦帛到匈奴将蔡文姬赎回来，让她为文化事业的发展做些贡献。汉献帝建安十三年（公元 208 年），曹操派去的使者到了匈奴迎接蔡文姬回汉朝。回到汉朝后，蔡文姬在曹操繁荣文化的方针激励下，将父亲当年所做的诗、赋、诔、铭、赞、仪论等 400 多篇文章整理出来，为《续汉书》提供了宝贵的材料。为我国文化遗产的保留做出了重大贡献。

▲蔡文姬像

文化科技的发展

东汉时的科技文化在西汉的基础上又有发展。《九章算术》的编定，标志着中国古代数学的完整体系的形成。杰出的科学家张衡已能正确地阐明一些天文现象，他设计和创造了浑天仪、候风地动仪，蔡伦对造纸术的总结和推广，张仲景《伤寒杂病论》，华佗用“麻沸散”做外科手术等，标志着东汉在科学技术方面的最高水平。桓谭、王充对谶纬的批判，关于人之形神的见解，都是对我国古代唯物主义哲学思想的丰富与发展。佛教的传入与道教的产生，对后世产生了重大影响。东汉的文学作品形式主要还是赋、散文与乐府，但五言诗在此时兴起。东汉时彩色壁画、画像砖、画像石均有较高的艺术水平。

新体小赋

赋是汉代最流行的文体。在两汉四百年间，一般文人多致力于这种文体的写作，因而盛极一时，后世往往把它看成是汉代文学的代表。赋产生在战国时代后期。汉赋的形成和发展可以分为三个阶段。汉初的赋家继承楚辞的余绪，这时流行的主要是所谓“骚体赋”，其后则逐渐演变为有独立特征的所谓散体大赋，这是汉赋的主体，也是汉赋最兴盛的阶段。东汉中叶以后，散体大赋逐渐衰微，抒情、言志的小赋开始兴起。新体小赋不同于西汉大赋那样端庄典雅，其特点是篇幅小、用典少、文意清新。如张衡《归田赋》、蔡邕《述行赋》、赵壹《刺世嫉邪赋》等，均是代表作品。总的说来，辞赋的思想格调不高，但结构严整，音韵铿锵，词藻华丽，“写物图貌，蔚似雕画”，形象地揭示出它的艺术特点。它对于后世的骈体文学的发展具有深刻的影响。

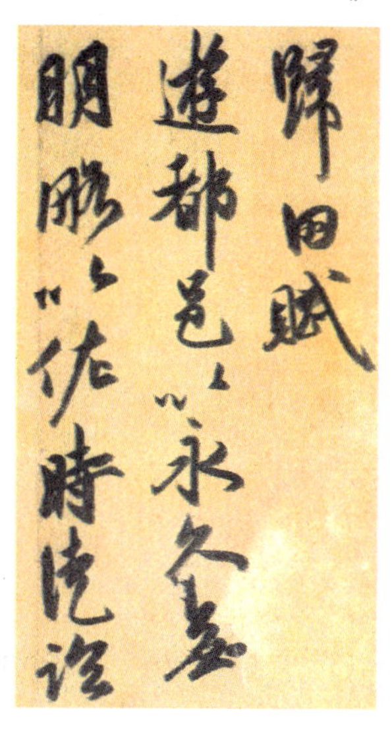

▲《归田赋》局部，祝允明书

五言诗的出现

▲《孔雀东南飞》诗剧图

东汉时期的五言诗是一种新兴的文学体裁，它是在乐府民歌的影响下，仿照乐府写成的。这个时期问世的《古诗十九首》，表现了那些中小地主文人、“门生”为了寻求出路，长期不归，和家人的离愁别情，从一个侧面反映了东汉豪族政治的黑暗。它吸取了乐府的写作技巧，意境清新，对后世诗歌的发展有较大的影响。东汉末年产生的五言体长诗《孔雀东南飞》，描写封建家长以封建的孝道和妇道迫害子女，致使一对和谐的夫妇分离后双双自杀，作者愤怒地控诉了封建礼教吃人的罪恶。

绘画和雕刻艺术

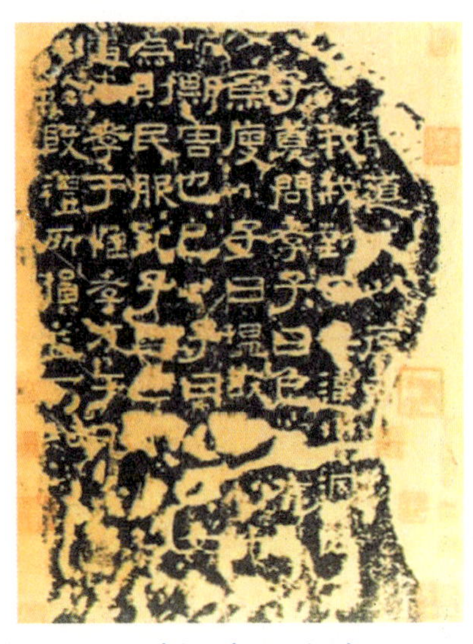
▲东汉·熹平石经碑

绘画和雕刻艺术也有新成就，张衡善画禽兽，刘褒善画“云汉图”。在山东、河北、四川等地发掘的东汉墓中，发现许多壁画以及大量的画像砖、画像石，画面反映了官僚贵族豪华淫乐和劳动人民从事农业、手工业生产的情况。特别是汉桓帝时建造的山东嘉祥的武梁祠，墓壁上刻着各种历史传说故事和奇禽怪兽，人物众多，内容丰富。它的石刻采用的是阳刻法，成为平面的浮雕，比西汉末年郭巨墓的阴刻石刻，在表现手法上又是一个创新，至此，雕刻法已经完备。另外，蔡邕刻造的“熹平石经碑”，也是一种石刻艺术，同时又是书法艺术品。造形艺术水平也很高，从发掘出土的陶佣情况看，人物造形姿态多变，形象逼真。如四川成都出土的说唱人佣，左臂抱鼓，右手捏槌，张嘴作说唱状，面部呈欢乐表情，非常富有风趣，生动地反映了当时说唱表演艺术的情况。

▲东汉·双阙拜谒画像砖

班固著《汉书》

▲班固像

班固的父亲班彪是一个史学家，曾作《后传》六十五篇来续补《史记》。班固承父志，继续撰写。因有人告发私改国史下狱，弟弟班超上书为之申辩得释。明帝召为兰台令史，典校秘书，遂得以再从事著作，积二十年增补而为《汉书》。后因窦宪事件受株连，与永元四年（公元 92 年）死于狱中。其时《汉书》尚有八表及《天文志》未完成，由其妹班昭与马续奉和帝之命，继续撰写，著成了中国第一部断代史《汉书》。《汉书》共 100 篇，叙述了自汉高祖 6 年至王莽地皇 4 年 230 年的断代历史。《汉书》包括帝纪十二篇，表八篇，志十篇，列传七十篇，共一百篇。《汉书》是我国古代的一部史学名著，在中国史学史上有重要的地位和影响。我国传世的“二十四史”，除《史记》和《南史》、《北史》外，都是沿用《汉书》的纪传体断代史的体例。

▲《汉书》书影

公元 132 年　张衡发明地动仪

▲张衡像

东汉时期，中国发生地震的次数是比较多的，为了测定地震方位，及时地挽救人民的生命财产，张衡注意掌握收集地震的情报和记录，经过多年的潜心研究，终于在东汉顺帝阳嘉元年（公元 132 年），发明了世界上第一台测定地震方位的科学仪器——地动仪。张衡的地动仪基本上是由两部分组成：一部分是表达惯性运动的摆，另一部分是设在摆的周围与仪体相接联的八个方向的八组杠杆机械，两者都装置在一座密闭的铜仪中。它是利用物体的惯性来拾取大地震动波，进行远距离测量的。张衡制成的地动仪是人类历史上的首创，是人类文明史上用科学方法认识地震的第一次勇敢尝试，它揭开了地震科学的新纪元。在张衡成功地研制出地动仪之后，又经过了 1748 年，欧洲才制造出同地动仪相类似的仪器。张衡除发明制造了地动仪外，还发明了世界上第一架自动的天文仪器——流水转动的浑天仪，发明了世界上第一架测验风向的仪器——候风仪，还制造过自动车、自动木鸟、指南车等。

《九章算术》

《九章算术》是中国古代数学专著，承先秦数学发展的源流，进入汉朝后又经许多学者的删补才最后成书，这大约是公元一世纪的下半叶。它的出现，标志着中国古代数学体系的形成。该书内容十分丰富，共收有 246 个数学问题，分为九章：方田、粟米、衰分、少广、商功、均输、盈不足、方程、勾股，系统总结了战国、秦、汉时期的数学成就。同时，《九章算术》在数学上还有其独到的成就，不仅最早提到分数问题，也首先记录了盈不足等问题，“方程”章还在世界数学史上首次阐述了负数及其加减运算法则。

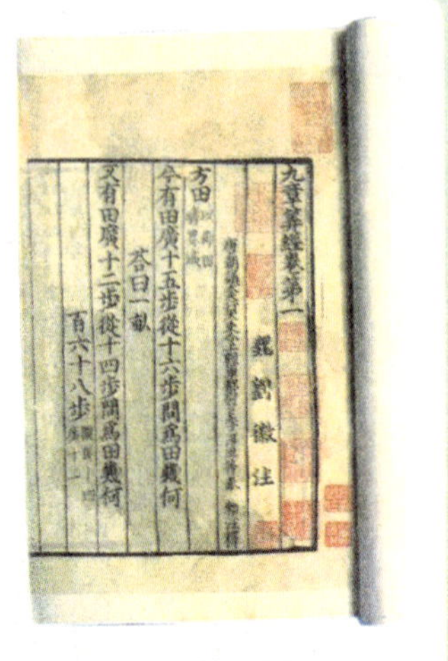
九章算經卷第一
魏 劉 徽 注
方田
今有田廣十五步從十六步問爲田幾何
荅曰一畝
又有田廣十二步從十四步問爲田幾何
荅曰百六十八步

▲《九章算术》书影

王充和《论衡》

东汉儒学思想基本上承袭着董仲舒以来的天人感应说，宣扬灾异、谶纬和天命，充塞着神秘的唯心主义。这时，东汉前期的王充以唯物主义思想为武器进行着斗争。王充出身寒门，喜批评时政，由于议论不合时宜，只做了几年州郡小官，便退居乡里，以授徒著书为业。他有感于唯心主义的神学思想泛滥，写成《论衡》八十五篇。论衡即诠衡道理的真伪，实际上是对朝廷统治思想进行挑战。从这里可以看到王充唯物主义思想的大概。

▲王充像

王充否认天有意志，认为世间万物都是由物质性的“元气”所构成。天不过是“含气”的自然界，没有感觉，也没有意识。自然界的变化，只是“元气”运动的结果，与人间的变化根本不存在着什么感应关系，这就否定君权神授的说教和谶纬迷信思想。王充又反对鬼神说，断定人死无鬼。他说精神依存于人体，人死则形体腐朽，精神也随着消亡，哪会有精灵的鬼神。王充犀利的见解，不仅沉重打击了弥漫于社会的封建迷信，而且在哲学的根本问题上树立起唯物主义的鲜明旗帜。

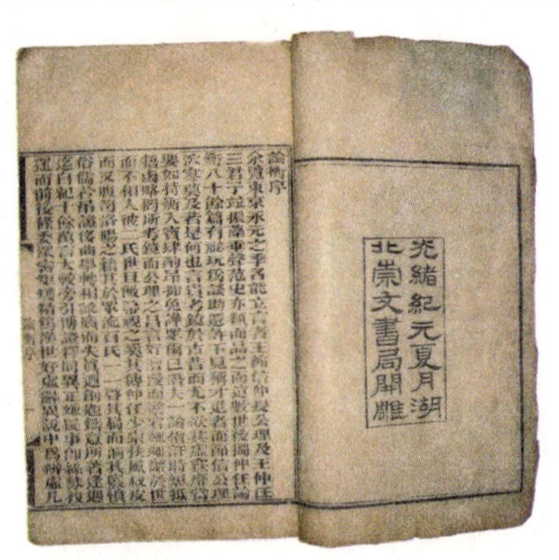
光緒紀元夏月湖北崇文書局開雕

▲《论衡》书影

神医华佗

▲华佗像

华佗，字元化，东汉末医学家，沛国谯(今安徽亳县)人。华佗一生行医各地，声誉颇著，在医学上有多方面的成就。他精通内、外、妇、儿、针灸各科，对外科尤为擅长。华佗对“肠胃积聚”等病创用麻沸散，给患者麻醉后施行腹部手术，这是世界医学史上应用全身麻醉进行手术治疗的最早记载，它比西方早一千六百多年。华佗很重视疾病的预防，强调体育锻炼以增强体质。他模仿虎、鹿、熊、猿、鸟的动作和姿态，创造了一种“五禽之戏”。曹操长期头疼，曾经多次被华佗医好，由于积病已深，很难根治。曹操怕旧病复发，强留华佗做他的侍医。华佗后因不从曹操征召，遂被杀。他曾把自己丰富的医疗经验整理成一部医学著作，名曰《青囊经》，可惜没能流传下来。江苏沛县有华祖庙，庙里的一副对联，抒发了作者的感情，总结了华佗的一生：“医者刳腹，实别开岐圣门庭，谁知狱吏庸才，致使遗书归一炬；士贵洁身，岂屑侍奸雄左右，独憾史臣曲笔，反将厌事谤千秋。”

▲华佗施手术图

张仲景著《伤寒杂病论》

▲张仲景像

张仲景，名机，南阳人，东汉末年著名的医学家。当时，战乱频繁，瘟疫流行，张仲景一家二百余人有三分之二死于瘟疫。张仲景抱着以医救世的信念，潜心钻研医学，终于写成了《伤寒杂病论》这一医学巨著，并附有医方，后人把它整理为《伤寒论》和《金匮要略》两部书，被人们称为医经，张仲景本人则被后人称为医圣。张仲景在医学上不为前人的医书所束缚，敢于创新，他在长期的医学实践中，总结了汉以前人们在诊断和医治方面的经验，提出了望色、闻声、问症、切脉等四种诊断方法。在此基础上，张仲景又分析病状，辨阴阳、表里、虚实、寒热，初步形成了中医诊断学上的“八纲”理论，为中医临床医治奠定了理论基础，推动了医学科学的发展。

赤壁之战

农民起义和割据

桓、灵间统治集团更为腐朽，水旱虫蝗、地震风雹等天灾频仍，瘟疫流行，赋税繁重，迫使农民流亡四方，小规模的农民起义逐渐发展为全国性的黄巾大起义。起义虽然很快被镇压，但东汉王朝亦随之土崩瓦解。灵帝死后，少帝刘辩即位，外戚何进辅政，与司隶校尉袁绍密谋诛杀宦官，召屯驻河东的董卓进京协助。宦官先发制人，杀何进，袁绍勒兵入宫，诛杀宦官殆尽。董卓进京废少帝、杀何太后，立陈留王刘协为帝，是为献帝。从此，军阀混战，生灵涂炭。

▲黄巾起义军

公元 184 年　黄巾起义

东汉中末期，土地兼并日益剧烈，赋税不断增加，给人民带来深重的苦难。自和帝以后，皇帝都是幼年即位，由外戚、宦官轮番把持朝政，政治日趋腐朽。自安帝以后的 70 余年间，爆发了大小百余次农民起义。张角是河北巨鹿（今河北平乡）人，他创立了“太平道”，以行医为掩护，秘密传道，组织群众，向贫苦的农民宣传“人无贵贱，皆天之所生”的平等思想，提出要建立一个财产公有的“太平”世界。10 余年间，徒众达 10 万。汉灵帝中平元年（公元 184 年）正月，张角弟子唐周向东汉政府告密，起义提前爆发了，张角自称天公将军。黄巾军攻占了很多郡县，对东汉都城洛阳形成了包围态势。各地黄巾军英勇作战，给东汉军队以沉重打击。但是，由于起义仓促发动，打乱了张角原来首先攻占洛阳的部署，各地黄巾军又分散作战，没有形成统一的力量，加上起义领袖张角不幸病逝，各地黄巾军先后被东汉政权镇压下去。可是经过几个月黄巾起义的冲击，东汉政权已名存实亡了。

◀孔融像

公元 188 年 青徐军起义

公元 188 年，在青州、徐州一带，又爆发了农民起义，称作"青徐黄巾军"。这支起义军有三十多万人，连同妇孺达百万之多。他们破州郡、诛长吏，盛极一时。公元 189 年，青、徐黄巾自冀州南下，大败北海（今山东昌乐）相孔融。公元 191 年进攻泰山郡不克。不久，北入冀州，打算与黑山军会师，结果在东光为公孙瓒打败，死数万人，七万多人被俘，又转而南下，攻克兖州，杀任城（今山东济宁）相郑遂、刺史刘岱和济北（今山东长清）相鲍信。但是，最终因粮草不足，为曹操所败，被收编组成了"青州兵"，成为以后曹操割据的重要力量。

公元 189 年 董卓擅权

董卓，字仲颖，陇西临洮（今甘肃岷县）人，他性格粗野、勇猛而有智谋，靠镇压羌人和黄巾起义被提拔为地方上最高的军政长官。灵帝死后，外戚大将军何进密召董卓入京诛杀宦官。正在这时，宦官杀死何进，豪族地主袁绍举兵发动政变，将宦官一网打尽。中平六年（189 年），董卓带兵进入洛阳。董卓刚进洛阳时，步骑兵加在一起不过三千人，自嫌兵少，怕不能为众人所服，先后吞并了何进兄弟和执金吾丁原的军队，专擅东汉朝政。他废除少帝，立陈留王刘协为帝（汉献帝），并逼走袁绍等人，自封为相国。在洛阳城，董卓放纵士兵奸淫掠取妇女，抢劫财物。董卓军的烧杀抢掠，激起了朝野内外的一致反对，各州郡纷纷起兵讨伐董贼。于是董卓烧掉洛阳，带着献帝迁都长安。献帝初平三年（192 年），司徒王允、吕布设计暗杀董卓，结束其残暴的一生。

▲董卓像

▲刺杀董卓

公元 190 年　群雄讨董卓

董卓进京后，在废立汉帝的问题上，袁绍、卢植等人就与董卓发生尖锐的矛盾。由于董卓已控制了东部，袁绍被迫退至冀州。董卓因考虑到袁绍潜在势力很大，乃遣使授袁绍为渤海太守，以示笼络。初平元年（190 年）袁绍从渤海起兵讨卓。后将军袁术、冀州牧韩馥、豫州刺史孔伷、兖州刺史刘岱、陈留太守张邈、广陵太守张超、河内太守王匡、山阳太守袁遗、东郡太守桥瑁、济北相鲍信等同时俱起，众各数万，约盟，遥推袁绍为盟主。此时，曹操亦起兵于己吾（今河南宁陵南），众将推曹操为奋武将军。由于董卓兵强，袁绍等莫敢先进。曹操认为现在是一战而定天下的大好时机，切勿误失。但是各路军兵所抱目的不同，行动迟缓、指挥不一。在各地州郡群起讨卓时，长沙太守孙坚也举兵响应。至鲁阳，与袁术相见，袁术表孙坚为破虏将军，领豫州刺史。后来进军大谷，大败董卓，占领洛阳。董卓被迫退守长安，派将领防御来自东面的讨卓联军。至此，以袁绍为盟主的讨卓联军已控制了广大的中原地区，董卓处于守势。直至董卓被杀，群雄讨卓之举即告结束。

◀袁绍像

公元 200 年　官渡之战

建安元年（196 年），曹操奉迎汉献帝迁都许县（今河南许昌东），挟天子以令诸侯，相继击败吕布、袁术等，逐步向黄河以北扩展势力。而北方最大的割据势力袁绍，击灭幽州公孙瓒，拥有冀、青、并、幽州之地。袁绍地广人多，欲南征曹操，进占许都，夺取最高统治权。公元 199 年，袁绍率 10 万精兵南下攻许（今河南许昌东）。当时，曹操兵少将寡，率主力 2 万北

▲官渡之战（绢本）

上迎敌。第二年，袁、曹两军相峙在官渡（今河南中牟县东北），决战迫在眉睫。曹操采用声东击西，各个击破的战术，奇袭白马（今河南滑县东南）袁军，斩袁绍的大将颜良。然后，曹操又诱敌深入，斩袁绍的大将文丑。两战皆败，损失两员大将，袁军士气非常低落，但袁绍自恃兵多粮足，定要同曹操决一死战。谋士许攸献计不被采纳，又遭到袁绍的排斥，就投奔了曹操，向曹操献计，建议偷袭袁绍屯集军粮的乌巢（今河南延津县东南）。同年农历十月，曹操率 5000 人马，伪装成袁军，偷袭乌巢，把袁绍的军粮全部烧毁。袁军听说军粮被烧，顿时大乱，曹军乘势出击，大败袁军，歼灭袁军 7 万多人，袁绍仅带 800 骑兵逃过黄河。曹操在官渡之战中消灭了袁军主力，奠定了统一北方的基础。

▲孙权雕像

孙权据东吴

孙权，著名将领孙坚次子，幼年跟随长兄孙策平定江东。200 年，孙策死，孙权继位为江东之主，得到周瑜、鲁肃等人辅佐。建安八年（公元 203 年）至十三年（公元 208 年），经过三次攻伐，孙权消灭黄祖，报杀父之仇，平定东吴。孙权在东吴推行屯田，兴修水利，大力发展造船业、连通台湾、积极发展和印度等国外交。同时，为恢复和发展生产，孙权还多次宽赋息调。这些措施促进了东南地区经济的发展，提高了东吴的综合国力，在客观上也有利于农民生活的稳定和逐步改善，使东吴的势力逐步壮大。

公元 207 年 隆中对

▲诸葛亮像

刘备在公元 186 年靠镇压黄巾军起家，先后曾依附曹操、袁绍等人。公元 207 年，在徐庶的推荐下，刘备三次亲自到襄阳隆中拜访诸葛亮，请教统一天下的大计，并请他出山辅佐自己。诸葛亮分析当时的形势：曹操已拥有百万之众，又“挟天子以令诸侯”，故不可与之争锋；而孙权据有江东，已历三世，国险而民附，只可援而不可图。荆州系用武之地，益州乃天府之国，刘备只有占据荆、益两州，西和诸戎，南抚夷越，外结孙权，内修政理，就可以在时机成熟之时，两路北伐，统一全国。这便是名垂千古的《隆中对》。这一精辟分析，为三国鼎立规划了蓝图，为刘备制定了战略方针。同年，诸葛亮当了刘备的军师，辅佐刘备，实现三分天下。“隆中对”的战略在三国历史中十分重要。可以说，三国鼎立的形成，就是根据“隆中对”战略的实施造成的。

公元 208 年　赤壁之战

曹操基本统一北方后，欲吞并江南、统一天下。于建安十三年（公元 208 年）春，在邺（今河北临漳西南）修建玄武池，训练水军，作向南方进军的准备。九月，曹军进占新野（今属河南省），并率精骑追击南逃的刘备，在当阳长坂坡追及击溃刘备军。刘备退至夏口（今武汉境内），曹操继续南下，占领江陵，并乘胜向江东进军，以图兼并东吴。刘备此时只有军士两万多人，在军师诸葛亮的建议下，他决定与孙权共同抗曹。当时东吴部分谋臣慑于曹军号称 80 万的声势，主张议和。诸葛亮与鲁肃、周瑜等对当前的形势作了精辟的分析，坚定了孙权抗曹的决心，即命周瑜、程普为左右督，鲁肃为赞军校尉，率领 3 万精锐水师，与刘备军会合约 5 万，进驻夏口。孙刘联军自夏口溯江而上，与曹军相遇于赤壁。当时曹军因不习水战，为克服船身的晃动，使用铁链连锁战船，结果又造成战船调动不便。孙刘联军乃乘东南风之便，用火攻焚毁曹军的战船和岸上的兵营，一时“烟炎张天”，曹军“人马烧溺死者甚众”。联军乘胜攻击，曹操被迫引兵从华容道狼狈北归。此后曹操失去了统一天下的实力，刘备趁机夺取了益州、荆州，与魏、吴两国形成三足鼎立之势。

▲周瑜与诸葛亮指挥赤壁之战